Née aux États-Unis, dans l'Ohio, Elizabeth George est diplômée de littérature anglaise et de psycho-pédagogie. Elle a enseigné l'anglais pendant treize ans avant de publier *Enquête dans le brouillard*, qui a obtenu le grand prix de Littérature policière en 1988 et l'a imposée d'emblée comme un grand nom du roman « à l'anglaise ». Dans ce premier livre apparaît le duo explosif composé du très aristo-cratique Thomas Lynley, l'éminent membre de Scotland Yard, et de son acolyte Barbara Havers, qui évoluera au fil d'une dizaine d'ouvrages ultérieurs, parmi lesquels *Un goût de cendres* (2001), *Un nid de mensonges* (2003), *Sans l'ombre d'un témoin* (2005) et *Anatomie d'un crime* (2007), tous parus aux Presses de la Cité. L'incontestable talent de cet écrivain qui refuse de voir une différence entre « le roman à énigme » et le « vrai roman » lui a valu un succès mondial. Elizabeth George vit à Langley, dans l'État de Washington. Elle accueille régulièrement chez elle un petit groupe d'étudiants pour des séminaires d'écriture.

MES SECRETS D'ÉCRIVAIN

Écrire un roman, ça s'apprend !

ÉLIZABETH GEORGE

MES SECRETS D'ÉCRIVAIN

Écrire un roman, ça s'apprend !

Document

Traduit de l'anglais (États-Unis)
par Dominique Haas

Presses de la Cité

Titre original :
Write Away

© Susan Élizabeth George, 2004
© Presses de la Cité, un département de la place des éditeurs, 2006, pour la traduction française

ISBN 978-2-266-17260-8

Pour Tom et Dannielle,
Qui rendent bien des choses possibles

Préface

J'éprouve chaque fois le même mélange de fascination et de perplexité quand j'entends quelqu'un dire qu'on ne peut pas enseigner l'écriture. Franchement, je n'arrive pas à comprendre cette façon de voir.

Je pense depuis longtemps que l'écriture est articulée autour de deux pans distincts, mais d'une égale importance, l'un relevant de l'art, l'autre de la technique. L'art ne s'apprend pas, c'est évident. On ne peut pas faire acquérir à autrui une âme d'artiste, une sensibilité d'écrivain, ou même la passion de coucher des mots sur le papier qui est le don et la malédiction de ceux qui façonnent la prose et la poésie. Mais il est grotesque de prétendre que le b-a ba de la fiction ne peut être inculqué ; pour moi, c'est une preuve de myopie intellectuelle.

Ça reviendrait à dire que les moyens d'expression artistique ne peuvent être enseignés. Comme s'ils ne se pratiquaient pas avec des outils qu'on doit apprendre à manier, et des techniques dans lesquelles on doit se perfectionner avant de faire le saut de la maîtrise vers l'art. Ceux qui considèrent qu'on ne peut enseigner l'écriture seraient pourtant les premiers à admettre qu'il faut bien acquérir les rudiments de la sculpture, de la peinture à l'huile, de l'aquarelle, de la composi-

9

tion musicale, etc., avant de s'illustrer dans l'un ou l'autre de ces domaines. Et tous ceux-là seraient probablement aussi d'accord pour reconnaître que les plus grands artistes, de Michel-Ange à Bach, les ont forcément appris auprès de quelqu'un.

L'écriture n'échappe pas à la règle. En toute honnêteté, je ne vois pas pourquoi ce raisonnement ne s'appliquerait pas au roman, à la poésie ou à la nouvelle. Pourtant, j'ai découvert, au cours des pérégrinations où mes livres m'ont entraînée au long des quinze dernières années, des pays entiers où les gens croient en toute bonne foi que l'écriture est un processus mystérieux, que certains comprennent de façon intuitive et innée, et d'autres non.

Aux États-Unis, nous avons la chance que les écrivains aient depuis longtemps coutume de transmettre leurs connaissances. Grâce à cette habitude, le roman, la poésie et la nouvelle sont restés tous les trois le cœur d'une tradition littéraire en perpétuelle expansion. L'écriture n'est pas une forme artistique en voie d'extinction en Amérique ; au contraire : la plupart des écrivains publiés chez nous considèrent comme raisonnable et nécessaire d'encourager le talent de ceux qui décident de marcher sur leurs traces. Saul Bellow, Philip Roth, Toni Morrison, Maya Angelou, Joyce Carol Oates, John Irving, Wallace Stegner, Michael Dorris, Ron Carlson, Thomas Kenneally, Oakley Hall, pour ne citer que ceux-là, ont donné, ou donnent encore, des cours d'écriture. Leur présence dans l'atelier démystifie le processus de création littéraire. Ils échangent leurs connaissances, et la technique en sort embellie et renforcée.

La clé de tout n'est pas l'art, mais l'artisanat. L'art, je vous l'ai dit, ne peut être enseigné, pas plus que la passion. Ou que la discipline, qui est essentielle, mais ne peut se transmettre. Le métier proprement dit ne suffira évidemment jamais à faire un Shakespeare. Il ne fera de personne un William Faulkner ou une Jane Austen. Mais il peut être un guide, une assise, être le terreau où un auteur en devenir plantera la graine d'une idée afin de la faire germer pour qu'elle devienne une histoire.

C'est le but de ce livre. Il y a un certain nombre d'années que je participe à des ateliers d'écriture, et je crois à la valeur de l'artisanat. Au-delà de ça, je crois que la maîtrise de la technique est essentielle pour la plupart des auteurs. La connaissance absolue des outils de notre métier nous offre un recours, quelque chose vers quoi nous tourner en cas de difficulté. Sans cela, nous sommes à la merci d'une Muse inconstante, qui peut nous lâcher au moment même où nous avons le plus désespérément besoin d'elle. La technique ne résoudra pas tous les problèmes qu'un auteur peut rencontrer lors de la création de son œuvre. Mais elle lui permettra d'éliminer une masse de problèmes auxquels sera confronté celui qui l'ignore.

Ma maîtrise de l'artisanat est identique à celle de beaucoup d'autres auteurs, mais elle en diffère aussi par bien des côtés. C'est que nous avons chacun une façon d'apporter notre patte aux connaissances de base que nous avons acquises au fil des ans. Je ne peux vous dire que ce en quoi je crois, ce que je fais, et ce qui en résulte. En bref, je ne peux que vous révéler mes « trucs » de fabrication, et vous encourager à mettre les vôtres au point.

Mais, sachez-le, mettre une méthode au point implique d'apprendre la technique, parce que la méthode est issue de la technique.

Quant à l'art d'écrire... c'est là qu'est le mystère.

L'art d'écrire est fonction de l'inspiration du moment. C'est l'excitation de surfer sur la vague d'une idée.

L'art d'écrire, c'est ce qui vient une fois que vous avez appris à maîtriser vos outils, en bon artisan.

PREMIÈRE PARTIE

Survol du métier

1

Les personnages font l'histoire

Et si je me berçais d'illusions en me prenant pour une artiste, une créatrice ? Où est la création artistique alors que j'ai de l'écriture un abord tellement méthodique, tellement cérébral ?

Journal d'un roman
25 juin 1997

Mon bureau est recouvert d'une grande plaque de plexiglas sous laquelle je glisse des bouts de papier qui sont pour moi une source d'inspiration ou de réconfort dans les moments de désespoir absolu où je me demande pourquoi je me suis lancée dans tel ou tel projet ardu. Parmi ces bouts de papier, il y a une photocopie d'une lettre de John Steinbeck à Herbert Sturz sur *Les Raisins de la colère* – ses commentaires sur la critique ont le don de me faire sourire –, une photo de mon chien, une de moi avec un sourire idiot à côté d'une effigie en cire de Richard III prise au musée de Madame Tussaud, à Londres, et plusieurs citations d'écrivains sur divers sujets. L'un de ces écrivains est Isaac Bashevis

Singer, qui, lors d'un entretien avec Richard Burgis, en 1978, disait :

> Quand les gens se rencontrent – à une soirée ou une occasion de ce genre –, on les entend toujours parler de caractère. Ils disent « untel a mauvais caractère » ou « c'est une bonne pâte », celui-là est un imbécile, celui-ci une chiffe molle. Les potins constituent l'essentiel de la conversation. On dirait que l'analyse de caractère est la distraction préférée de l'espèce humaine. La littérature ne fait pas autre chose. La seule différence avec les potins, c'est qu'elle le fait sans mentionner les vrais noms des personnages. Les auteurs dont le sujet principal n'est plus les personnages et leur caractère mais des problèmes – sociaux ou autres – privent la littérature de son essence même. Ils cessent d'être distrayants. Les gens et leur caractère sont un de nos sujets de conversation préférés. C'est parce qu'il n'y a pas deux individus semblables, et que le caractère humain est la plus grande des énigmes.

C'est donc par là que je commencerai l'exploration de notre métier : par les personnages.

Pas par les idées ? vous demandez-vous peut-être avec stupeur. Pas par des questions comme : D'où un auteur tire-t-il ses idées ? Qu'en fait-il quand il les a trouvées ? Comment les met-il en forme ?

Nous y viendrons. Mais si vous ne comprenez pas qu'un roman n'est pas fait que d'idées, qu'il s'agit avant tout de personnages, vous ne pourrez pas insuffler de la vie même dans la plus fulgurante, la plus inspirée des histoires.

Le souvenir qu'on retire de la lecture d'un bon roman tourne principalement autour des personnages. C'est que les événements – dans la vie réelle comme dans la fiction – prennent plus de sens à partir du moment où on en connaît les protagonistes. Mettez des visages sur une catastrophe et vous toucherez plus profondément les gens ; il se peut même que vous les poussiez à entreprendre des actes qu'ils n'auraient que vaguement envisagés sans cela. Munich en 1972, l'*Achille Lauro*, le vol 103 de la Pan Am, Oklahoma City, le 11 Septembre... Quand ces tragédies deviennent humaines par le truchement de ceux qui les ont vraiment vécues, ou qui sont morts dans la catastrophe, elles se gravent de façon indélébile dans la conscience collective. Un événement commence par une information, et puis on se demande presque aussitôt : *Qui ?*

Il en va de même avec la fiction. Le procès de Tom Robinson, le jeune Noir accusé du viol d'une femme blanche dans *Ne tirez pas sur l'oiseau moqueur,* est affolant, perturbant, et son injustice nous brise le cœur. Mais si on y repense longtemps après l'énoncé du verdict, c'est à cause de la dignité tranquille de Tom Robinson et du personnage héroïque d'Atticus Finch, dont nous savons depuis le début que le client est condamné d'avance à cause de l'époque, de l'endroit et de la société où ils vivent tous les deux. *Ne tirez pas sur l'oiseau moqueur* élève ainsi la littérature classique à un niveau intemporel, non à cause de l'idée de départ – l'innocence de l'enfance projetée dans un environnement hideux de préjugés et de violence –, mais grâce à ses personnages. C'est vrai de tous les grands livres, et les noms de ces hommes, de ces femmes et de ces enfants brillent d'un éclat plus vif au firmament de l'histoire de la littérature que les histoires où ils se sont illustrés. Élizabeth Bennet et Mr Darcy[1], Jem et Scout

1. Les héros de *Orgueil et Préjugés,* de Jane Austen. (*N.d.l.T.*)

Finch[1], le capitaine Achab, Hester Prynne[2], Sherlock Holmes, Heathcliff[3], Ébenezer Scrooge, Huckleberry Finn, Jack, Ralph et Piggy[4], Hercule Poirot, l'inspecteur Morse, George Smiley[5], Anne Shirley[6], Laura Ingalls[7]… La liste serait interminable. À l'exception de cette dernière, pas un seul de ces personnages n'a vraiment existé. Et pourtant tous sont réels, grâce aux auteurs qui leur ont donné une existence.

À partir du moment où on l'a commencé, si on continue à lire un roman, c'est en grande partie parce qu'on s'intéresse à ce qui arrive aux personnages. Mais pour qu'on s'intéresse aux acteurs du drame qui se déroule sur ces pages imprimées, encore faut-il qu'ils deviennent réels pour nous. Un événement ne peut, à lui seul, faire une histoire. Même pas une série d'événements. Seuls les protagonistes de ces événements, et les événements qui les affectent, peuvent y parvenir.

Quand je crée mes personnages, j'essaie toujours de garder des lignes directrices à l'esprit. Pour commencer, je me dis que les vraies gens ont des défauts. Nous sommes tous des chantiers en travaux sur la planète Terre, et nul n'est l'incarnation de la perfection physique, émotionnelle, spirituelle et/ou psychologique. Ça devrait être vrai aussi de nos personnages. Qui pourrait

1. Personnages de *Ne tirez pas sur l'oiseau moqueur*, de Harper Lee. (*N.d.l.T.*)
2. Protagoniste de *La Lettre écarlate*, de Nathaniel Hawthorne. (*N.d.l.T.*)
3. Le ténébreux héros des *Hauts de Hurlevent*. (*N.d.l.T.*)
4. Personnages de *Sa Majesté des Mouches*. (*N.d.l.T.*)
5. Héros des romans d'espionnage de John Le Carré. (*N.d.l.T.*)
6. Héroïne de *La Maison aux pignons verts (Anne of Green Gables)* de Lucy Maud Montgomery. (*N.d.l.T.*)
7. Auteur et héroïne de la célèbre saga *La Petite Maison dans la prairie*. (*N.d.l.T.*)

vouloir lire une histoire mettant en scène des êtres parfaits ? Aucun lecteur n'est parfait, et je n'imagine rien de plus fastidieux que de se retrouver plongé dans les aventures d'un individu qui franchirait d'un bond des monuments de problèmes émotionnels, psychiques, physiques et mentaux. Qui pourrait vouloir d'un ami pareil, d'une perfection mortellement ennuyeuse dans tous les domaines ? Probablement personne. Un personnage parfait d'un certain point de vue doit donc être imparfait dans d'autres domaines.

C'est ce que Conan Doyle avait compris, et c'est l'une des raisons pour lesquelles Sherlock Holmes résiste si bien à l'épreuve du temps : il tient le coup depuis plus d'un siècle, et je gage que ce n'est pas fini. Holmes a un intellect parfait. C'est une véritable machine à cogiter. Mais c'est un trou noir émotionnel, incapable d'une relation suivie avec qui que ce soit en dehors du Dr Watson. Il a toutes sortes d'habitudes bizarres, il est d'une condescendance insupportable et, cerise sur le gâteau, il se drogue. Mais le « package » forme un personnage inoubliable, qui émerge des pages de Conan Doyle. Mieux : on a peine à imaginer qu'un lecteur de romans anglais puisse ignorer qui est Sherlock Holmes.

En tant qu'individus, nous sommes tous la proie de doutes sur un ou plusieurs aspects de notre personnalité. C'est le lot commun de l'humanité. Et, dans nos lectures, nous voulons retrouver des personnages qui font des bêtises, qui commettent des erreurs de jugement, qui ont parfois des accès de faiblesse. C'est la seconde des lignes directrices que je m'efforce de garder en mémoire quand je crée un personnage.

Prenez, par exemple, la pauvre narratrice de *Rebecca*. Voilà une fille qui n'est pas fichue de voir l'attrait qu'elle exerce sur le riche et ténébreux Maxim de Winter. Elle vit dans la crainte de lui déplaire, à tel point que quand elle casse une statuette *chez elle*, elle la cache dans le tiroir d'un bureau de peur de s'attirer des ennuis ! On ne peut s'empêcher de grincer des dents en la voyant faire. En même temps, on éprouve de la sympathie pour elle parce qu'on a tous connu des moments de doute, des moments où on ne savait plus à quel saint se vouer, où on se demandait qui – ou ce que – l'on était, et si on pouvait vraiment être aimé. On s'identifie à cette narratrice, on se tracasse pour elle, et quand elle dit enfin à la méchante Mrs Danvers – la gouvernante de Manderley, qui voue un culte à la mémoire de Rebecca – « Maintenant, madame de Winter, c'est moi », pour un peu on l'acclamerait de revendiquer enfin ce qu'elle est. Certes, Manderley finit réduit en cendres par un incendie, et c'est bien dommage. Mais les personnages continuent à vivre.

Et cela grâce au fait que, si le roman est bien écrit, ils ont évolué et changé au cours de l'histoire. C'est la troisième ligne directrice que je m'astreins à suivre. Les personnages retirent une expérience du déroulement des événements, ils apprennent, et le lecteur avec eux, parce qu'un personnage est lentement révélé par l'auteur, qui le décortique, pelure après pelure, comme un oignon.

En réalité, tout auteur digne de ce nom sait que ce qui rend les personnages intéressants, ce n'est malheureusement pas le bonheur, la sécurité ; ce sont leurs conflits, leurs problèmes, leurs malheurs et leurs émotions. Le bonheur les prive d'une histoire ; le malheur leur fournit un puits dont ils s'acharnent à sortir au fil du roman.

Si vous vous interrogez sur la vérité de cette affirmation, je vous invite à réfléchir aux personnages suivants qui m'ont été présentés lors d'un atelier d'écriture dont je m'occupais il y a un certain nombre d'années.

L'une de mes élèves avait imaginé un détective privé qui travaillait à Boston. Elle avait apporté ses dix ou quinze premières pages pour que les autres lui donnent leur avis. On y faisait la connaissance d'un détective privé, de sa sœur, de leur mère et de leur beau-père. Le héros était d'origine irlandaise, issu d'une famille nombreuse. Sa sœur travaillait avec lui. Ils s'entendaient bien tous les deux ; on peut même dire qu'ils s'adoraient, au point d'être plus ou moins le meilleur ami l'un de l'autre. Le soir où le roman démarre, l'inspecteur et sa sœur – qui s'adorent – vont dîner chez leur mère pour la Saint-Patrick. Ils adorent leur mère et ne rateraient pas un dîner de la Saint-Patrick pour toute la soupe aux clams de Boston. D'autant que leur mère est une cuisinière merveilleuse, la meilleure cuisinière de tous les temps. Leurs souvenirs d'enfance sont pleins de repas pris autour de la vieille table de cuisine, de la joie des conversations en famille bourdonnant dans la pièce où ça sentait si bon. Ils vont donc chez leur maman, et la première personne sur laquelle ils tombent est leur beau-père. Un homme merveilleux. Ils l'adorent, lui aussi. Il a fait de leur enfance un bonheur de tous les instants. Il a épousé leur maman qui était veuve, et rien n'aurait pu les rendre plus heureux…

À ce stade du chapitre, le lecteur n'attendait qu'une chose : que quelqu'un arrive et mette fin à ses souffrances en trucidant tous ces personnages. Pourquoi ? Parce qu'il n'y a pas de conflit. Il n'y a rien, que du bonheur, de la joie, un paradis familial. Mais pas d'histoire, hélas.

La règle d'or pour créer des personnages devrait donc être de leur donner des défauts, de les faire douter d'eux-mêmes, pour une raison ou une autre, de leur permettre d'évoluer, de changer, de les placer dans des situations de conflit. Une fois que vous aurez assimilé ces règles, vous pourrez commencer à esquisser les personnages proprement dits.

Vous noterez que j'utilise le mot « esquisser ». Parce que vous êtes à la fois le maître d'œuvre et l'architecte, et que faire exister des personnages est la partie la plus lourde de conséquences de tout le processus d'écriture du roman, l'emploi que vous ferez du langage mis à part.

Quand j'esquisse un personnage, je commence par lui donner un nom. Je suis ainsi faite que je ne peux pas créer un personnage sans nom. Et ce nom ne lui sera pas attribué de façon arbitraire. C'est même le premier outil dont je dispose pour livrer des indices sur ma créature. Bien inconséquent serait l'auteur qui négligerait cet atout et qui baptiserait ses personnages n'importe comment sans mesurer l'impact de ce choix sur le lecteur. Le nom peut absolument tout suggérer. Comme le font si bien remarquer Anne Bernays et Pamela Painter dans leur livre d'exercices d'écriture, *What If*[1], il peut suggérer des traits de caractère : il y a du grigou chez Ebenezer Scrooge ; Uriah Heep est un personnage peu reluisant de Dickens, Roger Chillingsworth, un mari jaloux doublé d'un puritain obsessionnel, Mr Knightley, un héros chevaleresque. Le nom peut évoquer un environnement social et ethnique – tels le capitaine Ross Poldark, Tom Joad, Mrs van Hopper, Maxim de Winter et Winston Nkata –, ou des origines géographiques – Hank ne vient probablement pas de Harvard mais plutôt d'un ranch –, une attitude, ou même annoncer des événements qui surviendront plus tard dans l'histoire. Le nom du personnage influence la perception que le lecteur a de lui. Et, pour l'auteur, il facilite aussi le processus de création du personnage.

Je vais vous citer quelques exemples inspirés par ma propre expérience littéraire. Quand j'écrivais *Le Visage*

---

1. Anne Bernays et Pamela Painter, *What If ? Writing Exercises for Fiction Writers* (Harper Collins, New York, 1990).

de l'ennemi, j'ai créé une femme de caractère, une carriériste, coriace et déterminée, que j'ai appelée Eve Bowen. Pour moi, c'était un bon nom, dur, qui annonçait une certaine affirmation de soi. Un nom sérieux. Je n'ai eu aucun mal à donner vie à la dénommée Eve Bowen. Son mari devait être son égal, un homme de taille à livrer un *mano a mano* avec elle, qui n'était pas intimidé par sa carrière politique, qui avait fait carrière lui-même. Ce devait être un dur à cuire, un entrepreneur qui avait réussi, originaire de Newcastle, né dans une famille de la classe ouvrière et qui s'était élevé à la force du poignet. Ce n'était pas un plaisantin. Il ne supportait pas les imbéciles.

Je commençai par l'appeler Leo Swann. Puis je restai assise devant mon ordinateur pendant vingt bonnes minutes, incapable d'écrire quoi que ce soit à son sujet, jusqu'à ce que je me rende compte que je lui avais donné un mauvais nom, qu'un personnage appelé Leo Swann ne pouvait pas être tel que je voulais qu'il soit. À partir du moment où je l'ai rebaptisé Alexander – Alex – Stone, j'ai pu travailler avec lui. Pour moi, ce nom traduisait une certaine force, il évoquait la détermination, un homme de pierre, qui ne s'en laissait pas conter. Leo Swann était différent. Et, surtout, je pense que Leo Swann évoquait autre chose pour le lecteur – au moins pour le lecteur anglo-saxon, *swan* voulant dire « cygne ».

Une fois que j'ai le nom du personnage, je procède à une analyse de son caractère, mais j'approfondirai ce sujet par la suite. Je me contenterai pour le moment de vous dire que l'analyse commence par une liste de données de base sur le personnage, liste qui s'accroît bientôt pour devenir un rapport complet. Dans ce rapport, je deviens la psychiatre, la psychanalyste, l'officier de probation et la biographe du personnage, parce que plus j'en saurai sur lui – et sur les autres – avant de commencer à écrire, plus il me sera facile de faire en sorte qu'ils soient tous différents entre eux, et de leur donner à chacun une voix distincte.

Si je me donne la peine de faire tout ce travail avant de passer à l'écriture du roman proprement dite, qui paraît beaucoup plus « amusante » a priori, c'est que je suis convaincue qu'on ne peut pas donner vie à un personnage dans un livre à moins qu'il ne soit vivant *avant* même le début du roman ; si je ne connais pas un personnage avant de le placer dans le creuset de l'intrigue, je cours le risque soit de ne pas savoir comment il va se comporter selon les circonstances, soit – ce qui serait aussi grave – de retomber sur du déjà-vu pour traduire sa réaction. La vérité, c'est que nous réagissons tous différemment aux événements de l'existence. Il doit en aller de même des personnages.

C'est doublement vrai pour notre façon de parler, et ce travail de création du personnage me permet de comprendre comment il va parler – à quoi ressembleront ses répliques, quelle tonalité aura sa voix narrative si je décide de placer une scène du point de vue de ce personnage. Les mots qu'il emploie, sa syntaxe, sa diction deviennent ainsi un autre outil qui me permet de révéler le personnage au lecteur. Les propos d'un personnage n'illustrent pas seulement sa façon de penser et sa personnalité, ils peuvent révéler son niveau d'éducation, son environnement économique, ses attitudes (autant d'éléments clés de la caractérisation), ses convictions, ses superstitions, sa pathologie, bref, à peu près tout et n'importe quoi. Mais le langage ne peut rien traduire de tout ça si je ne connais pas d'avance le « tout » en question. Il faut donc que je le conçoive avant de placer des paroles dans sa bouche.

De même que les personnages font l'histoire, les dialogues font les personnages. Je vous propose de jeter un coup d'œil à la scène suivante, extraite de *Ne tirez pas sur l'oiseau moqueur* de Harper Lee :

— Êtes-vous le père de Mayella Ewell ?

— En tout cas, si j'le suis pas, j'peux plus rien y faire, vu qu'sa mère elle est morte.

Le juge Taylor s'agita, tourna lentement son fauteuil pivotant et considéra le témoin avec affabilité.

— Êtes-vous le père de Mayella Ewell ? demanda-t-il d'un ton qui interrompit net la montée des rires sous nos pieds.

— Ouais, m'sieur, dit M. Ewell humblement.

Le juge Taylor poursuivit d'un ton bien-veillant :

— C'est la première fois que vous venez dans un tribunal ? Je ne me souviens pas de vous y avoir jamais vu.

Sur un hochement de tête de son interlocu-teur, il continua :

— Bien, commençons par une petite mise au point. Il n'y aura plus de spéculations obs-cènes sur aucun sujet, de la part de personne dans ce tribunal, tant que je le présiderai. C'est compris ?

M. Ewell fit oui de la tête mais je ne suis pas sûre qu'il ait compris. Le juge Taylor poussa un soupir :

— Alors, Maître Gilmer ?

— Merci, Votre Honneur. Monsieur Ewell, pouvez-vous nous raconter à votre manière ce qui s'est passé le soir du vingt et un novem-bre, je vous prie ?

Jem sourit et repoussa ses cheveux en arrière. « À votre manière » était la marotte de Me Gil-mer. Nous nous demandions souvent s'il crai-gnait que son témoin n'utilisât la manière de quelqu'un d'autre.

— Bon. L'soir du vingt et un novembre, j'rentrais des bois, ma musette pleine, et j'arrive à la barrière, quand j'entends Mayella brailler comme un veau dans la maison…

Le juge jeta un regard suspicieux au témoin mais dut conclure que ses spéculations ne portaient pas à conséquence car il intervint d'une voix somnolente :

— Quelle heure était-il ?

— Juste avant l'coucher du soleil. Bon, j'disais que Mayella braillait plus fort que Jésus sur la…

Un regard en coin du juge le fit taire.

— Alors, reprit Me Gilmer, elle criait ?

M. Ewell regarda le juge d'un air gêné.

— Ouais, Mayella faisait c'te boucan du diable, alors j'lâche ma musette et j'cours aussi vite que j'peux mais j'me tamponne dans la barrière et quand j'me dégage, j'cours vers la fenêtre et qu'est-ce que j'vois…

La figure de M. Ewell virait à l'écarlate. Se levant, il tendit un doigt vers Tom Robinson :

— J'vois c'te cochon d'Nègre en train d'besogner ma Mayella !

Le juge Taylor avait beau être serein au tribunal et rarement se servir de son marteau, il en frappa son bureau cinq minutes durant. Atticus s'était approché de l'estrade pour lui parler ; M. Heck Tate, en tant que premier policier du comté, tentait de calmer l'assistance. Derrière nous, s'élevait un murmure de colère.

Le révérend Sykes se pencha par-dessus Dill et moi pour tirer Jem par le coude :

— Monsieur Jem, vous feriez mieux d'emmener Mlle Jean Louise à la maison. Monsieur Jem, vous m'entendez ?

Mon frère tourna la tête :

— Scout, rentre. Dill, toi et Scout, vous devez rentrer !

— Tu pourras pas m'empêcher de faire autrement ! rouspétai-je en me rappelant le conseil de papa.

Jem me fusilla du regard puis dit au pasteur :

— C'est rien, mon révérend, elle ne comprend pas.

J'en fus mortellement offensée.

— Bien sûr que si ! Je comprends aussi bien que toi !

— Tais-toi donc ! Elle ne comprend pas, mon révérend, elle n'a même pas neuf ans…

Le pasteur nous considéra d'un air inquiet :

— M. Finch sait que vous êtes là ? Ce n'est pas un spectacle pour Mlle Jean Louise, ni pour vous, d'ailleurs.

Jem secoua la tête.

— Il nous voit pas, d'où il est. Ce n'est rien, mon révérend !

Je savais que Jem gagnerait parce que je ne connaissais rien qui fût capable de le faire partir à cet instant-là. Dill et moi n'avions rien à craindre pour le moment : papa pouvait très bien nous voir d'où il était, s'il pensait à lever la tête…

Tandis que le juge martelait son bureau, M. Ewell restait à sa place, l'air suffisant, observant l'effet de son œuvre. En une phrase, il avait transformé de joyeux pique-niqueurs en une foule maussade, tendue, bavarde, peu à peu hypnotisée par le marteau dont les coups diminuaient d'intensité, jusqu'à ce qu'il ne subsistât aucun bruit dans le tribunal qu'un petit tap-tap-tap : le juge aurait pu tout aussi bien frapper son bureau avec un crayon.

De nouveau maître de la situation, il s'adossa à son siège, l'air brusquement fatigué ; son âge se faisait sentir et je pensai à ce qu'avait dit papa : lui et Mme Taylor ne s'embrassaient

27

pas beaucoup – il devait avoir près de soixante-dix ans.

— Une requête a été déposée, dit-il, deman-dant que la salle soit évacuée, au moins par les femmes et par les enfants. Nous la rejetons pour le moment. Ceux qui sont venus devaient s'attendre à ce qu'ils verraient et entendraient, et ils ont le droit d'y exposer leurs enfants, seu-lement je peux vous garantir que vous verrez et entendrez en silence, ou vous quitterez ce tribu-nal avec une amende chacun pour outrage à la cour. Monsieur Ewell, vous allez reprendre cette déposition dans un langage autant que possible conforme aux usages chrétiens. Poursuivez, Maître Gilmer[1].

Dans ces pages, grâce aux dialogues, Lee nous per-met de nous faire une image de Bob Ewell : c'est un homme inculte, raciste, peu soigné de sa personne, hai-neux et libidineux… Face à lui, le révérend Sykes fait figure de gentilhomme, et le juge Taylor paraît d'autant plus fort et intelligent – tout cela, encore une fois, par la seule magie des dialogues. Le vocabulaire employé par les personnages nous apporte beaucoup d'informa-tions sur eux, alors que l'auteur se contente de dérou-ler la scène, assuré de savoir, et de nous faire savoir, qui sont ces hommes et ce qu'ils incarnent. Voilà un bel exemple de ce à quoi nous aspirons tous : à fourbir nos dialogues puis à les brandir de façon à bannir toute incertitude de l'esprit du lecteur.

Ce ne sont pas les seuls outils utilisables pour don-ner vie à un personnage. En sautant sur l'occasion (quand elle se présente) de révéler certains détails sur

1. Harper Lee, *Ne tirez pas sur l'oiseau moqueur (To Kill a Mockingbird)*, trad. Isabelle Stoïanov, Julliard, 1989.

son passé, on accroît la compréhension que le lecteur a de lui. Regardons comment Toni Morrison révèle la vulnérabilité de Sethe, le personnage principal de *Beloved*, en évoquant deux détails cruciaux et poignants de son passé :

Le 124 était habité de malveillance. Imprégné de la malédiction d'un bébé. Les femmes de la maison le savaient, et les enfants aussi. Pendant des années, chacun s'accommoda à sa manière de cette méchanceté ; puis, à partir de 1873, il n'y eut plus que Sethe et sa fille Denver à en être victimes. La grand-mère, Baby Suggs, était morte, et les fils, Howard et Buglar, s'étaient enfuis à l'âge de treize ans, l'un, le jour où un simple regard sur un miroir le fit voler en éclats (ce fut le signal pour Buglar) ; l'autre, le jour où l'empreinte de deux petites mains apparut sur le gâteau (cela décida Howard). Aucun des deux garçons n'attendit d'en voir davantage : plus de chaudronnée de pois chiches renversée toute fumante sur le plancher ; plus de biscuits secs écrasés et émiettés en ligne contre la porte. Non, ils n'attendirent pas non plus l'une des périodes de répit : ces semaines, voire ces mois, où tout était calme. Chacun d'eux s'enfuit dans l'instant, au moment même où la maison commit l'ultime outrage dont il leur sembla impossible d'être les témoins passifs une seconde fois. En l'espace de deux mois, en plein hiver, ils abandonnèrent leur grand-mère Baby Suggs, Sethe, leur mère, et leur petite sœur Denver, les laissant se débrouiller seules dans la maison grise et blanche de Bluestone Road. En ce temps-là, il n'y avait pas de numéro, parce que Cincinnati ne s'étendait pas aussi loin. En fait, l'Ohio n'était devenu un État que depuis soixante-dix ans quand un frère, puis l'autre, fourrèrent leur chapeau d'un capiton de coton, ramassèrent leurs chaussures et partirent sur la pointe des pieds pour échapper à la hargne virulente dont la maison les poursuivait.

Baby Suggs ne leva même pas la tête. Elle les entendit s'en aller de son lit de malade, mais son état ne fut pour rien à son absence de réaction. Ce qui l'étonna, c'est que ses petits-fils aient mis si longtemps à se rendre compte que les maisons n'étaient pas toutes comme celle de Bluestone Road. Suspendue entre malignité de l'existence et méchanceté des morts, Baby Suggs ne parvenait plus à s'intéresser de savoir si elle allait laisser sa vie mourir ou mûrir encore un peu, et moins encore aux terreurs de deux gamins fugueurs. Son passé avait été semblable à son présent – intolérable –, et comme elle n'ignorait pas que la mort était tout sauf l'oubli, elle utilisait le peu d'énergie qui lui restait pour méditer sur les couleurs.

— Apporte-moi un peu de lavande, si tu en as. Sinon, du rose.

Et Sethe lui complaisait avec tout et rien, un bout de tissu ou sa propre langue. En Ohio, l'hiver était particulièrement dur pour quiconque avait faim de couleurs. Le ciel fournissait l'unique spectacle, et il eût été des plus téméraires de compter sur l'horizon de Cincinnati comme principale joie dans la vie. Si bien que Sethe et la petite Denver faisaient pour Baby Suggs ce qu'elles pouvaient, et ce que la maison permettait. Ensemble, elles livraient une bataille de pure forme contre l'abominable comportement de cette bâtisse ; contre les seaux d'eaux sales renversés, les claques au derrière et les bouffées d'air rance. Car elles connaissaient tout aussi bien la source de ces affronts qu'elles savaient d'où vient la lumière.

Baby Suggs mourut peu après le départ des garçons, sans nullement avoir cure d'adieux, de leur part ou de la sienne et, tout de suite après, Sethe et Denver décidèrent de mettre un terme aux persécutions en convoquant le fantôme qui les mettait à pareille épreuve. Peut-être qu'une conversation, se dirent-elles, un échange de vues aiderait. Alors elles se prirent par la main, et l'apostrophèrent :

— Viens. Viens donc ! Tu ferais aussi bien de te montrer.

Le buffet avança d'un pas, mais rien d'autre ne bougea.

— Ça doit être Grand-Mère Baby qui l'empêche, dit Denver.

Elle avait dix ans et en voulait encore à Baby Suggs d'être morte.

Sethe ouvrit les yeux.

— Ça m'étonnerait, dit-elle.

— Alors pourquoi il ne vient pas, le fantôme ?

— Tu oublies qu'il est tout petit, dit sa mère. Elle n'avait même pas deux ans quand elle est morte. Trop petite pour comprendre. Trop petite même pour pouvoir beaucoup parler.

— Peut-être qu'elle veut pas comprendre, dit Denver.

— Peut-être bien. Pourtant, si seulement elle voulait venir, je pourrais lui expliquer clairement les choses.

Sethe lâcha la main de sa fille, et ensemble elles repoussèrent le buffet contre le mur. Dehors, le conducteur d'une carriole fouetta son cheval pour qu'il prenne le galop jugé de mise par la population locale pour passer devant le 124.

— Pour un bébé, il est puissant le sort qu'elle jette, dit Denver.

— Pas plus puissant que mon amour pour elle, répondit Sethe.

Et ce fut là de nouveau. Avec la fraîcheur accueillante des pierres tombales non gravées ; comme celle qu'elle avait choisie pour s'y appuyer, dressée sur la pointe des pieds, les genoux grands ouverts comme une tombe. Rose comme un ongle, qu'elle était, et parsemée d'éclats scintillants. « Dix minutes, avait-il dit. T'en as pour dix minutes, et je le ferai gratis. »

Dix minutes pour sept lettres. Avec dix minutes de plus, aurait-elle pu avoir aussi « Dearly » ? Elle n'avait pas songé à le lui demander et l'idée que c'eût peut-être été possible la tracassait encore. Qu'avec vingt minutes, disons une demi-heure, elle eût pu tout avoir, chacun des mots qu'elle avait entendu le prêtre prononcer à l'enterrement (et il n'y avait rien de plus à dire, assurément), gravé sur la pierre tombale de son bébé : « Dearly Beloved. » Mais ce qu'elle avait obtenu, comme convenu, était le seul mot qui importait. Elle avait cru qu'il suffirait de forniquer parmi les tombes avec le graveur dont le jeune fils les observait, le visage empreint d'une colère millénaire, et d'un appétit tout neuf. Cela devait certainement être suffisant. Suffisant pour répondre à tous les prêtres, à tous les abolitionnistes, et à une ville pleine de mépris.

Comptant sur la tranquillité de sa propre âme, elle en avait oublié l'autre : l'âme de sa petite fille. Qui eût pensé qu'un petit bébé de rien du tout pût abriter tant de fureur ? Forniquer parmi les pierres tombales sous les yeux du fils du graveur n'avait pas suffi. Non seulement elle avait dû vivre des années dans une maison paralysée par la fureur du bébé à la gorge tranchée, mais les dix minutes qu'elle avait passées, pressée contre une pierre couleur d'aurore cloutée d'éclats d'étoiles, les genoux aussi largement ouverts que la tombe, étaient plus longues qu'une vie, plus vivantes, plus pulsatiles que le sang du bébé qui avait enduit ses doigts comme de l'huile[1].

La réflexion de Sethe sur l'acquisition de la pierre tombale – qui constitue un élément important du récit, d'ailleurs, et n'est pas simplement plaquée là comme l'un de ces redoutables retours en arrière qui sont la malédiction des auteurs néophytes – nous fait toucher du doigt la souffrance profonde qui habite son cœur. Elle est détachée, détachée de l'assassinat de son enfant, commis de sa propre main. Sa distance même par rapport à l'horreur de son passé la rend vulnérable. Et surtout, elle la rend crédible et inoubliable.

Cela dit, encore une fois, Toni Morrison n'aurait pas pu nous révéler tout cela à propos de Sethe si elle ne l'avait pas, à ce moment-là, suffisamment connue pour pouvoir se dire que, quelle que puisse être son appréciation de la situation, dans ces circonstances, la protagoniste qu'elle mettait en scène ne serait ni en colère ni quoi que ce soit d'autre ; elle serait détachée.

Le fait de créer ses personnages à l'avance permet donc au romancier de leur faire tenir des propos convaincants sur des préoccupations totalement différentes des siennes, et avec leur propre voix. Créer un personnage à l'avance permet à l'écrivain d'adopter une persona, de dissoudre la frontière qui le sépare de

1. Toni Morrison, *Beloved*, trad. Hortense Chabrier et Sylviane Rué, Christian Bourgois, 1989.

ses créatures, de leur donner l'occasion de devenir elles-mêmes et, par ce biais, de traduire leur expérience.

Les détails particuliers, révélateurs, de la personnalité comblent les blancs qui pourraient subsister. Les soudaines absences d'Annie Wilkes dans le glaçant et hilarant *Misery* de Stephen King se combinent avec la bizarrerie de ses expressions (« biscornouilles ») pour peindre un portrait de folie que le lecteur n'est pas près d'oublier. Dans le magnifique *Mrs Bridge* d'Evan Connell, la réaction de Mr Bridge face à la tornade, l'inertie et la soumission de sa femme en disent plus long qu'un volume, et avec beaucoup plus d'impact, que tout ce que l'auteur aurait pu faire. Les Bridge sont donc assis là, en train de finir obstinément leur dîner dans le restaurant du country club que tout le monde a évacué, alors que le cyclone approche, Mr Bridge refusant même d'évoquer le sujet de la mort en marche et continuant à engloutir son repas pendant que Mrs Bridge geint et se lamente intérieurement, complètement pétrifiée. Ce genre d'écriture est possible quand on connaît ses personnages. Quand on sait qui ils sont, et comment ils vont réagir. Ce qui met l'auteur à l'abri du blocage créatif potentiel.

Permettez-moi, avant d'aller plus loin, de récapituler ce que je crois :

Les personnages font l'histoire.

Les dialogues font les personnages.

Donner vie à un personnage dépend de la connaissance préalable, approfondie, de ce personnage, complétée par une compréhension des fonctions du dialogue, et de l'utilisation sélective de détails narratifs.

Ça fait beaucoup à se rappeler ? Oui. Mais dans ce livre, je vais vous dire comment je mets tout cela en pratique.

2

Le décor fait l'histoire

Mais qu'est-ce qui me prend ? J'arrive au mot Fin, et j'en suis à me demander si je ne devrais pas retourner en Angleterre, me replonger dans les endroits où se déroule l'histoire. Quelque chose me dit que oui.

Journal d'un roman
10 mai 1994

Si, dans ce survol du métier, je souhaite vous parler du décor avant d'aborder l'intrigue, c'est parce qu'un décor minutieusement exploré et exploité au maximum n'influera pas seulement sur les personnages ; il peut aussi jouer un rôle clé dans l'intrigue. Un petit voyage à l'endroit où vous envisagez de situer l'action de votre roman pourrait vous inspirer de nouvelles idées, et vous permettre de faire du décor un outil à part entière, qui illuminera tout, des personnages au thème.

Pour que nous soyons bien sur la même longueur d'onde, je voudrais d'abord définir ce qu'est le décor. Le plus simple est peut-être de dire que c'est l'endroit où l'histoire se déroule, et, au-delà, chacun des endroits où se déroulent les diverses scènes de l'histoire.

Comme tous les autres outils de ce métier, il remplit plusieurs fonctions.

La première, et la plus évidente, est la création de l'atmosphère. Le décor ne se contente pas de faire comprendre immédiatement au lecteur quel genre de roman il va lire, il génère un climat dans lequel le lecteur sera plongé pendant toute la durée de l'expérience. L'un des objectifs de l'auteur est de provoquer une réaction émotionnelle chez le lecteur, et le décor fait partie des outils utilisables dans ce but. Prenez la description du décor de l'un des derniers chapitres de mon roman *Pour solde de tout compte*. Le livre commence dans le brouillard bourbeux de Cambridge : des miasmes s'élèvent des marécages qui entourent la ville, réduisant toute chose à des formes et des ombres vagues. À la fin du roman, le brouillard revient :

> Le lendemain matin, le brouillard pesait sur la ville comme une couverture grise qui montait, comme un gaz, des marais environnants et bouillonnait dans l'air en nuages amorphes enveloppant arbres et bâtiments, routes et terrains, privant le paysage de ses contours familiers. Voitures, camions, bus et taxis roulaient au ralenti le long des chaussées humides. Les cyclistes louvoyaient lentement dans la pénombre. Les piétons, emmitouflés dans d'épais manteaux, évitaient les gouttes de condensation qui tombaient des toits, des rebords de fenêtres et des arbres. À croire que les deux jours de vent et de soleil n'avaient jamais existé. Le brouillard, telle une maladie chronique, était revenu pendant la nuit. Cambridge était redevenu Cambridge.
>
> — Je suis bonne pour le pavillon des tuberculeux si ça continue, maugréa Havers.

Enveloppée dans son manteau pois cassé, capuche relevée, une casquette en tricot rose sur la tête pour mieux se protéger du froid, elle s'assenait des claques sur les bras et tapait des pieds tout en marchant vers la voiture de Lynley. La brume lourde emperlait ses vêtements et faisait boucler sa frange blond-roux.

— Pas étonnant que Philby et Burgess soient passés chez les Russes, poursuivit-elle, lugubre. Le climat de Cambridge a dû leur donner envie de vivre sous des cieux plus cléments.

— Sûrement, ironisa Lynley. Moscou en hiver, c'est le paradis sur terre[1].

On retrouve l'atmosphère lugubre des premiers chapitres du roman – qui présage la confusion à venir. Mais au lieu de jouer un rôle de diversion (dans le brouillard du début, le tueur élimine Georgina Higgins-Hart, qu'il a prise pour Rosalind Summers), cette fois, elle produit une impression désespérante qui sert de trame de fond aux derniers moments du drame.

C'est l'utilité la plus évidente du décor, la fonction dont on parle toujours dans les cours de littérature comparée : le décor est une métaphore. Mais il peut aussi servir de révélateur de caractère.

Quoi qu'on puisse penser par ailleurs, on *est* ce qu'on porte, ce qu'on collectionne, ce qu'on lit, etc. On *est* l'environnement dans lequel on vit et on travaille. Il en va de même pour les personnages. Leur environnement personnel peut donc être utilisé pour faire passer quantité de messages au lecteur, sans que

1. Élizabeth George, *Pour solde de tout compte (For the Sake of Elena)*, trad. Dominique Wattwiller, Presses de la Cité, 1994.

l'auteur ait besoin de rien exprimer explicitement. C'est l'essence même de ce que les professeurs d'écriture veulent dire lorsqu'ils décrètent : « Ne dites pas, montrez. » Décrivez l'environnement d'un personnage et vous montrez qui il est. Le lecteur en déduira le reste.

Regardez la maîtrise avec laquelle Michael Dorris et Louise Erdrich utilisent le décor pour révéler la personnalité d'un des protagonistes de leur roman, *La Couronne perdue* :

Je passai devant la maison au volant, doucement mais sans m'arrêter. Toutes les lumières du bas étaient allumées et j'aperçus Roger à travers une fenêtre. Il entrait dans la cuisine avec dans les mains ce qui ressemblait au *New York Times* du dimanche. Je fis le tour du pâté de maisons et m'arrêtai au coin de sa rue. Je me traitais de tous les noms – d'abord pour être venue, ensuite pour mon indécision, une fois sur place. Je passai un contrat avec mon avenir. Si Roger ne sortait pas de la cuisine, je rentrerais chez moi, lui écrirais une carte postale avec mes excuses, et irais mon chemin. Je le laisserais à ses livres et à ses revues et mettrais mes émotions en veilleuse. Je m'arrêterais chez Ben & Jerry et m'offrirais un double chocolat frappé bien grossissant. Je proposerais à mémé un tournoi silencieux de cribbage, et, pour une fois, je gagnerais. J'écrirais ce fichu article sur Christophe Colomb, puis obtiendrais mon diplôme avec un sujet moins convenu.

La porte d'entrée était ouverte. Tourné dans la direction d'où je devais venir, Roger s'y détachait. Il me fit signe de la main.

Je klaxonnai et stoppai le moteur.

Mais qui pouvait résister à ce Roger Williams ? Qu'avait-il en réserve dans son réfrigérateur au cas où je viendrais ? Pas seulement du brie. Du brie *danois*. Et sur la stéréo ? Pas son habituel Bach, mais le disque d'Aretha Franklin que je lui avais donné pour son anniversaire, avec juste le volume que j'aimais.

Cet homme criait : « Transigeons. »

Quant à Violet, de l'instant où je détachai la ceinture de sécurité entourant son couffin pour la porter dans la maison de son père, elle ne cessa de crier. Paupières serrées, dos arqué, bouche grande ouverte, elle était l'image de la protestation, une furie, un courroux d'Ancien Testament. Je la berçai contre mon cœur, fredonnai dans son oreille, en désespoir de cause je soulevai doucement la paupière de son œil droit de façon qu'elle voie que c'était moi – sa source alimentaire – qu'elle injuriait. Cette intrusion ne fit qu'exaspérer son hystérie.

— Ce n'est pas toi, dis-je pour consoler Roger qui paraissait consterné.

Ce n'était manifestement pas ainsi qu'il avait imaginé cette première rencontre avec le fruit de ses reins.

— Alors quoi ? demanda-t-il au dessus du vacarme de Violet.

— L'absence de mouvement, expliquai-je. Elle aime la voiture, le bruit du moteur. Elle déteste l'immobilité. Donne-moi une minute avec elle. Le temps de la calmer.

Nash avait été lui aussi un bébé hypersensible, s'alarmant de tout bruit, de toute lumière ou sensation inattendus. La seule chose qui ait marché avec lui avait été une totale perte sensorielle, un retour simulé dans le sein maternel. Debout dans l'entrée brillamment éclairée de la maison de Roger, je me sentais moi aussi accablée. Le parquet en bois blond reflétait les faisceaux laser du lustre futuriste. Un tapis d'Azerbaïdjan sur le mur blanc d'en face palpitait de rouges sombres et de noirs. Aretha exigeait un peu de respect, et il y avait dans l'air cette pointe particulière d'ail et d'oignons sautés.

— J'en ai pour un instant, criai-je avant de disparaître dans le vestiaire.

Une fois la porte fermée, les bruits, les odeurs et l'aveuglant éclairage du monde de Roger étaient amortis par un effleurement de laine de bonne qualité. Suspendus sur de coûteux portemanteaux de bois, des manteaux de toutes sortes, serrés les uns contre les autres et dégageant une légère odeur de renfermé. Malgré l'obscurité je sentais l'ordre. Un gouffre d'habitudes séparait l'existence de Roger de la mienne. Même Tupperware ne m'avait pas aidée. Il n'y avait pas chez moi un placard où Violet et moi puissions nous tenir, sans désorganiser le chaos, sans faire basculer des piles de revues à moitié lues, ou trébucher sur des chaussures dépareillées. Roger savait exactement où se trouvaient ses affaires. Ce qui était cassé était réparé dans la journée. Les cadeaux non voulus étaient rapportés et transformés en crédit achat, les vieux vêtements étaient empaquetés par ses soins, et ramassés par une œuvre de bienfaisance, et comme Roger n'achetait jamais rien sur un coup de tête, il utilisait tout ce qu'il achetait.

Comme un cerf-volant retombant à terre après un fort coup de vent, Violet se calmait petit à petit. J'en profitai pour me préparer. Comparé à ce qui m'attendait, l'espace clos du placard était un havre. Roger avait fait abattre tous les murs du rez-de-chaussée de sa maison du XVIIIᵉ, créant un espace ouvert rompu seulement par des étagères à hauteur d'épaule et des meubles destinés à être vus de tous les côtés. Un semis de casseroles en cuivre pendait au-dessus de la cuisinière, isolée au milieu de la pièce ; la tapisserie, les tapis et les gravures à cadre métallique formaient une gamme de coloris allant du sombre au clair. Pas d'objets superflus, pas de livres mal classés. Si le dernier numéro de l'*American Scholar*, de *Daedalus* ou de *Caliban* était posé à un angle incongru sur la table du café, il était certain que Roger y avait publié un nouveau poème ou un nouvel article.

— Chuuut, murmurai-je à l'intention de Violet. Sois gentille avec papa. Il n'est pas habitué aux petites braillardes.

Elle avait maintenant le visage plus calme, mais elle semblait toujours sur ses gardes. Un faux mouvement de ma part, une rupture de rythme dans le bercement de mes bras, et je devrais payer[1].

À la fin de ce passage qui présente la maison de Roger, on en sait long sur le personnage. On reçoit aussi des informations sur la narratrice, et sa réaction à l'environnement personnel de Roger – son « espace », si vous voulez –, et on apprend également la nature de leur relation. On peut se livrer à certaines conjectures sur la façon dont les choses se sont passées entre eux jadis, et on peut faire certaines prédictions sur la façon dont la situation va évoluer pour eux. En fournissant à Roger un décor qui n'a rien d'anonyme, en prenant le temps de s'interroger sur son environnement person-

1. Michael Dorris et Louise Erdrich, *La Couronne perdue (The Crown of Columbus)*, trad. Dora Pastré, Robert Laffont, 1992.

nel, Dorris et Erdrich se sont facilité les choses quand on pense aux efforts qu'ils auraient dû fournir s'ils s'étaient livrés à une exposition fastidieuse au lieu de se rabattre efficacement sur le décor.

Disons enfin que le décor peut offrir un contraste par rapport à l'événement qui s'y est déroulé. Dans ce cas, l'auteur peut accentuer la réaction émotionnelle qu'il souhaite susciter chez le lecteur. Dans son roman *Un certain goût pour la mort*, par exemple, P. D. James place un sinistre double meurtre dans l'atmosphère recueillie de la sacristie d'une église. Le pouvoir évocateur de sa description nous fait d'abord voir l'église elle-même, par le regard dévot de la femme sans âge venue nettoyer la chapelle. Avec elle, nous découvrons soudain un monde en opposition complète avec le décor : deux cadavres à la gorge tranchée, et du sang partout. Beaucoup de sang.

De la même façon, dans *Laguna Heat*, T. Jefferson Parker nous offre un décor qui tranche radicalement avec l'horreur enfermée à l'intérieur. Au lieu d'utiliser, comme P. D. James, les éléments familiers du rite chrétien, il choisit quelque chose de très simple : le blanc.

> Le tapis vert devenait blanc dans l'escalier qui montait vers le second étage. En arrivant sur le palier, Shephard eut une sorte de vertige, comme si la blancheur omniprésente perturbait son équilibre. Il appela de nouveau.
>
> Le deuxième étage était aussi vaste que dépourvu de couleur. La moquette blanche s'ouvrait devant lui sur un immense espace d'un blanc immaculé : les murs, les meubles, et même la cheminée, tout était blanc, et baigné de soleil, contrairement aux pièces du rez-de-chaussée et du premier étage. La lumière qui se déversait par les deux fenêtres donnant

à l'ouest, sans le filtre de rideaux ou de persiennes, projetait des parallélogrammes éclatants sur la moquette. Shephard remarqua que, comme lorsqu'il était enfant, contrairement à la logique, dans les rayons de lumière, la poussière avait tendance à remonter au lieu de tomber vers le bas. Il s'avança sur la moquette d'un blanc virginal et s'avança vers la double porte, blanche elle aussi, tout au bout. Il ouvrit les deux battants et découvrit une nouvelle étendue de blancheur qui s'étendait devant lui : la chambre à coucher du maître des lieux.

Shephard se dit qu'il n'avait jamais vu une chambre aussi vivement éclairée. Un divan blanc ivoire était placé contre le mur, à sa gauche, sous un miroir à cadre blanc où se reflétait toute la blancheur de la pièce. Au centre trônait un immense lit blanc qui semblait auréolé de son absence de couleur. Shephard eut l'impression fugitive que tout était fait en plâtre. Il appuya sur le lit avec sa main, et son moelleux lui sembla incongru.

Il s'arrêta sur le seuil de la salle de bains, face à son propre reflet en pied. Une cloison garnie de miroir laissait place, à droite, à une vaste pièce d'eau avec deux lavabos aux robinets de porcelaine, un miroir qui occupait toute la largeur du mur, au-dessus des vasques, un coffre de bois peint en blanc fixé au mur opposé à côté d'une cuvette de toilettes, et un bidet d'un blanc étincelant. Il retourna vers l'entrée de la salle de bains, repassa devant la glace et se retrouva dans une pièce identique entièrement carrelée de blanc, du sol aux murs.

Mais au lieu des toilettes et du bidet, le long du mur opposé se trouvait une baignoire, et lorsqu'il la regarda, la première pensée qui

lui passa par l'esprit fut, Doux Jésus, enfin
autre chose que du blanc.

Blanc, ce qui gisait dans la baignoire ne
l'était assurément pas.

Il sentit un filet de sueur lui courir le long
du dos. Il resta un instant appuyé contre le
mur puis il retourna dans la chambre et resta
un instant planté là, le souffle court, à regarder la poussière tomber vers le haut.

Le centre de gravité de toute la blancheur
qui l'environnait était une femme nue, si vilai-
nement carbonisée par les flammes qu'elle
semblait réduite à une sorte d'oiseau, un pté-
rodactyle, peut-être, au bas-ventre boursouflé.
Ses moignons d'ailes terminés par des serres
griffues et ses jambes rabougries, écartées dans
une attitude obscène, semblaient tout juste
permettre de se cramponner à une branche, ou
de se replier le long du corps en vol. Il vit une
face étroite où seules les orbites et la bouche
étaient reconnaissables. L'une des petites serres était cramponnée à la tringle d'un rideau
de douche, noircie au milieu. Le rideau de
douche, quant à lui, était roulé en boule dans
un panier d'osier peint en blanc.

En découvrant de tels secrets, on n'éprouve,
au début, que l'impression d'une parfaite inu-
tilité. Comme il l'avait fait lorsque ses yeux
étaient tombés sur le mystère endormi de Jane
Algernon, Shephard regarda cette femme méta-
morphosée et se demanda quoi faire. Il eut
envie de la recouvrir. De dire une prière. Il
savait qu'il aurait dû appeler d'autres policiers
pour partager le problème : Pavlik pour recueillir
les indices, Pincus pour s'occuper de la presse
et Grimes de la foule qui allait se masser au
dehors et poser des questions timides sur la tragédie, le chef Hannover pour qu'il prévienne le
maire, Lydia Worth et les autres flics pour qua-

driller – vainement – le voisinage, Robbins pour enlever le corps, et Yee et ses mains dépassionnées pour l'autopsier. Et lui, l'inspecteur de la criminelle, pour tirer la substantifique moelle de ce que les autres auraient découvert, rassembler les pièces du puzzle, écarter les éléments superflus et trouver le meurtrier.

Doux Jésus, se dit-il. En réalité, il n'avait qu'une envie : dormir. Il recula vers le mur, les jambes flageolantes, et s'accroupit mollement à terre, laissant échapper son arme, un Python, qui fit un bruit retentissant en heurtant le carrelage[1].

L'intrusion de ce cadavre calciné dans un monde de blancheur accroît l'horreur de la situation, rend crédible la réaction de l'inspecteur et, surtout, incite le lecteur à s'identifier fortement au protagoniste.

Alors, y a-t-il des règles à suivre au moment de choisir son décor ?

Le conseil qu'on donne généralement aux auteurs débutants est de décrire « la cour derrière chez soi ». Traduction : un environnement familier. Autrement dit, en extrapolant un peu, parlez de ce que vous connaissez.

À quoi je réponds : balivernes ! Si j'avais été de cet avis, j'aurais passé des années à tenter d'écrire des histoires qui se seraient déroulées à Huntington Beach, en Californie, or il n'y a pas au monde un endroit qui pourrait moins m'intéresser. Je crois plutôt qu'on a toujours intérêt à choisir comme décor un endroit sur lequel on a envie d'apprendre quelque chose, dont

1. T. Jefferson Parker, *Un été d'enfer (Laguna Heat)*, Presses de la Cité, 1987.

l'exploration nous passionne, dont on a envie de parler, qui éveille des échos en nous ou qui suscite en nous une réponse personnelle, d'une intensité viscérale. Il vaut mieux aussi que ce soit un endroit où on peut aller. Les recherches en bibliothèque, sur Internet ou grâce aux films vous emmèneront très loin. Mais vous aurez du mal à faire prendre vie à un endroit si vous n'y êtes pas allé, si vous ne l'avez pas appréhendé par vos cinq sens. Son intégration à votre écriture devrait impliquer non seulement ce que vous en aurez vu ou lu sur Internet, mais encore toutes les impressions sensorielles qu'on peut éprouver quand on est sur place. Vous pouvez évidemment essayer d'imaginer tout cela. Mais personnellement, je déteste procéder de cette façon.

Si vous avez la chance de vivre dans un environnement qui éveille des échos en vous, si vous réussissez à l'apprécier et à rester conscient des détails qui en font un endroit unique, je vous conseille vivement de l'utiliser comme décor parce que vous arriverez probablement à le décrire, et plus encore : à le *rendre vivant*.

C'est ce que j'essaie de faire quand je choisis un décor, que ce soit l'environnement individuel d'un personnage (l'endroit où il vit, son bureau, sa maison, la cour derrière chez lui) ou le décor plus large où tout le roman se déroule. Pour rendre un décor, je m'appuie sur des détails, dont le plus important est ce que Bernays et Painter appellent fort justement le détail révélateur[1] : la particularité qui révèle par elle-même un volume d'informations additionnelles qu'on n'a pas besoin d'expliciter par la suite parce que le lecteur comprend tout de suite, intuitivement, de quoi il retourne. Je précise que le détail choisi ne peut pas être abstrait ;

---

1. Bernays et Painter, *What If ?*, op. cit.

ce doit être un détail concret, qui démontre quelque chose – en d'autres termes, qui donne à voir.

Pour ne pas rendre simplement compte d'un décor, pour le *rendre vivant* – pour lui donner une âme –, l'une des ficelles du métier, de l'artisanat, consiste à le mettre en action, à mettre les détails en mouvement. Regardez comment Barbara Kingsolver s'y prend dans *L'Arbre aux haricots* pour rendre inoubliable un décor banal :

Il était hors de question de demander de l'aide à ce lourdaud. Le pneu étant apparemment fichu, j'ai décidé de faire encore quelques centaines de mètres. Là se trouvaient une banque, quelques maisons et un parc planté de palmiers au milieu d'une pauvre pelouse. Des hommes qui avaient des couvertures roulées nouées autour de la taille donnaient des coups de pied dans la terre, sans doute à la recherche de bestioles à écraser. Juste derrière le parc j'ai aperçu une pile de pneus.

« Regarde-moi ça ! me suis-je exclamée. Si j'ai pas de veine ! Nous aurions dû aller à Las Vegas. »

Les pneus empilés formaient une espèce de mur de chaque côté d'un vaste terrain pavé situé au coin de la rue. À l'intérieur des murs, une femme armée d'un tuyau à air comprimé chassait les insectes du trottoir, les regroupant à coups de petits jets d'air. Elle portait un blue-jean et des bottes de cow-boy et avait un bandana rouge sur la tête. Une longue natte grise lui descendait jusqu'au milieu du dos.

« Salut », j'ai dit.

J'ai remarqué que le nom de l'endroit était *Seigneur Jésus, Pneus d'occasion*. Ça m'a fait penser à ce numéro de téléphone que je m'étais promis d'appeler, 1-800-Seigneur, juste pour voir qui j'aurais au bout du fil. Et si c'était ici ?

« Salut, ma belle, a-t-elle répondu. Ces bestioles qui grouillent partout après la pluie, ça me met les nerfs en pelote, mais je me sens pas de les écraser. Après tout, elles ont qu'une vie. Comme nous.

— C'est sûr.

— Eh bien, ma pauvre petite, on dirait que vous avez deux pneus crevés. »

En effet. Je n'avais pas vu le pneu arrière droit.

« Montez donc la voiture sur l'élévateur. On va les enlever et y jeter un coup d'œil. On va vous retaper votre petit carrosse tout de suite. »

J'ai demandé si Turtle pouvait monter sur l'élévateur, mais la femme a répondu que c'était pas prudent. Je l'ai donc sortie de la voiture et j'ai cherché un endroit où la poser. Tous ces pneus autour de moi me rendaient nerveuse. Instinctivement, je suppose, j'ai levé les yeux pour voir s'il n'y avait pas quelque chose en hauteur qui risquait de dégringoler. Il n'y avait rien qu'un beau ciel bleu.

Légèrement à l'écart, j'ai remarqué quelques vieilles jantes et des pneus crevés. Un pneu vide n'avait pas la moindre chance d'exploser, me suis-je raisonnée, avant d'y installer Turtle.

« Comment elle s'appelle votre petite fille ? » m'a demandé la femme, et quand je le lui ai dit, elle n'a pas bronché. D'habitude les gens prenaient un air gêné ou me faisaient un sermon. Elle, c'était Mattie.

« Elle est mignonne comme tout, a dit Mattie.

— Comment avez-vous deviné que c'était une fille ? »

C'était pas de la provocation, pour une fois. Juste de la curiosité. Après tout, Turtle n'était pas habillée de rose de la tête aux pieds.

« Quelque chose dans son visage. »

On a fait rouler les pneus jusqu'à un baquet d'eau. Mattie les a frottés au savon puis elle les a plongés dans le baquet comme d'énormes beignets. Des petites colonnes de bulles sont remontées vers la surface comme des colliers de perles de verre. Des tas. On aurait dit qu'il y en avait une pleine bijouterie là-dedans.

« Désolée, ma mignonne, mais vos pneus sont pas bien jolis. Je peux vous dire tout de suite qu'aucune rustine ne tiendra là-dessus. Ils sont criblés de trous. » Elle semblait soucieuse. « Vous voyez ces trucs, le long de la jante ? Ils sont tout fendus. »

Elle a plongé la main dans l'eau pour palper les flancs du pneu. Elle avait un anneau d'or enfoncé dans la chair de son doigt, comme on en voit chez les vieilles femmes qui ne quittent jamais leur alliance.

« Je suis désolée », a-t-elle répété, et je voyais que c'était vrai. « Y'a un magasin Goodyear en bas de la rue, à environ six cents mètres. Si vous voulez les y porter pour avoir un deuxième avis.

— Pas la peine. Je vous crois sur parole. »

Du plat de la main, Turtle frappait les côtés de son pneu à flancs blancs. Son autre main s'était emparée du bidule par où rentre l'air. Je me suis demandé ce qu'on allait bien pouvoir faire à présent.

« Combien ça me coûterait des nouveaux pneus ? »

Mattie a réfléchi quelques instants.

« Je pourrais vous donner une paire de bonnes occasions, huit mille kilomètres garantis,

49

pose et équilibrage compris, pour soixante-cinq dollars.

— Faut que je réfléchisse. »

Elle était tellement gentille que je me sentais pas le courage de lui annoncer tout à trac que j'avais pas les moyens de me payer de nouveaux pneus.

« Un coup pareil à huit heures du matin, c'est un peu dur à encaisser, m'a dit Mattie. J'étais juste en train de faire du café. Vous en voulez une tasse ? Venez donc vous asseoir.

— D'accord », ai-je répondu.

J'ai récupéré Turtle au fond de son pneu et je l'ai portée à l'arrière de la boutique. C'était un vieux bâtiment imposant à un étage, et là au fond du garage était aménagé un espace avec un évier et des étagères, des chaises pliantes peintes en bleu, une table en métal, et une machine à café. J'ai poussé un autre pneu crevé près des chaises et j'y ai installé Turtle. J'étais bien aise de me trouver à distance respectable de ce mur de pneus qui ne demandaient qu'à éclater. Rester ici serait comme vivre dans une maison pleine de bombes. Le seul bruit du tuyau à air comprimé me faisait dresser les cheveux sur la tête.

« C'est vraiment pratique tous ces pneus », ai-je fait pour montrer un peu de bonne humeur. « Maintenant je saurai quoi faire avec des pneus crevés.

— J'ai des biscuits au beurre de cacahuète », a dit Mattie en se penchant vers Turtle. « Elle aime le beurre de cacahuète ?

— Elle aime tout. Vous avisez surtout pas de lui donner quelque chose à quoi vous tenez. Vos cheveux par exemple », lui ai-je conseillé. La natte de Mattie se balançait à portée de la zone dangereuse.

50

Elle a versé du café dans une tasse sur laquelle on lisait « Bill, avec un grand B », et me l'a tendue. Puis elle s'est servie dans une tasse blanche tapissée de lapins de bande dessinée. Ils étaient empilés les uns sur les autres comme les rochers de Texas Canyon. Au bout d'un moment je me suis rendu compte que les lapins faisaient l'amour dans un nombre incalculable de positions différentes. Cette femme m'intriguait. Pas de doute, je n'étais pas à 1-800-Seigneur[1].

Vous remarquerez que Kingsolver n'arrête pas l'action pour décrire le magasin de pneus. La description de l'endroit et celle du personnage n'interrompent pas le récit ; elles sont intégrées à la narration. Vous remarquerez aussi le choix des détails, comme ces petites notations personnelles qui gravent Mattie de façon indélébile dans l'esprit du lecteur – l'alliance enfoncée dans la chair – et les caractéristiques du décor qui nous apportent des informations sur le personnage – cette chope avec des lapins, d'un goût douteux.

C'est ce que j'appelle tirer le maximum du décor. Par le soin apporté au cadre, l'auteur transcende ce qui pourrait n'être qu'une scène banale dans un endroit banal pour en faire quelque chose d'inoubliable.

1. Barbara Kingsolver, *L'Arbre aux haricots (The Bean Trees)*, trad. Martine Béquié, avec la collaboration d'Anne-Marie Augustyniak, Rivages, 1995.

3

Un paysage sinon rien

Il y a des moments où j'ai l'impression de vivre dans une île parfaitement sécurisée. Que rien dans ma vie ne présente le moindre intérêt pour mes livres ou mes personnages, qu'elle n'a aucun sens profond. Et je prétends écrire !

Journal d'un roman
24 mai 1994

En surface, il semblerait que le paysage et le décor soient deux bestioles identiques, jumelles, auxquelles on aurait donné des noms différents pour le seul plaisir de confondre l'auteur débutant. Mais il n'en est rien : en réalité, le décor est l'endroit où une histoire se déroule – le cadre de chaque scène ; le paysage est un environnement beaucoup plus vaste.

Le terme « paysage » désigne à peu près la même chose en littérature que sur le plan géographique : c'est la vaste perspective où l'écrivain situe les décors individuels de son roman, un peu comme la toile ou plus généralement le support que le peintre choisit pour y appliquer de la couleur. Le support utilisé par le peintre est modifié, mais les effets obtenus par l'application de peinture diffèrent eux aussi. Il en va de même pour le paysage.

J'emploie à dessein, pour définir le paysage, le terme « perspective », qui ne désigne pas seulement le décor ; il englobe aussi les émotions provoquées par le décor. Dans *Les Raisins de la colère* de John Steinbeck, par exemple, le paysage est le Dust Bowl, littéralement le « bol de poussière » de l'Amérique, un endroit plein de gens qui se déplacent dans l'espoir d'échapper à une situation désolante, désespérée. L'endroit reflète la condition des personnages. William Faulkner, quant à lui, utilise un certain nombre de décors dans ses romans, mais le paysage est généralement le comté de Yoknapatawpha, dans le Mississippi, un environnement chaud et humide, bouillonnant de toutes les passions de vie et de mort. Pour dire les choses autrement, le paysage est l'*expérience locale globale* d'un roman.

Vous devez bien réfléchir au paysage de votre roman, parce que si vous arrivez à lui donner une réalité, si vous réussissez à le faire paraître réel, alors vous aurez fait un grand pas en avant vers la vraisemblance de l'ensemble. En réussissant cela, en montrant au lecteur que vous êtes chez vous dans le paysage, vous l'invitez par là même à s'approprier, à investir le territoire. Et s'il s'y sent chez lui à son tour, vous avez fait la moitié de votre travail d'auteur, parce qu'il y a toutes les chances pour que sa lecture suscite des émotions chez lui et qu'il se sente impliqué. Parce que c'est bien de cela qu'il s'agit dans un roman : d'émotions et d'implication. S'il n'éprouve rien, s'il ne se sent pas plus ou moins impliqué, il n'y aura pas un lecteur au monde qui poursuivra sa lecture… à moins que son professeur de lettres ne le lui ait demandé, bien sûr. Et même dans ce cas, s'il ne se sent pas accroché par le livre, il y a de fortes chances pour qu'il achète le *Reader's Digest*.

Permettez-moi de vous donner un exemple de paysage extrait de *Rose*, le superbe roman de Martin Cruz Smith. *Rose* se déroule en Angleterre, pendant la révolution industrielle, et plus précisément à Wigan, une ville des Midlands. La région était un foyer industriel au XIXe siècle. Telle que la décrit Martin Cruz Smith, c'est le genre d'endroit où vous n'auriez jamais l'idée de mettre les pieds, et encore bien moins de passer votre vie : un endroit sale, étouffant, pollué, malsain. En d'autres termes, un enfer sur terre :

Le ciel déjà sombre s'assombrit plus encore. Ce n'étaient pas vraiment des nuages, mais une espèce de rideau plus âcre. De la fenêtre du train, Blair aperçut un panache qui aurait pu passer pour celui d'un volcan, mais il n'y avait rien dans les parages qui ressemblât de près ou de loin à un volcan, rien, aucune montagne. En vérité, entre les Pennines qui s'étendaient vers l'est et la mer à l'ouest, ce n'était qu'un paysage de collines qui se développait le long des filons carbonifères du sous-sol. La fumée ne s'élevait pas d'un seul endroit du paysage mais formait comme une espèce de voile noir qui barrait l'horizon au nord. On eût dit qu'au-delà toute la terre était la proie d'un incendie. Le voyageur comprenait que l'horizon n'était qu'une ligne ininterrompue de cheminées seulement une fois qu'il avait le nez dessus.

Ces cheminées entouraient les filatures de coton, les verreries, les fonderies, les usines chimiques, les fabriques de colorants, les briqueteries. Mais les plus monumentales se trouvaient près des puits, comme si la terre elle-même était devenue, pour le coup, une gigantesque usine. Quand Blake parlait des « moulins du Diable », c'est à ces cheminées qu'il faisait allusion.

Le crépuscule était proche, mais l'obscurité se manifestait trop tôt. Même Earnshaw contemplait le paysage par la fenêtre avec une certaine appréhension. Quand plusieurs de ces cheminées furent passées, le ciel finit par devenir aussi sombre que lors d'une éclipse. De chaque côté de la voie, des voies secondaires privées desservaient les puits. Et, entre cette chape noire et le chemin de fer, on apercevait la ville de Wigan, qui au premier abord ressemblait davantage à un champ de ruines fumantes qu'à une agglomération.

On traitait le charbon à l'intérieur de ses murs. Les scories formaient des terrils un peu partout, avec parfois un puits d'évacuation du gaz qui crachait des flammes. On aurait dit une succession de lutins bleus bondissant de sommet en sommet. Le train qui arrivait ralentit près d'une troupe de mineurs en train de remonter à la surface. Couverts de poussière de charbon, les hommes auraient été presque invisibles sans leurs lampes. Le train dépassa une tour dont Blair, malgré la faible lumière, vit le sommet peint en rouge. De l'autre côté, des silhouettes alignées traversaient les champs de scories. Sans doute un raccourci vers leurs foyers. Blair les voyait de profil, elles portaient des pantalons et la poussière de charbon les couvrait des pieds à la tête. C'étaient des femmes.

Les rails enjambaient le canal. Dessous, on voyait des barges qui transportaient le charbon. Ensuite la voie de chemin de fer voisinait avec une bouche de gaz, puis une succession de filatures de coton dont on voyait les hautes fenêtres éclairées et les cheminées crachant autant de fumée que des châteaux lointains livrés au pillage et à l'incendie. En ralentissant, la locomotive cracha sa propre vapeur. La voie se divisait. D'un côté les voies de garage, de l'autre les entrepôts de marchandises, et entre les deux, comme une île éclairée par des lampadaires, un quai doté de colonnes métalliques. Le train s'approcha doucement. Il fut secoué d'un dernier soubresaut, puis s'arrêta[1].

Martin Cruz Smith réalise dans *Rose* le rêve de tout auteur. Comprenant qu'il ne peut évacuer le problème du paysage en un paragraphe, il l'intègre au fil de sa narration, entrelardant l'action d'éléments de description sur toute la longueur du roman, mais sans jamais ralentir l'avancement du récit. Il se collette avec un endroit compliqué, et il a la sagesse et l'expérience de savoir qu'il ne peut pas s'en tirer par une simple concession au décor dans les chapitres d'ouverture. Pour ne pas retarder le début de l'intrigue par des descriptions de cet endroit oublié de Dieu, et pour éviter d'évacuer les descriptions de Wigan avec désinvolture afin de s'élancer vers la dernière ligne, il les intègre sur toute la longueur du livre, dépeignant la ville comme un endroit oppressant, tel qu'elle l'était sans aucun doute pour ceux qui y vivaient il y a plus d'un siècle. Et, chose plus importante encore, Wigan devient aussi réelle pour le lecteur que pour ses habitants de l'époque victorienne.

N'importe quel apprenti écrivain un peu doué de raison doit maintenant se demander comment on peut, au nom du ciel, réussir cet exploit. Comment un être

1. Martin Cruz Smith, *Rose,* trad. Jean Colonna, Éditions Robert Laffont, 1997.

humain, auteur ou non, peut-il donner vie à un endroit de telle façon qu'il devienne une part inoubliable de l'expérience de lecture ?

Je ne peux répondre qu'en expliquant comment j'aborde le problème du paysage dans mes propres livres. Généralement, je commence par me rendre à l'endroit où j'ai l'intention de situer mon roman. Une fois là, je m'intéresse à la région proprement dite. Je me demande ce qui y pousse et ce qui n'y pousse pas. Je note la configuration du terrain et sa texture, les marques que les cultures successives y ont laissées. J'observe ses bâtiments et la façon dont ils changent d'un endroit à l'autre dans la contrée même.

Le ciel est partout différent, complètement différent, et j'y suis très sensible. Parfois, il y a des nuages ; d'autres fois non. Il peut être d'un bleu profond, ou d'une teinte délicate. L'humidité dans les Highlands, en Écosse, donne au ciel un aspect radicalement différent de celui de Huntington Beach, en Californie, et le ciel de Los Angeles n'a rien à voir avec celui de Vancouver. Le ciel fait partie de ce que j'étudie quand je pense au paysage, tout comme les nuages, les étoiles – ou leur absence.

Le climat est un autre élément du paysage. De même que le temps qu'il fait un jour donné. Et que les sons et les odeurs de chaque endroit particulier.

La vie sauvage, ou son absence, contribue aussi à définir un endroit. Ce que les gens y font ou ne peuvent pas y faire participe également de la vie du lieu.

Le paysage émergeant de l'endroit où se déroule l'histoire doit stimuler les sens du lecteur et son imagination, quel que soit le genre de roman que vous écrivez, ou son public : de la littérature pour enfants, pour jeunes adultes, ou pour adultes. Si vous en doutez, lisez les volumes de *La Petite Maison dans la prairie* de Laura Ingalls Wilder. Ou découvrez l'île du Prince-

Édouard que L. M. Montgomery décrit dans la saga d'Anne Shirley. Un bon auteur fait d'un endroit *son* endroit, que ce soit le monde entièrement imaginaire de Frank Herbert dans *Dune* ou le Sud-Ouest américain extrêmement réel de Tony Hillerman. À la fin d'un roman, si l'auteur a rendu le paysage avec talent, le lecteur a l'impression d'y être allé, de s'y être lui-même promené.

Au-delà de l'endroit proprement dit – en espérant que l'auteur l'aura habilement décrit –, le paysage concerne aussi les personnages. En effet, chacun des personnages créés par l'auteur possède ses propres paysages individuels. Et il ne s'agit pas d'une faute de frappe : je dis bien *ses paysages*, au pluriel. Tous les personnages que vous créez en ont deux.

Chaque individu que nous connaissons a un paysage personnel extérieur. Superficiellement appliqué aux personnages du roman que vous écrivez, ça veut dire que chacun a un aspect propre et évolue dans un certain environnement. L'aspect extérieur d'un personnage, sa façon de s'habiller, la maison où il habite, son bureau, sa voiture, sa bicyclette, son bateau, son appartement, son lieu de travail, l'autocollant qu'il a mis sur le pare-chocs de sa voiture, le badge affichant ses opinions politiques... tout cela fait partie de son paysage personnel, et chacun de ces détails peut transmettre des informations au lecteur. L'auteur avisé s'en sert, en sachant que, ce faisant, il participe à la caractérisation tout en créant simultanément un lien entre le lecteur et le personnage.

Le paysage personnel contribue efficacement à donner vie au personnage. C'est tout l'avantage de *montrer* plutôt que de *dire* les choses : vous gravez une impression d'un personnage dans l'esprit du lecteur. Il se peut que ce ne soit pas exactement celle que vous voudriez qu'il en garde, mais le fait de montrer a au moins l'avantage de produire une impression, alors que dire ne produit rien du tout.

Le moyen le plus simple de créer le paysage personnel est de recourir à des détails spécifiques et évocateurs ; des détails porteurs d'un message, assez forts pour marquer l'imagination du lecteur. Et pour lui faire comprendre d'entrée de jeu quel genre de personnage l'auteur est en train de créer.

J'aime particulièrement la façon dont Michael Dorris utilise les détails pour créer un paysage personnel extérieur dans son beau roman *Un radeau jaune sur l'eau bleue*. Dans la scène que vous allez lire, Dorris nous présente tante Ida par les yeux de sa petite-fille, qui vient la voir avec sa mère :

> On arrive en haut de la colline, et la première chose qu'on voit, c'est tante Ida. Elle est devant sa maison, une baraque en bois aux planches déformées et toutes grises à cause des itempéries. Tante Ida a de grands bras et de grandes jambes, et pourtant elle est plutôt de taille moyenne. Elle a une perruque noire, gonflante, retenue par des épingles à cheveux qui brillent au soleil, et elle porte une salopette d'homme sur un soutien-gorge bleu nuit qui s'enfonce dans son dos et dans ses épaules. Elle a la peau plus foncée que celle de maman, mais elle n'est pas aussi noire que papa ou moi. On ne voit pas ses yeux derrière ses lunettes de soleil.
>
> Tante Ida pousse une vieille tondeuse sur un petit coin d'herbe coriace. Quand on s'approche, je vois que c'est comme si elle ne faisait rien, soit que les lames sont émoussées, soit que l'herbe est trop rude : au passage de la tondeuse, les brins d'herbe se couchent et ils se redressent juste derrière. Mais tante Ida ne le voit pas. Et nous non plus elle ne nous

voit pas. Elle a son walkman vissé dans les oreilles, celui qu'on lui a envoyé à Noël, et elle chante tout fort, et faux, d'une voix éraillée qui me paraît étrangement familière.

Elle beugle « *I've been looking for love in all the wrong places* » quand elle s'aperçoit de notre présence. Elle commence par faire comme si de rien n'était et elle continue à pousser sa tondeuse.

Elle braille comme ça, « *Looking for love in too many faces* », et puis elle fait une pause et elle appuie ses avant-bras sur la poignée de la tondeuse. Enfin, elle jette un coup d'œil derrière son épaule et elle enlève son casque avec un soupir.

« Hé, mais qui voilà ? » Elle a parlé en indien, d'une voix aussi raboteuse et noueuse qu'une branche de sapin. « Tiens, ce que je préfère : une visite surprise[1] ! »

Dorris réussit ici à sélectionner efficacement des détails qui entreront en résonance avec le lecteur, des détails qui ne se contentent pas de décrire un individu, mais un type d'individu que la plupart des gens ont rencontré à un moment ou à un autre. Nous avons donc la salopette et les bretelles de soutien-gorge qui lui entaillent les épaules. Pour particulariser encore la description, il y ajoute des petits gadgets : les épingles dans la perruque et les écouteurs sur la tête de tante Ida. Ce qui lui offre, pour finir, l'occasion – sur laquelle il saute avec empressement – de rendre son personnage inoubliable : la chanson que tante Ida chante en accompagnant la musique. Et son personnage émerge

---

1. Michael Dorris, *Un radeau jaune sur l'eau bleue (A Yellow Raft in Blue Water)*.

en quelques paragraphes ; nous la connaissons. Nous l'avons vue. Et surtout, nous ne l'oublierons pas.

Dorris l'intègre aussi dans le paysage de la réserve, et il note que sa tondeuse à gazon ne coupe pas l'herbe ; elle se contente de l'aplatir un instant. Pourquoi ? Parce que les choses ne marchent pas comme elles devraient dans la réserve.

Ce que je veux dire ici, c'est que Dorris ne manque pas une occasion de nous montrer quelque chose qui définit le personnage, et ce par des moyens externes uniquement : de quoi elle a l'air, à quoi ressemble l'endroit qui l'entoure. Cela dit, s'il avait voulu, il aurait pu s'engager dans une tout autre direction. Il aurait pu explorer son paysage intérieur.

Quand j'ai évoqué le paysage personnel extérieur, vous avez dû penser tout de suite qu'un paysage personnel intérieur était en cours de route, eh bien c'est le cas. Nous ne sommes pas seulement la somme de nos constituants visibles ; il n'y a pas de raison que nos personnages soient différents de nous. Nous avons tous des émotions, une psyché, une âme. Nous avons des désirs et des besoins. Nous sommes le théâtre de réflexions, de spéculations, d'obsessions et ainsi de suite ; eh bien, tout cela constitue notre paysage intérieur.

Un personnage sans paysage intérieur court le risque de devenir un stéréotype ou, pire, un personnage en carton-pâte. Lui donner un paysage intérieur lui confère une dignité humaine, tout en ajoutant à la profondeur du roman, parce que le personnage – exploré plus en profondeur – devient plus profondément réel.

Le moment venu d'explorer leur paysage intérieur, j'aime entrer dans la tête de mes personnages. Je leur laisse souvent le temps de réfléchir sur un problème ou un autre, et j'utilise cette réflexion pour braquer le projecteur sur une partie de leur psyché. J'essaie de ne pas me montrer trop directive dans mes propos. Je m'efforce plutôt de choisir un incident ou un sujet qui, après réflexion, pourra servir de métaphore pour l'état mental du personnage.

Le paysage intérieur apparaît aussi dans les monologues des personnages, que ces monologues soient exprimés à haute voix ou non. Il est aussi présent dans leurs actions, leurs réactions et leurs paroles.

Essayons d'explorer le paysage intérieur de Chas Quilter, l'un des personnages de mon roman *Cérémonies barbares* :

> La bibliothèque sentait essentiellement les copeaux de bois et les livres. L'odeur de bois émanait du taille-crayon électrique que les élèves utilisaient davantage par plaisir que par nécessité véritable. L'odeur du papier provenait des hautes étagères surchargées d'ouvrages qui recouvraient les murs. De grandes tables étaient disposées à intervalles réguliers sous les rangées de livres. Chas Quilter était assis devant l'une de ces tables, incapable de s'expliquer comment il pouvait se sentir à ce point anesthésié alors que son univers continuait de s'écrouler autour de lui. Il se souvint d'une des nombreuses citations latines qu'il lui avait fallu apprendre par cœur en troisième. *Nam tua res agitur, paries cum proximus ardet.*
>
> Il chuchota la traduction dans la pièce déserte. « Car c'est toi qui es concerné lorsque le mur d'à côté brûle. » Combien vrai était l'aphorisme et comme il s'était efforcé de se boucher les yeux... Il lui semblait avoir tout fait pour fuir ce feu au cours des dix-huit derniers mois et cependant chacun des chemins qu'il empruntait pour s'en éloigner finis-

sait par le conduire au pied d'un nouveau mur de flammes.

Sa fuite avait commencé l'année précédente lors du renvoi de son frère de Bredgar. Les événements étaient comme gravés dans sa mémoire : l'indignation de ses parents lorsque leur fils aîné – qui ne manquait de rien – avait été accusé ; les dénégations violentes de Preston, insistant pour que la direction apporte la preuve de sa culpabilité ; le ton véhément sur lequel Chas avait défendu son frère devant des camarades qui l'écoutaient avec une sympathie teintée de scepticisme ; enfin l'humiliation éprouvée lorsqu'il s'était avéré que les accusations étaient fondées. Argent, vêtements, crayons, stylos, douceurs rapportées de la maison et stockées dans des boîtes à provision. Tout y passait. Preston se souciait peu de ce qu'il dérobait. Il volait sans réfléchir, qu'il eût ou non envie de l'objet raflé.

Lorsque la maladie de son frère – car c'était une maladie, il ne l'ignorait pas – avait éclaté au grand jour, Chas avait tourné le dos à Preston. Il l'avait laissé tomber avec sa honte, sa faiblesse. Pour lui, à l'époque, l'important avait été de se désolidariser de son aîné, de ne pas partager sa disgrâce. Pour cela, il s'était jeté dans l'étude, évitant toutes les occasions où le nom de son frère ou ses errements auraient pu être mentionnés. Et il avait laissé Preston griller seul au milieu des flammes. Pourtant, alors qu'il adoptait cette attitude, lui-même s'était trouvé confronté au feu, là où il s'attendait le moins à le rencontrer.

Sissy, croyait-il, serait son salut, seule personne avec laquelle il pourrait être parfaitement honnête, pleinement lui-même. Au cours des mois qui avaient suivi le renvoi de Preston, Sissy avait appris à tout connaître de Chas, ses faiblesses comme ses points forts. Elle avait appris sa peine, son désarroi, son désir de faire oublier les erreurs de Preston. Pendant son année de première, elle avait été là, calme et sereine. Pourtant, bien qu'il se sentît de plus en plus proche d'elle, Chas n'avait pas réussi à se rendre compte qu'elle n'était qu'un autre mur, qui risquait aussi de prendre feu.

Et le mur d'à côté avait pris feu. L'incendie s'était propagé. Le moment était venu de mettre fin à ce brasier. Mais, pour ce faire, il lui faudrait mettre un terme à sa propre vie. S'il n'y avait que sa vie en cause, cela n'aurait pas d'importance. Il parlerait sans se soucier des conséquences. Mais il n'y avait pas que lui. Ses responsabilités ne se bornaient pas à Bredgar Chambers.

Il songea à son père, au temps que ce dernier passait chaque année – pendant ses vacances à Barcelone – à soigner gratuitement des gens qui n'avaient pas les moyens de s'offrir les services d'un chirurgien plasticien, opérant les divisions palatines, réparant le visage des accidentés, pratiquant des greffes de peau sur les brûlés, corrigeant les difformités. Il songea à sa mère, à sa vie consacrée tout entière à son époux et à ses fils. Il songea à leurs physionomies ce matin de l'an dernier lorsqu'ils avaient chargé les bagages de Preston dans leur Rover tout en s'efforçant de dissimuler l'étendue de leur désarroi et de leur humiliation. Ils n'avaient pas mérité le coup que leur avait porté la chute de Preston. Du moins était-ce l'avis de Chas, qui s'était promis d'atténuer leurs souffrances, de leur rendre leur fierté. Il en était capable, se disait-il, car il n'était pas Preston. Non, il n'était pas Preston. Il n'avait rien de commun avec lui.

Pourtant, alors même qu'il prononçait intérieurement ces mots, d'autres mots flottaient dans son esprit telles des incantations issues d'un cauchemar. Il les avait lus ce matin en attendant l'heure de sa réunion hebdomadaire avec le directeur, et maintenant il les voyait et les entendait de nouveau. *Acrocéphalie, Syndactylie, Suture coronale.* Malgré lui, il entendit Sissy pleurer. Sans le vouloir, il éprouva du chagrin, un atroce sentiment de culpabilité. Une fois encore, il se trouvait devant un mur en flammes et essayait – en vain – de se dire que ce n'était pas son affaire.

Il ne parvenait à se convaincre que d'une chose et c'était l'énormité du mal qu'il avait fait à ses proches et à son entourage[1].

Quel est l'effet recherché ? Je cherche à donner au lecteur l'impression que Chas, un personnage caractérisé par un énorme sens des responsabilités, s'est planté sur toute la ligne. Son désespoir s'accroît tous les jours. Son suicide est inéluctable. Mais il ne peut pas mettre fin à ses jours de façon crédible si je n'explore pas préalablement son paysage intérieur. J'aurais certes pu écrire que Chas se suicidait. Mais si je n'avais pas exploré son paysage intérieur avant, j'aurais risqué que ce ne soit qu'un incident en passant pour le lecteur.

Ce que vous devez garder à l'esprit, c'est que tout dans l'environnement d'un personnage peut donner des indications sur son paysage intérieur si vous l'utilisez astucieusement. L'un des exercices que je donne souvent à mes élèves dans mes ateliers d'écriture

1. Élizabeth George, *Cérémonies barbares (Well-Schooled in Murder)*, trad. Dominique Wattwiller, Presses de la Cité, 1993.

consiste à traduire l'état d'esprit d'un personnage grâce à la description d'un réfrigérateur. Mais une voiture, un panneau d'affichage ou une paire de chaussures ferait aussi bien l'affaire.

L'objet grâce auquel vous montrerez ce qui se passe dans la tête de votre personnage importe peu. Tout ce qui compte, c'est la façon dont vous le rendrez dans votre écriture.

4

L'intrigue : « C'est la cause, mon âme »

Je suis envahie par le doute. Pourquoi Steinbeck ignore-t-il le doute ? Je pense qu'il n'a connu qu'une vraiment sale journée de doute pendant toute l'écriture de À l'Est d'Eden. Est-ce que c'est parce qu'il a tant de centres d'intérêt en dehors de l'écriture ? Probablement. J'en ai si peu. Je n'ai jamais eu trop de hobbies, et quand je me lance dans un projet, je n'ai plus qu'une obsession : venir à bout de ce sacré truc. Alors que Steinbeck construit des bureaux, achète un bateau, taille des avirons pour ses fils, décore sa petite maison de New York. Un futur prix Nobel n'aurait-il pas dû avoir un peu plus d'angst ? J'apprécierais, c'est sûr.

Journal d'un roman
12 octobre 1994

On demande toujours aux auteurs où ils trouvent leurs idées. Quand, à la fin d'une conférence ou d'une autre apparition publique, l'auteur demande s'il y a des questions, il se trouve invariablement quelqu'un pour demander : « Où allez-vous chercher tout ça ? »

67

Je suppose que chaque auteur a sa réponse à cette question. Personnellement, je me prends souvent à regretter qu'il n'y ait pas un magasin à idées quelque part. Je pourrais aller y faire un saut, acheter deux-trois trucs et rentrer travailler. Ce n'est pas si facile, hélas. En même temps, si on n'a pas d'idée, le train ne quittera jamais la gare.

En ce qui me concerne, les idées jaillissent dans mon cerveau à partir de plusieurs sources. La première est le personnage. Je me dis parfois que j'aimerais bien écrire une histoire qui tournerait autour d'un certain type de personnage embarqué dans une situation particulière, et de là naît l'idée plus large du roman où germe l'histoire.

J'en donnerai pour exemple mon roman *Mal d'enfant* : j'avais sciemment décidé d'écrire une histoire tournant autour de l'assassinat d'un personnage foncièrement bon par un autre personnage foncièrement bon. À partir de ce point de départ, je me suis posé une série de questions sur ces deux individus, à commencer par la plus évidente : « Qu'est-ce qui pourrait pousser quelqu'un de vraiment bien à tuer une autre personne vraiment bien ? » La réponse à ces questions m'a permis de développer l'idée afin d'englober toute l'intrigue, tant et si bien que j'ai fini par avoir le début et la fin. Par la suite, j'ai creusé les personnages, ce qui m'a donné le reste.

Mais il m'est aussi arrivé de développer une idée à partir d'un défi. Lors d'un séminaire auquel j'assistais, P. D. James, qui en était l'instigatrice, a dit qu'un auteur ne pouvait pas créer une scène du point de vue du meurtrier après la perpétration du meurtre, parce que le meurtrier ne penserait naturellement qu'à ça, et que lui mettre autre chose en tête serait malhonnête vis-à-vis du lecteur. C'était comme si elle me jetait un défi, et j'ai décidé de relever le gant et d'écrire un roman dont certaines scènes se dérouleraient du point de vue de l'assassin après son forfait. Dans ces scènes, il penserait bel et bien à son crime, mais je ferais croire au lecteur qu'il pensait en réalité à autre chose. C'est ainsi qu'est née l'idée de *Pour solde de tout compte*. De la même façon, quand Sue Grafton m'a dit qu'elle avait essayé d'écrire un « K comme Kidnapping » pour son abécédaire du crime, mais qu'elle avait fini par y renoncer, je me suis dit que ce serait amusant d'essayer d'écrire une histoire d'enlèvement. Et *Le Visage de l'ennemi* a vu le jour.

Les idées viennent de partout, quand on est à l'affût. Les miennes me sont parfois inspirées par un fait divers bizarre (*Cérémonies barbares*), une tournure de phrase qui m'a intriguée, qu'on m'a expliquée un soir, dans un dîner avec mon équipe éditoriale anglaise (*Un goût de cendres*), un sujet qui me paraît intéressant et que j'ai envie de développer (*Le Meurtre de la falaise*), une réflexion saisie au vol et qui ne me sort pas de la tête (« Je t'aimerai toujours, ne l'oublie pas »). Ensuite, je creuse l'idée. L'intrigue ne jaillit pas toute ficelée dans mon esprit. Je la tourne et je la retourne dans ma tête, je me pose des questions jusqu'à ce que ça devienne une ébauche que je peaufine en la peuplant de personnages. Personnages que je développe à leur tour, et qui mûriront en moi, ce qui me permettra de tramer l'intrigue.

Alors, qu'est-ce que l'intrigue ? Vous pensiez que l'intrigue consistait tout simplement à imaginer une histoire et à y placer des personnages, et voilà que je viens ébranler vos certitudes. Eh bien oui : pour l'essentiel, pour dire les choses le plus simplement possible, l'intrigue est ce que les personnages font pour gérer la situation dans laquelle ils se retrouvent. C'est un enchaînement logique d'événements qui partent d'un incident initial venu modifier le statu quo des personnages[1].

1. Bernays et Painter, *What If ?*, op. cit.

Je vais prendre un exemple qui vous permettra d'y voir plus clair : Mary Jones, qui était jusque-là heureuse en ménage, se retrouve soudain veuve, ce qui constitue pour elle une modification radicale du statu quo. Comment elle apprend à gérer la situation, les défis qu'elle doit affronter, les difficultés qu'elle surmonte et les changements que cela occasionne pour elle, tout cela constitue l'intrigue. J'appelle son soudain veuvage l'*événement déclencheur*. C'est ce qui enclenche les événements du roman. Il peut prendre place au début, il se peut qu'il ait eu lieu avant, mais en tout cas, c'est ce qui donne le coup d'envoi du roman. Et, plus important, c'est ce qui donne l'impulsion de départ à l'auteur.

Pour qu'il y ait une intrigue, il va sans dire qu'il faut qu'il y ait des personnages, mais vous ne me croiriez pas si je vous disais combien d'auteurs en germe ne se rendent pas compte qu'il faut aussi qu'il y ait un conflit. Il y a un certain nombre d'années, un apprenti auteur m'a demandé de lire son épopée intemporelle et de lui dire ce que j'en pensais. La chose faisait soixante-cinq pages, me dit-il, et il était arrivé à la fin de l'histoire. Il pensait que ce serait un roman du genre de ce que fait Robert Ludlum, et il n'arrivait pas à voir ce qui n'allait pas dedans, pourquoi son histoire – une espèce d'apocalypse nucléaire, pour autant que je m'en souvienne – se déroulait en si peu de pages. Je lui ai demandé : « Quel est le conflit ? » Il m'a regardée, stupéfait. Et m'a simplement répondu : « Oh ! »

Voilà l'ingrédient indispensable pour qu'une histoire se déroule d'une façon intéressante, captivante et artistique : un conflit. Mais pendant le développement du conflit, vous aurez besoin d'autres événements, événements qui devront être organisés d'une façon logique, selon une certaine causalité. Sans cela, si vous faites abstraction des relations de cause à effet, vous finirez soit avec un roman picaresque au cours duquel vous enfilerez des épisodes de la vie d'un ou plusieurs personnages sans lien entre eux, soit avec des personnages embarqués dans une quête fastidieuse, celle d'une intrigue. Le premier – le roman picaresque – est indéniablement un genre littéraire. Ce n'est pas mon truc, mais il y en a qui aiment ça. Le second – les personnages en quête d'intrigue – n'est que de la mauvaise littérature.

Pour éviter cet écueil, imaginez que les événements de votre roman sont des dominos. Disons des dominos dramatiques. Le premier événement du roman – lisez : la première scène – doit provoquer un événement consécutif. Dans un roman à la première personne, ou dans un récit à la troisième personne avec un point de vue limité, le premier événement déclenchera l'événement qui lui succédera immédiatement. En d'autres termes, quelque chose dans la scène 1 amène la scène 2. Dans le genre de livres que j'écris, avec un point de vue à la troisième personne changeante, le premier événement doit provoquer un événement résultant plus loin dans le roman, mais pas forcément juste après.

La clé, ici, est de se rappeler que la scène 1 est le premier domino. Il fait tomber le suivant, et ainsi de suite. Si ça ne se passe pas comme ça, vous aurez échoué dans votre tâche qui consiste à faire en sorte de créer, entre les scènes, une relation de cause à effet.

Ensuite, votre intrigue doit comporter des points forts, dramatiques, qui – espérons-le – impliqueront fortement le lecteur. Dans un roman policier, la tâche est assez évidente : beaucoup d'événements au cours d'une enquête sont susceptibles de procurer au lecteur ce que mon éditeur appellerait le « frisson d'excitation ». Dans un roman policier, vous pouvez toujours utiliser le meurtre proprement dit pour parvenir à vos fins. Vous pouvez aussi utiliser la découverte du corps, une scène de menace, un personnage en danger, une scène de poursuite, etc. Mais quel que soit le genre du roman, vous pouvez créer ce frisson par une scène de conflit direct entre des personnages, une scène de découverte, de révélation ou d'information, ou un moment d'exaltation personnelle.

En outre, votre intrigue doit avoir un point culminant, qui doit lui-même avoir un point culminant, ce que j'appelle : le « bang dans le bang ». Dans *Mal d'enfant*, par exemple, le point culminant est une poursuite dans la lande au cours de laquelle l'inspecteur poursuit la meurtrière et sa fille, qui culmine dans un endroit appelé Back End Barn, une sorte de « grange du bout du monde », où ils la croient terrée. Leur pénible marche dans la lande enneigée, leur arrivée en fanfare à la grange, les appels tonitruants à Juliet Spence et l'irruption irréfléchie d'un constable sur le théâtre des opérations constituent le point culminant du roman. Dont l'apogée est le moment où un coup de feu retentit dans la grange. Le bang dans le bang, c'est bien ce que je disais !

Après le moment fort, vous devez ménager des conclusions (bien que John Le Carré, dans un exemple d'écriture particulièrement audacieux, finisse son roman *Single & Single* au milieu du point culminant !). Dans cette partie du roman, vous nouez tous les fils restés épars et vous illustrez la nature des changements qui se sont produits dans la vie de vos personnages.

Tout cela a l'air bien clair et net, n'est-ce pas ? Dans ce cas, pourquoi certains auteurs se retrouvent-ils tout à coup dans un cul-de-sac ? Pourquoi sont-ils atteints du redoutable syndrome de blocage ?

Je crois que c'est parce qu'ils ne créent pas leurs personnages à l'avance et qu'ils n'ont pas assez de cordes à leur arc. Pour dire les choses autrement, ils n'ont pas de boîte à outils dans laquelle fouiller pour remédier à un défaut de construction dans la maison qu'ils essaient de bâtir.

Les auteurs chevronnés savent qu'il faut continuellement ouvrir l'histoire. Pour y parvenir, vous devez créer une succession de scènes où vous poserez des questions dramatiques – *qui resteront provisoirement sans réponse*. Pour y arriver, si l'une de ces questions dramatiques trouve une réponse dans une scène, au cours de l'avancement du roman, vous devrez veiller à ce qu'une autre soit posée ailleurs. Pour cela, gardez-vous bien de livrer toutes les informations en votre possession ; vous devez vous contenter de faire des révélations partielles. Surtout, pour obtenir ce beau résultat, vous devez créer le suspense.

Les auteurs débutants oublient parfois que le suspense se résume, en réalité, au désir de savoir ce qui va arriver aux personnages, et comment ça leur arrivera. Évidemment, il y a d'autres sortes de suspense : notre héros arrivera-t-il avant l'explosion de la bombe attachée à l'adorable chiot ? Si le romancier fait son boulot, peu importe le genre de roman qu'il écrit, il comportera du suspense pour la simple raison qu'il parlera de personnages dont le lecteur se soucie.

C'est vraiment la clé de tout. Créez des personnages qui auront une réalité pour le lecteur, qui suscitent une réponse émotionnelle chez lui, et vous créerez le suspense parce que le lecteur aura envie de savoir ce qui va arriver à ces gens à partir du moment où le statu quo aura été ébranlé par l'événement déclencheur.

Une façon d'y arriver est de charger ses personnages d'un projet. Dans *Richard III* de Shakespeare, le vil duc de Gloucester – notre jeune Richard – projette de fomenter une « haine mortelle » entre ses deux frères. Il a l'intention de susurrer à l'oreille du roi Édouard une fausse prophétie selon laquelle George tramerait l'assassinat de ses héritiers. Il mijote de faire emprisonner George à cause de cette fausse prophétie, parce qu'il envisage de déblayer le terrain qui le sépare du trône. Nous apprenons tout cela dès son soliloque d'ouverture ; et c'est une canaille tellement attachante que nous nous surprenons à nous demander s'il va réussir à mener son stratagème à bien.

De la même façon, dans la scène d'ouverture d'*Orgueil et Préjugés*, Jane Austen nous raconte l'arrivée de Mr Bingley dans le voisinage. Dès le premier instant, Mrs Bennet projette de lui faire épouser l'une de ses cinq filles. L'histoire part de là.

Ce que je veux dire, c'est que le projet suscite un intérêt chez le lecteur. Il génère une attente. Si le lecteur s'en fait pour un personnage, il anticipera les problèmes qu'il va affronter. On s'en fait pour Macbeth, un héros de guerre terrible et imparable. À partir du moment où il a tué le roi Duncan, à l'instigation de sa machiavélique épouse, on rentre la tête dans les épaules, on fait le dos rond, et on attend les désastres qui ne peuvent manquer de survenir.

L'utilisation du temps contribue aussi à la création du suspense. De même que le fait de provoquer la tension en faisant une promesse au lecteur dès le début d'un roman. Il ne s'agit évidemment pas d'une promesse explicite ; c'est un élément qui déclenche l'attente : le pistolet qu'on introduit au début doit servir à la fin.

La chose la plus utile que j'aie jamais entendue au sujet de l'intrigue est peut-être cette phrase, prononcée il y a des années par le romancier californien T. Jefferson Parker lors d'une causerie sur l'écriture : « Quand je reste en panne dans mon histoire, c'est que j'ai joué mes cartes trop tôt. » Je la garde toujours présente à l'esprit, parce que le genre de romans que j'écris exige qu'on lâche ses informations avec beaucoup de soin. Si je divulgue quelque chose trop tôt, tout mon château de cartes s'écroule. Réfléchissez-y quand vous écrivez.

DEUXIÈME PARTIE

Les bases

5

Quelques conseils avant d'en finir avec l'intrigue

J'essaie de travailler une heure par jour. Je ne peux pas en exiger davantage de moi-même... Pendant l'écriture de Pour solde de tout compte, *j'étais tellement inhibée par l'angoisse que je n'arrivais pas à me lever le matin. J'en ai été réduite à me dire « Ce ne sont que des mots, c'est pas les mots qui vont gagner, quand même » pour pouvoir me lever et me mettre au travail. C'est comme ça que j'ai réussi à venir à bout du roman. Mais voilà que je n'y arrive plus. Je rame...*

Journal d'un roman
31 août 1995

S'il y a une règle en matière d'écriture, c'est qu'il n'y a pas de règles. Chaque fois que quelqu'un me parle d'une règle, je m'ingénie aussitôt à l'enfreindre.

Il y a une règle que je respecte malgré tout – c'est moi qui l'ai inventée, alors je m'y tiens : je fais toujours un plan avant de commencer à écrire, ce qui veut dire que je connais toujours la fin à l'avance. Je ne me lance pas aveuglément dans une grande aventure littéraire, dans l'espoir constamment renouvelé que mes personnages vont trouver des solutions aux problèmes à ma place au fur et à mesure que nous nous aventurons vers Dieu sait quoi, Dieu sait où.

Avant de passer à l'écriture proprement dite, je passe des journées et même des semaines à me concentrer sur l'intrigue. Je mets ce temps à profit pour essayer avant tout de trouver quel genre d'histoire j'ai envie d'écrire au juste. Et pour le découvrir, j'ai tendance à me fier à mon corps plutôt qu'à mon esprit. Pour moi, écrire n'est pas qu'une entreprise intellectuelle, c'est aussi très physique ; quand je tiens la bonne histoire, le bon environnement, la bonne situation, le bon thème, mon corps me le dit. Je le sens *là*, au niveau du plexus solaire, sous la forme d'une excitation intense qui envoie littéralement le message *Oui, oui, oui !* à mon cerveau. Tant que je n'éprouve pas cette vague d'excitation intérieure, je reste au stade du préscénario, tout simplement parce que je n'ai *rien* à scénariser.

Une fois que je tiens l'idée de base, le personnage, l'endroit ou le détail, quel qu'il soit, qui m'a fait sentir que j'étais chargée à bloc, je passe au développement de l'histoire. Je vais prendre l'exemple de *Mal d'enfant*, dont je vous ai déjà parlé au chapitre précédent, pour vous expliquer comment je procède.

Puisque je voulais écrire un roman sur le meurtre d'une personne bien sous tous rapports par une autre personne bien sous tous rapports, la première question à laquelle je devais répondre au niveau du développement était : « Quel peut bien être le motif du meurtre ? » Après y avoir réfléchi un moment, il m'est apparu que la victime – un homme – devait savoir sur le meurtrier – une meurtrière, en l'occurrence – une chose que celle-ci ne pouvait se permettre de laisser divulguer.

La question suivante était donc, logiquement : « Alors, que pouvait bien savoir la victime ? »

Elle aurait pu savoir n'importe quoi, évidemment, mais je décidai qu'elle savait que la plus jeune fille de la meurtrière ne pouvait pas être la sienne.

Ce qui suscitait plusieurs autres questions : si elle n'était pas la fille de la meurtrière, de qui était-elle l'enfant ? Comment la victime savait-elle que la fille de la meurtrière n'était pas la sienne ? Pourquoi la victime décidait-elle de mettre cette information sous le nez de la meurtrière ? Si l'enfant n'était pas vraiment la sienne, comment était-elle arrivée chez la meurtrière ?

Les questions auxquelles vous pensez peut-être qu'un auteur de roman policier devrait répondre en premier – par exemple, le modus operandi de l'assassin – sont généralement secondaires, pour moi, à ce stade du développement. J'aimerais en connaître la réponse, mais elles ne sont pas aussi cruciales que les questions et les réponses concernant spécifiquement le déroulement de l'histoire, sa ligne directrice. C'est mon fil directeur, qui suit la piste depuis la perpétration du crime jusqu'à son élucidation, et donc du début à la fin de l'histoire.

En fin de compte, pour ce roman, j'avais abouti à un développement selon lequel ma victime (Robin Sage) était tué par une femme appelée Juliet Spence, parce qu'il savait que Maggie, la fille de Juliet, ne pouvait pas être son enfant. J'étais arrivée à la conclusion qu'il le savait parce que Maggie avait exactement l'âge que le fils de Robin aurait eu s'il n'était pas mort dans sa petite enfance. Or il se trouvait que Juliet Spence était la mère de cet enfant mort depuis longtemps. Elle ne pouvait donc pas être *aussi* la mère de Maggie. Alors il fouine un petit peu, il découvre la vérité sur Juliet et Maggie. Et pour cela, il doit mourir.

Une fois que je tiens mon développement, les personnages viennent tout seuls. D'abord sous la forme d'une liste générique (la Victime, l'Assassin, la Fille de l'Assassin, le Petit Ami de la Fille, le Constable local, etc.). Cette liste s'enrichit de détails et de précisions : des noms, des âges (Robin Sage, Juliet Spence, Maggie Spence, Nick Ware, Colin Shepherd). Et cette liste plus précise devient ensuite une analyse détaillée de chaque personnage.

Ça peut vous paraître surprenant, surtout si vous pensez qu'un roman policier – ou n'importe quel roman, d'ailleurs – se résume à une intrigue. Personnellement, je n'envisage pas l'écriture sous cet angle, et c'est pourquoi, quand j'écris un roman, je peaufine l'idée de départ, son développement, et je me tourne aussitôt vers les personnages afin d'en apprendre davantage sur mon histoire.

Pour cela, je rédige une analyse de chacun des personnages qui peut (mais ce n'est pas forcé) apparaître dans le roman. Cette analyse est une narration au présent, qui consiste à écrire des choses sur le personnage comme si je savais tout à son sujet. Comme si j'étais son analyste, pour reprendre une formule que j'ai déjà utilisée. À ceci près que j'inclus dans mon « rapport » plus d'informations qu'un psychologue n'en a jamais sur son patient. J'écris librement, sous la forme d'une sorte de monologue intérieur, afin de déclencher le côté droit de mon cerveau, le côté créatif. Celui qui fait – brièvement – de l'auteur un dieu.

Quand je suis dans cet état d'écriture automatique, quand je me laisse porter par ce courant de conscience, des éléments essentiels de l'intrigue m'apparaissent. Je commence à voir les relations entre les personnages, je discerne leurs forces et leurs faiblesses. Les conflits se révèlent clairement, et je commence à comprendre le thème. C'est aussi à ce stade que m'apparaissent des idées d'intrigues secondaires. En fait, je finis généralement avec beaucoup plus d'idées que je ne pourrai en utiliser dans un seul livre. C'est un processus stupéfiant, qui ne rate jamais.

Franchement, pour l'analyse des personnages, l'auteur peut partir de n'importe où. Il m'arrive de commencer par une description physique. D'autres fois, je pars du contexte familial. À ce stade de l'écriture, je garde toujours à côté de moi ce que certains appellent un peu pompeusement une « bible des personnages » (vous en trouverez un exemple dans la Troisième Partie). À vrai dire, c'est une *feuille de route* qui me sert à me rappeler les principales caractéristiques du personnage. Je les aborde tous en écrivant librement, mais j'en traite particulièrement cinq que je considère comme les plus importants.

Le premier est le besoin central du personnage. Nous avons tous, au fond de nous, des besoins fondamentaux avec lesquels nous naissons et sur lesquels, tout au long de notre vie, nous basons l'essentiel de notre comportement. C'est quelque chose de fondamental pour un individu, une pulsion irrésistible qu'il a en lui, et s'il n'arrive pas à l'assouvir, s'il la refoule, il en résulte une psychopathologie.

Le comportement de chaque personnage est soustendu par un certain nombre de motivations. Parfois superficielles : elles sont là, à la surface, et tout le monde peut les voir. Vous avez frappé mon chien ? Je vous flanque un coup sur la tête. L'événement qui a provoqué mon action est parfaitement explicite pour un observateur éventuel. Mais certaines motivations sont au cœur de notre personnalité, profondément enfouies en nous, elles font intrinsèquement partie de ce que nous sommes. Ce sont des besoins fondamentaux, même si certains sont plus complexes que d'autres. Je n'en citerai que quelques-uns, dont le besoin d'être compétent (de réussir tout ce qu'on entreprend), le besoin de faire son devoir, le besoin d'appartenance, le besoin d'excitation ou de ce qu'on appelle l'« influx vital », le besoin d'authenticité, le besoin d'avoir raison à tout prix. Imaginez un être humain réduit à sa seule psychologie, et vous trouverez des besoins centraux à vos personnages.

Je crois qu'il est primordial de connaître le besoin fondamental de chacun, parce que la frustration de ce besoin mène directement au second point que je considère comme crucial dans l'élaboration d'un personnage. C'est sa démarche pathologique, autrement dit ce qu'il fait quand il est sous pression. En réalité, le stress le plus important auquel il risque d'être soumis sera de voir réduits à néant ses efforts pour assouvir son besoin central. Quand un personnage (ou une personne réelle, d'ailleurs) s'engage dans une démarche pathologique, ça se traduit dans ses actes. La démarche pathologique est généralement le revers du besoin central.

Laissez-moi vous en donner un exemple. Quand le besoin central d'un individu est de vivre dans l'excitation, de donner libre cours à sa force vitale, l'assouvissement de son besoin doit donner lieu à des manifestations extérieures. Vous pensez bien qu'il ne risque pas de passer beaucoup de temps en bibliothèque, à faire des recherches sur la vie et les mœurs des lutins ou sur la nature des trous noirs. Il sera dehors, en pleine action, en train de faire des choses excitantes : du deltaplane, un tour dans les montagnes russes, du surf ou du saut à l'élastique.

Quand son besoin d'excitation est contrecarré d'une façon ou d'une autre, il est sous pression. Et sa réaction à ce stress se traduit de façon visible, exactement comme son besoin d'action.

Représentez-vous cet individu dans une salle de classe, obligé de rester assis et d'écouter en silence un cours plutôt fastidieux alors qu'il a désespérément besoin d'être dehors, à bouger, se remuer, se dépenser. Tandis qu'il est enfermé là, son angoisse va croissant. Et, que voulez-vous, quand il arrive au point d'ébullition… évidemment, il se déchaîne. Il ne se replie pas sur lui-même pour une bonne séance d'autoflagellation, contrairement à celui qui aspire à la compétence. Les gens qui tendent à la perfection ne se déchaînent pas, parce que, pour eux, se déchaîner serait le summum de l'incompétence. La démarche pathologique est donc, dans sa manifestation, un besoin vital inversé.

Voici quelques démarches pathologiques potentielles observables chez l'être humain : des hallucinations, des obsessions, des pulsions irrésistibles, des addictions, le déni, l'hystérie, l'hypocondrie, la maladie, des comportements agressifs envers les autres ou retournés contre soi-même, les manies et les phobies. Vous n'avez qu'à faire un tour au rayon psychologie, chez le libraire du coin, pour y trouver une mine de sources d'inspiration. Ce qui est important, c'est que vous gardiez bien en mémoire le besoin central de chaque personnage et la démarche pathologique qui va avec. Un besoin central qui trouve à s'exprimer dans la vie intérieure d'un individu a peu de chances d'avoir pour contrepartie une névrose qui s'extériorisera.

Je crois que le troisième point critique pour bien comprendre un personnage est sa sexualité. Cela inclut son attitude envers le sexe aussi bien que son vécu personnel. Cet aspect du personnage peut ne pas être évident dans mes romans, mais lorsque je l'ai intégré, je trouve qu'il influence beaucoup la vie et le comportement du personnage.

Le quatrième point vital de l'analyse du personnage est un élément du passé qui a eu un énorme impact sur lui. Je me rends compte que, chaque fois que je réussis à créer cet événement et à le laisser survenir, il me permet de voir le personnage agir, ou y réagir, et il s'affermit dans mon esprit. Il se peut que cet événement se retrouve dans le roman, mais il est plus vraisemblable qu'il n'apparaîtra pas. Il m'aura seulement servi de guide pour montrer comment mon personnage en est arrivé à être tel qu'il est aujourd'hui, parce que la nature de l'événement que je décris dans l'analyse est importante pour le développement de sa personnalité. Je pousse toujours cette partie de l'analyse un peu plus loin, en incluant une anecdote qui illustrera au mieux son caractère à l'époque du roman. Encore une fois, c'est une anecdote que le lecteur ne lira peut-être jamais. Mais je suis au courant, et elle colore subtilement, de façon subliminale, la façon dont je décris le personnage.

Le dernier point important pour moi, au niveau de l'analyse du personnage, consiste à décider ce qu'il veut, au fond, dans le roman. (C'est d'ailleurs une décision que je dois prendre pour chaque scène : je dois fixer un but à chacun des personnages d'une scène donnée.) En faisant cela, j'essaie de garder à l'esprit que cet objectif n'est pas toujours clairement explicité, et que ce n'est pas toujours simple, d'ailleurs. Ce but peut découler d'un cocktail de motifs, et il sera coloré – dans chaque scène, individuellement – par le besoin central du personnage.

Je fais figurer bien d'autres éléments dans l'analyse du personnage, mais nous n'avons pas besoin de les explorer ici. La raison pour laquelle nous nous sommes arrêtés pour parler de l'analyse de personnage est qu'il n'y a pas d'intrigue sans personnages. Dans le monde de l'œuf et de la poule, c'est le personnage qui vient en premier.

6

L'idée, et après

Je suis en train de lire La Constance du jardinier, *de John Le Carré. Franchement, il y a longtemps que je ne m'étais pas sentie aussi dépassée. Quel auteur sensationnel ! Son sens des personnages me stupéfiera toujours. Et son intrigue – cette approche implacable que j'ai toujours trouvée tellement admirable... Pour un peu, je mettrais de l'encens devant l'autel de son bloc-notes. Son* Jardinier *a manifestement fait l'objet de recherches méticuleuses, mais l'effort s'efface, ou plutôt il l'a intégré sans que ça se voie, comme ce devrait toujours être le cas. Cet homme est un génie. La guerre froide est finie, et il n'est ni abattu ni diminué, contrairement à ce que pensaient ses critiques ; il en sort libéré. Je ne crois pas qu'il y ait un autre écrivain vivant que j'admire davantage. Un superbe styliste, un brillant technicien, un artiste de génie.*

Journal d'un roman
1ᵉʳ juin 2001

Alors comme ça, vous avez trouvé une idée quelque part. Vous avez développé cette idée et maintenant vous avez une intrigue avec un début et une fin, et qui apporte même quelques réponses à des questions clés que vous vous posiez. Vous avez décidé où vous vouliez situer votre histoire, basée sur vos passions ou vos centres d'intérêt. Vous avez fait une liste générique de personnages, basée sur le développement. Vous avez établi une liste de personnages détaillée, comportant le nom et peut-être même l'âge de chacun, et vous avez rédigé des fiches analytiques individuelles.

Vous êtes enfin prêt à passer l'intrigue.

Mon ami l'écrivain T. Jefferson Parker n'avait pas l'habitude de faire le plan de ses romans à l'avance. Il commençait à écrire, et, quand il avait fini le livre, il le mettait de côté, et il le réécrivait. Il recommençait à l'écrire, version après version, jusqu'à ce qu'il en ait une qui lui plaise. Quand ça y était, il l'envoyait à son éditeur, et il attendait son jugement.

Nous déjeunions parfois ensemble, tous les deux, quand nous habitions en Californie, dans le comté d'Orange. Il m'expliquait son processus, et je le regardais en ouvrant de grands yeux comme s'il était fou. Je ne pouvais pas imaginer qu'on se donne tout ce mal pour écrire un roman. Si j'avais pensé que je devrais écrire une version entière, la mettre de côté sans m'y référer et passer à la suivante, et peut-être recommencer… je serais encore prof d'anglais au lycée d'El Toro.

Personnellement, avant de commencer, j'ai toujours eu besoin d'avoir un cadre : l'intrigue. Il n'est pas indispensable que tous les détails soient arrêtés avant que je me mette à écrire, mais à partir du moment où l'idée est développée, j'ai besoin de savoir où je vais au moins pendant les cent cinquante premières pages à peu près.

Et pour savoir où je vais, je fais deux choses. Je prépare un canevas. Puis je le développe en un séquencier.

Pour moi, le canevas n'est qu'une succession de scènes dans l'ordre où je les vois dans le roman. Notez qu'il ne s'agit pas forcément de toutes les scènes du roman, du début à la fin. Ce ne sont que les scènes comprises dans la partie, quelle qu'elle soit, que je vais écrire. Comme j'écris mes romans *dans l'ordre* de leur lecture (certains auteurs – et notamment P. D. James – ne procèdent pas ainsi), quand je fais la liste de mes scènes, je les déplace et je les intervertis afin de respecter la chronologie du roman. Je fais la liste des scènes jusqu'à ce que je n'en puisse plus et que je n'arrive plus à en imaginer une seule. Il arrive que ma liste comporte quinze scènes. Elle n'en compte parfois que dix. Parfois encore moins.

Quand j'ai terminé le canevas, il ressemble un peu à celui que j'ai utilisé pour préparer le séquencier du début de la cinquième journée dans mon roman *Un nid de mensonges*. Le voici :

1. SJ parle à Le Gallez : empreintes sur la bouteille ; de l'argent a disparu – ce qui suggère un paiement, ce qui conduit SJ à Adrian (peut-il appeler Lynley à ce stade ?)

2. Deb chez Abbott, à l'extrémité nord de l'île ; parle à Anaïs (fin de l'histoire d'Anaïs, ici ?) ; parle à Stephen par l'intermédiaire de Cynthia ; Stephen vraiment amer (China va avec elle ?)

3. Valerie va enfin voir Henry ; « T'as pas été la seule à me prévenir ».

4. Ruth (son PdV) Margaret l'affronte concernant l'héritage du *Reposoir* ; lui dit que Paul a volé quelque chose ; Margaret appelle la police (Paul est peut-être là sur la propriété ou – encore mieux – la police va le cueillir !)

5. SJ en ville à propos de l'argent disparu ; avec Le Gallez et le banquier, en retrouvent la trace dans banque à Londres

6. (Valerie ici ? Valerie et Kevin ici ?)

7. Paul Fielder : apprend qu'il n'aura pas les 750 000 £. (résolution envers Billy ? Non, pas encore). La police vient chercher Paul

8. Deb et China apprennent que c'est Cynthia qui a donné la roue de fée (l'amulette) à Guy.

Et ainsi de suite, jusqu'à ce que j'aie épuisé l'inventaire des possibilités pour la partie du roman sur laquelle je travaille. Tout en faisant la liste de ces scènes potentielles, je note toutes les occasions de relations causales à développer. Chaque scène recèle un ou plusieurs éléments susceptibles de déclencher une scène suivante. Notez que la scène 1 provoque la scène 5 ; que la scène 2 entraîne la scène 8 ; que la scène 3 pourrait déclencher la scène 6 (vous voyez que j'ai des doutes à ce sujet : je le note par un point d'interrogation) ; la scène 4 déclenche la scène 7.

Le fait que le canevas tienne sur une seule feuille me permet de m'assurer qu'il existe bien une relation de cause à effet entre les scènes que je mets en place, ce qui est crucial pour créer un roman qui avance d'un bon pas et de façon cohérente, et qui ne se désintègre pas en une meute de personnages en quête d'une intrigue.

Ce canevas ne me prend pas plus de quelques heures. Il se peut que je me lève au milieu pour aller faire un tour, que je me contente de coucher quelques idées sur le papier et de les ordonner. Je peux aussi mettre des flèches pour indiquer les relations potentielles, ou bien je peux souligner, griffonner, mettre des points d'exclamation. En tout cas, je finis par avoir une liste. Et c'est cette liste que je transforme en un séquencier.

J'entends d'ici vos protestations, même si vous les exprimez sous forme de questions : si j'ai une liste de scènes, pourquoi est-ce que je ne commence pas tout simplement à les écrire ? Pourquoi cette étape supplémentaire dans le processus ? Est-ce que ce n'est pas une façon de reculer le moment de plonger dans l'écriture proprement dite ?

Je vais vous expliquer ce qu'est mon séquencier, et j'espère que cela répondra à vos questions.

Le séquencier relève – comme l'analyse de personnage – du « courant de conscience ». Chez moi, c'est le cerveau gauche qui domine – comme vous l'avez probablement deviné en voyant le processus compliqué que je mets en place pour commencer –, et je dois me donner beaucoup de mal pour « passer » sur mon cerveau droit et le mettre en marche. C'est le rôle que joue pour moi le monologue intérieur au temps présent. Quand j'écris dans cet état, je ne me soucie pas des fautes de frappe ou d'orthographe, de la ponctuation, de la structure des phrases, de savoir si j'emploie un langage figuratif ou non, bref, je ne me pose aucune question qui risquerait de m'obliger à m'arrêter, à réfléchir, et à dérailler. Je tape sur les touches comme une mitraillette, en écrivant ce que je vois arriver dans chaque scène du canevas.

Je commence généralement par mentionner du point de vue de qui la scène sera racontée. Ensuite, je dis ce qui va se passer dans la scène. Si la scène est destinée à être principalement dialoguée, je décris à l'avance le genre de CAMAP que je vais employer. La CAMAP est une Combine Anti Moulin À Paroles ; c'est comme ça que j'appelle, dans mes ateliers d'écriture, l'activité à laquelle se livrent les personnages de la scène qui, sans cela, se borneraient à dialoguer. Elle peut remplir plusieurs fonctions : elle élimine le risque que la scène se résume à deux ou trois têtes qui jacassent ; bien choisie, elle sert de révélateur de caractère ; elle peut receler par elle-même des informations importantes ; elle peut avoir une valeur métaphorique. Je choisis soigneusement ma CAMAP, et quand je fonctionne en mode « monologue intérieur », je jette des CAMAP sur l'écran de l'ordinateur jusqu'à ce que j'aie trouvé celle qui va bien. Et à quoi est-ce que je la reconnais ? Eh bien, j'écoute mon corps. Quand j'éprouve cette vague d'excitation très spéciale, je sais que j'ai trouvé la bonne CAMAP pour une scène.

Voici des exemples de CAMAP que j'ai utilisées. Elles n'ont pas seulement servi à éviter le problème des têtes babillardes ; elles ont toutes joué plusieurs rôles.

Le Meurtre de la falaise : dans une scène entre Barbara Havers et ses amis pakistanais, Hadiyyah et son père, Taymullah Azhar, la petite fille montre à Barbara un bocal dans lequel elle a mis une abeille. C'est une métaphore des gens enlevés à leur milieu, et donc de ce que vit la communauté pakistanaise en Angleterre.

Une patience d'ange : les scènes qui se passent entre Lynley et sa femme Helen ont pour CAMAP le choix du papier peint pour la chambre d'amis. Cette activité devient une métaphore de la vie intérieure troublée d'Helen, qui est accablée de doutes sur sa propre valeur.

Cérémonies barbares : le choix de la tenue pour l'après-midi est à la fois une CAMAP et un indice.

Un goût de cendres : les scènes de sauvetage des animaux sont des CAMAP qui illustrent la personnalité de Chris Farraday tout en agissant comme métaphore de sa relation avec Olivia Whitelaw.

Quand je rédige mon séquencier, les CAMAP font partie des premières choses auxquelles je réfléchis après le point de vue. Puis j'ajoute quelques autres éléments, des descriptions, peut-être des bribes de dialogues ou de narration, je précise les motivations des personnages, et la mienne dans cette scène. J'ébauche la scène telle qu'elle apparaîtra dans le livre, de façon à faire apparaître sa structure de base. Il se peut que je décide du style narratif que je vais employer : est-ce

que je vais commencer *in medias res* (en pleine action)
et revenir en arrière pour expliquer comment on en est
arrivé là ? Ou commencer par un dialogue et prendre
du recul pour planter le décor ? Est-ce que je vais présenter la scène et faire démarrer l'action seulement après ? Et si j'étais dans la tête de quelqu'un ?

Voilà toutes les questions auxquelles je réponds
dans le séquencier. Je prends les scènes une par une, à
partir du canevas, jusqu'à ce qu'elles soient toutes passées à la moulinette. Au stade de préparation du canevas, comme je suis en mode écriture automatique, il
m'arrive d'avoir des idées pour des éléments d'intrigue qui arriveront plus tard dans le roman. Pourquoi ?
Je n'en sais rien. « C'est un mystère », comme le
répète le directeur du théâtre dans *Shakespeare in
Love*. Mais c'est comme ça que ça a toujours marché.

Voici un exemple de ce à quoi ressemble mon
séquencier. Ce qui suit est le découpage de la première
scène du *Visage de l'ennemi*. Je n'y ai rien changé, ce
qui explique que vous y trouverez peut-être des fautes
de frappe et d'orthographe, sans parler des fautes de
syntaxe.

```
Séquence #1

MERCREDI

Scène Un

On est dans la tête de Char-
lotte Bowen. Il fait noir
parce que les fenêtres du mou-
lin sont obstruées par des
planches clouées et elle est
au rez-de-chaussée où il n'y a
pas de fenêtre du tout. Elle
```

émerge d'un sommeil provoqué
par 1 somnifère.

On commence par : les souvenirs lui reviennent. Ou :
quand Charlotte Bowen a relevé
la tête de la surface dure,
humide, qui lui sert d'oreiller,
les souvenirs commencent à lui
revenir. Ou : Charlotte Bowen
– se amies l'appellent Lottie,
sa mère l'appelle « elle », son
beau-père l'appelle Hedge et les
gens qui préféreraient qu'elle
soit + docile et – agaçante
l'appellent la Tique – ouvre
les yeux dans le noir (non,
trop compliqué).

Ses souvenirs dans cette
scène d'ouverture : des bribes
de ce qui lui est arrivé. Il ne
faut pas qu'on sache si elle
connaît ou non son ravisseur…
Ça doit rester dans le vague.
Elle se rappelle la voix douce,
l'air soucieux. « Lottie, ta
maman m'a envoyé te chercher.
Il y a eu 1 petit accident. »
Il lui dit de ne pas se faire
de bile. Mais Charlotte s'en
fait, elle a peur parce que sa
mère est 1 députée conservatrice, farouche partisane de la
manière forte, très impliquée
dans le débat sur l'Irlande du
Nord, le droit de garder le
silence, la prolifération des
armes en Angleterre & toutes
sortes d'autes débats qui font
d'lle 1 cible pour les extré-

mistes de tout poil & de toutes les tendances philosophiques & autres, alors quand l'Odeur (il sent l'après-rasage ou quelque chose comme ça ou bien son corps répand une odeur particulière) dit qu'il y a eu un accident, la première chose que Lottie pense c'est que sa mère est morte. Elle saiat que Cito s'angoisse depuis des siècles sur la position exposée de sa mère. C'est 1 proie facile, 1 lapin dans les phares, 1 hérisson qui traverse la route, etc. L'Odeur (ou quel que soit le nom qu'elle lui donne… Peut-être le nom d'1 personnage de méchant dans 1 livre d'enfant, 1 conte de fées, peut-être le nom d'1 personnage de Winnie l'Ourson… ou bien Christopher, l'autre moitié de Christopher Robin) lui a donné 1 bouteille de jus de pomme, son jus de fruits préféré. Elle l'a bu, ses paupières sont devenues très lourdes, elle s'est endormie. Elle s'en veut maintenant d'avoir dormi, mais elle ne se rend pas compte que le jus de pomme était drogué.

Elle sait qu'il lui est arrivé quelque chose de moche parce qu'elle est dans un endroit froid, huide & noir, & bien qu'elle ait les yeux ouverts, elle ne voit rien.

Peut-petre qu'elle palpe le long de smurs à l'aveuglette & qu'elle entre en contact avec Breta ; peut-être qu'elle établit le contact en appelant tout bas, & qu'elle ne la touche pas. Peut-être que Breta & elle ont une conversation (c'est Breta qui commence). Breta est la partie d'elle qui sait à quoi s'en tenir, qui peut admettre le pire au sujet de sa mère. Breta pense que sa mère peut être derrière ce qui lui est arrivé.

Breta est-elle la partie de Charlotte qui a du cran ? Ou la bonne petite fille que Charlotte aimerait bien être ? Le plus vraisemblable : Breta est la petite délurée des deux & Charlotte préfère être la gentille petite fille à sa maman, & elle a besoin de quelqu'un à accuser quand elle n'y arrive pas.

ATtention : faire en sorte que Breta reste plausible ; qu'elle parle avec une voix de gamine de dix ans.

Bon, dans cette section on a : où est Charlotte (où elle en est, ce qui l'entoure) ; une vague idée de ce qui lui est arrivé (on ne doit pas savoir qu'elle est à la campagne avant qu'on retrouve son corps) ; la situation de sa

        mère ; une ID de ses relations
        avec Eve et Cito ; l'existence
        de Breta ; ce qui lui est
        arrivé l'après-midi de son
        enlèvement.
            Peut-être qu'elle arrive à
        l'escalier dans le moulin qd
        elle entend Breta parler pour
        la première fois. Elle pense
        qu'elle est dans la cave d'une
        maison.

Vous avez compris, du moins je l'espère, ce que
j'essaie de faire. Avant d'attaquer l'écriture de la
scène, j'essaie de me donner autant d'informations que
possible : le langage à employer, la structure des phrases, les transitions entre les paragraphes et l'impression de mouvement que j'espère communiquer au
lecteur, d'un passage à l'autre du roman. Comme ça,
quand je commence à écrire le premier jet, la partie
artisanale du travail est faite et je peux me concentrer
sur l'art de l'écriture.

Tout le long du processus d'élaboration de l'intrigue,
j'essaie de garder à l'esprit que la crédibilité est essentielle à son fonctionnement. Les personnages que j'ai
créés doivent agir conformément à leur caractère. Aussi,
quand je rédige le séquencier, je me rafraîchis souvent
la mémoire à leur sujet, je vérifie leurs fiches analytiques pour voir si leurs (ré)actions sont bien en adéqua-
tion avec leurs besoins fondamentaux tels que je les ai
définis. Je m'assure que le comportement des personnages est bien enraciné, non seulement dans ce qu'ils sont,
mais aussi dans ce qui se passe au cours de la scène. Ils
ne réagissent pas sans raison. Ils ne réagissent pas seulement parce que je dois introduire de l'excitation pour
faire avancer l'intrigue. Il y a une logique, une cohé-
rence dans le déroulement des événements.

Le fait de rédiger un canevas puis un séquencier me permet de m'assurer que toutes les scènes font progresser l'intrigue ou l'une des sous-intrigues, ou bien qu'elles permettent de faire évoluer le personnage ou qu'elles ont un rapport direct avec le sujet. Je dois être honnête avec moi-même au cours de ce processus. Si la scène que j'écris ne répond pas à l'une de ces exigences, je dois la couper. L'avantage de partir d'un canevas, c'est que ça me permet d'éliminer la scène très tôt dans le processus au lieu de devoir le faire par la suite, après avoir travaillé des heures, peut-être plusieurs jours, sur le premier jet.

Parallèlement à tout cela, je dois continuellement veiller à ce que chaque scène renferme un certain degré de cet élément indispensable à toute intrigue : un conflit. Naturellement, pour répondre à cette exigence de base, il est important que j'aie bien pris la mesure de ce conflit.

Les auteurs débutants croient parfois que le conflit doit être exposé de long en large, comme chez Ayn Rand : John Galt contre le socialisme. Quel conflit potentiel en vérité ! En fait, tout conflit se ramène à une affaire de collision, et à ce qui la provoque : l'opposition entre les désirs d'un personnage et la résistance à ces désirs, comme le dit James Frey dans *How to Write a Damn Good Novel*[1].

La résistance peut venir de n'importe où.

Elle peut venir de l'intérieur du personnage lui-même. Voyons les choses en face, Macbeth n'a pas de plus grand ennemi que ce qu'il a dans la tête. Macduff avait une dent contre lui, d'accord. Mais s'il avait eu une conscience moins forte et s'il avait été moins enclin

1. James N. Frey, *How to Write a Damn Good Novel* (littéralement : « comment écrire un putain de bon roman »), New York, St Martin's Press, 1987.

à l'obsession, Macbeth aurait peut-être mieux dormi la nuit, ce qui aurait beaucoup contribué à l'ancrer dans la réalité. Et peut-être qu'il aurait réfléchi un peu plus quand les sorcières, sur la lande, lui ont prédit qu'aucun homme né d'une femme ne pourrait l'atteindre.

La résistance peut aussi venir de la nature, comme dans *Les Dents de la mer*, où le requin fait un antagoniste inoubliable, contre qui la puissance et la sagesse de l'homme doivent s'employer à trouver une (ré)solution. La tempête de Sebastian Junger dans *En pleine tempête*[1] abat certains de ceux qui se trouvent pris dans la tourmente, alors que d'autres relèvent le défi la tête haute et réussissent à survivre. L'Everest est la Némésis de ceux qui tentent son escalade dans *Tragédie à l'Everest*[2]. La rage est le méchant de *Cujo*.

Dans des livres comme *L'Exorciste* ou *Amityville, la maison du diable*, le conflit est assuré par des antagonistes du monde des esprits ou d'autres dimensions. Stephen King les a utilisés à de nombreuses reprises dans ses livres, comme dans *Shining, l'enfant lumière*.

Ce que je veux dire, c'est que le conflit n'a pas besoin d'être incarné par des bons et des méchants. Il n'a même pas besoin d'être *personnifié*. Vous borner à cela reviendrait à restreindre votre champ de manœuvre.

Enfin, peu importe le type de protagonistes et d'antagonistes que vous utiliserez, tout ce qui compte, c'est que vous gardiez présent à l'esprit que le conflit est ce qui fait prendre vie à vos personnages et les rend réels pour le lecteur. Quand vous décrivez un personnage, vous en donnez une image au lecteur. Mais quand vous le mettez à l'épreuve en le plaçant au sein

1. *A Perfect Storm* a inspiré le film de Wolfgang Petersen. (*N.d.l.T.*)
2. *Into Thin Air*, de John Krakauer. (*N.d.l.T.*)

d'un conflit, tout d'un coup, il s'anime. Il est forcé de prendre une décision, puis d'agir conformément à cette décision. Ce qui met sa pugnacité en évidence et permet au lecteur de cerner l'essence du personnage.

Le conflit ajoutera aussi de la tension dramatique au roman. Il fera partie des problèmes qui se posent. Et qui dit problème dit anticipation de la part du lecteur. Rappelez-vous ce que je vous ai dit : le suspense naît parce que le lecteur attend quelque chose.

Un lecteur qui attend quelque chose, qui est excité, qui éprouve de l'intérêt ou de la compassion est un lecteur qui ne lâchera pas le roman avant de connaître la fin de l'histoire. Induisez n'importe laquelle de ces réactions chez votre lecteur et vous aurez réussi à faire une partie de votre travail d'auteur.

Le fait d'envisager votre intrigue principale et vos intrigues secondaires sous le biais du conflit vous obligera à faire des choix. Et ces choix vous amèneront à réfléchir aux genres de conflit à votre disposition.

Le premier, et mon préféré, est ce que James Frey appelle le « creuset[1] » : une situation dans laquelle les personnages sont liés les uns aux autres pour une raison quelconque, et incapables d'éviter le conflit entre eux. Le meurtre dans une communauté fermée est un exemple de creuset. C'est le procédé employé par Agatha Christie dans *Dix Petits Nègres* : ses personnages sont coincés ensemble sur une île, et l'un d'entre eux les supprime l'un après l'autre. J'ai moi-même situé l'un de mes romans, *Le Lieu du crime*, dans une communauté fermée : des acteurs sont coincés par la neige dans un manoir, en Écosse, et… bingo ! l'un d'eux se fait tuer. James Clavell a recours à ce procédé dans *Un caïd*, avec son camp de prisonniers de la Seconde Guerre mon-

---

1. James N. Frey, *How to Write a Damn Good Novel,* op. cit.

diale. Dans *Le Baiser de la femme araignée*, de Manuel Puig, le creuset est encore plus petit : une cellule de prison. Dans *The Lords of Discipline,* de Pat Conroy, c'est une académie militaire. Un creuset est un endroit ou une situation où les personnages sont coincés, soit matériellement, soit parce qu'ils ont des raisons plus fortes d'y rester que de s'en échapper. Par exemple, s'ils sont à la recherche d'une chose précieuse pour eux, et qu'ils ne peuvent trouver qu'ensemble, comme Harrison Ford et Karen Allen dans *Les Aventuriers de l'arche perdue*. Ou bien imaginez des gens obligés de travailler ensemble s'ils ne veulent pas perdre leur boulot. Ce sont des creusets, des situations au cours desquelles la température monte et les personnages sont soumis à une tension croissante, qui dégénère en conflit.

Rappelez-vous que le genre de conflit que vous choisirez est secondaire ; ce qui est primordial, c'est que votre personnage rencontre une résistance d'une espèce ou d'une autre[1]. Il peut se heurter à la volonté d'une autre personne, à son corps, à une situation, ou au fonctionnement interne de cette personne. Si vous choisissez cette dernière option, rappelez-vous, lorsque vous échafauderez l'intrigue de votre livre, que le conflit du personnage devrait laisser une certaine place à l'indécision et à l'ambivalence propres à tout un chacun. Quel que soit le personnage, à un moment donné, il connaîtra ce qui nous afflige tous de temps à autre : la culpabilité, la peur, le doute, les tracas. Ce qui aboutit à un conflit intérieur.

Le conflit intérieur d'un personnage le fera apparaître comme réel.

Le conflit extérieur qu'il affronte fera apparaître l'enjeu.

1. James N. Frey, *How to Write a Damn Good Novel*, op. cit.

L'un et l'autre peuvent donner lieu à des situations d'une violence exploitable.

En tout cas, en tramant votre intrigue, dites-vous que le conflit fonctionnera d'autant mieux qu'il ira en s'intensifiant. Évitez donc de propulser le personnage au milieu d'une situation de crise. En s'aggravant avec le temps, alors que les incidents se succéderont, la crise révélera davantage de facettes du personnage. À chaque étape du conflit, les réactions du personnage changeront, s'intensifieront, gagneront peut-être en clarté, traduiront peut-être une confusion croissante. Mais quoi qu'il arrive, au point culminant, le personnage se dressera, complètement révélé, devant le lecteur.

Au moment de nouer votre intrigue, veillez donc à ce que les conflits aillent crescendo. Évitez les situations de surchauffe entre les personnages tant que vous n'en aurez pas jeté les bases. Vos personnages doivent faire face à des obstacles qui font monter la tension. Vous devez aggraver les problèmes auxquels ils sont confrontés, c'est ce qui augmentera la pression à laquelle ils sont soumis.

Accessoirement, tout cela vaut pour les intrigues secondaires.

Parce que votre livre doit comporter des intrigues secondaires. Une intrigue unique ne fait pas un roman. Je vous vois d'ici rentrer la tête dans les épaules, terrorisés à la perspective de devoir créer non seulement une intrigue principale, mais aussi des intrigues secondaires ! Permettez-moi, à ce stade, de souligner l'avantage de réfléchir à vos personnages avant d'échafauder l'intrigue : ce sont eux qui vous mettront sur la piste des intrigues secondaires. Elles vous apparaîtront lors de l'analyse de caractère, et vous n'aurez même pas besoin de les chercher.

Mais au cas où vous voudriez vous lancer dans cette recherche…

Les intrigues émergent généralement du thème du roman. En rédigeant vos analyses de personnage, vous établirez forcément des liens entre eux. Vous découvrirez des similitudes dans ce qu'ils vivent, ou ce qu'ils ont vécu. Vous verrez apparaître des éléments communs que vous aurez envie de développer, et qui deviendront des thèmes. Vos intrigues secondaires refléteront ces thèmes, comme les mariages qui se font écho les uns aux autres dans *Anna Karenine*. S'ils ne reflètent pas le thème, ils ne s'intégreront pas facilement à l'environnement du roman, et vous aurez des situations boiteuses chaque fois que vous les aborderez, jusqu'à ce que vous décidiez finalement de les élaguer complètement. *Orgueil et Préjugés* est un excellent exemple d'intrigues secondaires qui se répondent les unes aux autres : Élizabeth et Darcy, Jane et Bingley, Charlotte et Mr Collins, Lydia et Wickham. La plupart des gens reconnaîtront que le développement de la relation entre Élizabeth et Darcy constitue l'intrigue principale du roman de Jane Austen. Les trois autres relations sont des broderies qui entourent le motif central de la nappe.

Peu importe le nombre d'intrigues secondaires que vous déciderez de mettre dans votre livre, elles ont les mêmes exigences essentielles que l'intrigue principale : elles doivent toutes faire apparaître un conflit croissant, un point culminant et une (ré)solution. À moins que vous n'écriviez délibérément des récits à suspense qui laissent à la dernière page le héros suspendu à une falaise ou ligoté sur les rails avant le passage du train – ce que je ne vous recommande pas, à moins que vous ne vouliez voir des meutes de lecteurs se jeter sur vous pour vous lyncher –, tous les fils des intrigues que vous tramez doivent être noués à la fin.

C'est la promesse que nous faisons à nos lecteurs quand nous leur offrons un livre à lire : nous leur apportons l'assurance que, dans un monde où les seules choses sûres sont la mort et les impôts, il y a un autre monde où les choses se déroulent jusqu'à leur conclusion logique et inévitable.

7

Au commencement :
des décisions, encore des décisions,
toujours des décisions

... Je commence à y voir plus clair. Ce que je ne vois pas encore exactement, c'est où et comment démarrer le roman : au début de l'histoire, avant son début ou après ? Il faut que je décide. J'avais choisi, il y a un moment maintenant, de commencer après le début de l'histoire. Reprendre depuis le début me donnerait l'occasion de tenter une narration non linéaire. Il y a dans la vie de ces personnages des éléments que j'aimerais explorer, et le récit non linéaire m'en donnerait l'occasion. D'un autre côté, j'ai cette possibilité aussi si je commence avant le début. La seule question est, est-ce que j'arriverai à conserver l'intérêt du lecteur ?

Journal d'un roman
7 juin 2001

Tous les auteurs rêvent d'atteindre les étoiles. N'est-ce pas cela, après tout, la grande littérature ? On les voit d'ici, les vraiment grands auteurs, assis devant leur parchemin, leur bloc de papier, leur carnet à spirale, leur machine à écrire ou leur traitement de texte, les mains levées au-dessus de l'outil de leur art en attendant que le Grand Esprit de la Littérature les effleure du bout de son aile…

J'imagine que c'est plus ou moins ça. Mais d'abord, même eux ont dû prendre certaines décisions.

La première concerne le début de l'histoire. Où doit-elle commencer ? Je ne vois que trois solutions : juste avant le début, juste au début ou juste après.

Commencer juste avant le début vous amène automatiquement à planter une scène qui illustre le statu quo des principaux protagonistes avant que ne survienne l'événement déclencheur. À mon avis, montrer leur état émotionnel aura plus d'impact que d'annoncer leur statut financier, physique, ou autre. Si vous arrivez à pondre une scène dynamique qui illustre le climat émotionnel d'un personnage, vous avez de très bonnes chances d'intéresser le lecteur aux tenants et aboutissants de ce personnage en quelques paragraphes seulement.

Jetons un coup d'œil aux premières lignes du *Pot au noir* de Robert Ferrigno :

> Il suffisait d'un rien pour le mettre en rogne, ces temps-ci – un rire qui montait de l'appartement du dessous, un éclair de cheveux blonds entrevu du coin de l'œil, ou deux portières de voiture qui claquaient dans la nuit. Surtout ça. Il les voyait monter chez lui, ou chez elle, bouillants d'impatience, s'efforçant de le masquer, leurs mains d'abord maladroites, et puis le type qui la prenait par la taille, le sourire de la fille, et sa tête, posée sur l'épaule de l'autre.
>
> Il y avait des soirs où Lauren manquait tellement à Danny qu'il aurait cherché la bagarre avec n'importe quel gros balèze, pour le balan-

cer par la fenêtre. Rien que pour entendre le bruit de la vitre qui explosait. Mais au lieu de ça, c'est lui qui allait piquer une tête dans la baie.

L'eau était froide et noire, et vide. Il était venu nager tous les soirs depuis quatre mois et dix jours. Depuis que le divorce avait été définitivement prononcé. Un de ces soirs, il allait se noyer. Ou il finirait par s'en remettre, il était trop tôt pour le dire[1].

Vous remarquerez que Ferrigno nous présente un personnage dans un état de trouble émotionnel profond, et plus encore, dans une situation à laquelle virtuellement tous les lecteurs peuvent s'identifier. Tout le monde a perdu quelqu'un à un moment ou à un autre. Tout le monde sait ce que c'est que d'être malheureux en amour ; ça nous donne aussitôt quelque chose en commun avec le personnage principal, et nous sommes tout de suite en contact avec son vécu, avec sa psychologie, où Ferrigno nous plonge directement dès les premières phrases. Le lien est immédiatement créé avec le personnage. Nous sommes inquiets pour lui, ou intrigués par ce qui lui arrive. En tout cas, nous continuons notre lecture.

En décidant de commencer votre roman juste au début, vous décidez de présenter simultanément à la fois les personnages et l'événement déclencheur qui donne le coup d'envoi à l'histoire. C'est ce que fait P. D. James dans *Un certain goût pour la mort*. Jetons-y un coup d'œil :

Les cadavres furent découverts le mercredi 18 septembre, à huit heures quarante-cinq du matin, par deux témoins : Miss Emily Whar-

1. Robert Ferrigno, *Le Pot au noir (The Horse Latitudes)*.

ton, une vieille fille de soixante-cinq ans appartenant à la paroisse de Saint-Matthew, Paddington, Londres, et Darren Wilkes, dix ans, qui, pour autant qu'il le sût et y attachât de l'importance, n'appartenait à aucune paroisse en particulier. Cette invraisemblable paire de compagnons avait quitté l'appartement de Miss Wharton, situé à Crowhurst Gardens, peu avant huit heures et demie, et longé le Grand Union Canal sur environ huit cents mètres pour parvenir à l'église Saint-Matthew. Comme tous les mercredis et vendredis, Miss Wharton changerait les fleurs placées devant la statue de la Vierge, nettoierait les chandeliers, époussetterait les deux rangées de chaises utilisées par les quelques fidèles qui assistaient à la première messe, célébrée dans la chapelle de la Sainte Vierge, et préparerait tout ce qu'il fallait pour l'arrivée du père Barnes, à neuf heures vingt.

C'est dans des circonstances similaires qu'elle avait rencontré Darren pour la première fois, sept mois plus tôt. Il jouait seul sur le chemin de halage, si l'on peut appeler jouer une occupation aussi absurde que de jeter de vieilles boîtes de bière dans le canal. Elle s'était arrêtée pour lui dire bonjour. Peut-être s'était-il étonné qu'un adulte le saluât sans accompagner cet acte de politesse d'une réprimande ou d'un interrogatoire en règle. Toujours est-il qu'après l'avoir dévisagée d'un air inexpressif, il s'était attaché à ses pas. Il l'avait d'abord suivie à une certaine distance, puis s'était mis à décrire des cercles autour d'elle comme un chien perdu. Finalement, il avait trotté à ses côtés. En arrivant à Saint-Matthew, il l'avait suivie à l'intérieur aussi naturellement que s'ils étaient partis ensemble de chez elle[1].

Nous savons tout de suite trois choses : il y a plusieurs cadavres dans cette histoire (comme c'est un roman de P. D. James, nous nous attendons à ce qu'il y en ait au moins un – et très vite après le début de notre lecture) ; les personnages qui découvrent ces cadavres sont deux ; une église est intimement liée à l'action et à la relation entre les deux personnages principaux que nous venons de rencontrer. Nous sommes projetés abruptement dans le monde des personnages ainsi que dans les événements qui précèdent immédiatement la découverte des corps. Nous sommes juste au début de l'histoire.

En commençant votre roman après le début de l'histoire, vous décidez de commencer après que l'événement déclencheur se soit produit. En d'autres termes, la balle est déjà en jeu et le lecteur est plongé en pleine action. C'est le choix que j'ai fait quand j'ai commencé mon premier roman publié, *Enquête dans le brouillard.*

> Ce fut le manque de savoir-vivre porté à son comble. Les yeux dans ceux de sa voisine, il lui lâcha un éternuement gras et sonore en pleine figure. Il y avait trois quarts d'heure qu'il se retenait, réprimant son envie avec la dernière énergie comme s'il s'était agi de repousser l'avant-garde d'Henry Tudor à la bataille de Bosworth. Mais il avait fini par succomber. Et son forfait commis, comme si cela ne suffisait pas, il se mit à renifler.

1. P. D. James, *Un certain goût pour la mort (A Taste for Death)*, trad. Lisa Rosenbaum, Librairie Arthème Fayard, 1989.

La femme le fixa. C'était le genre de personne qui lui faisait perdre tous ses moyens. De haute taille, vêtue avec l'élégance décontractée qu'affectionne la haute société britannique, l'air hors du temps, elle dardait sur lui un regard bleu acier qui avait dû faire fondre en larmes mainte soubrette un demi-siècle plus tôt. Elle était sûrement plus près de quatre-vingts ans que de soixante, encore qu'il eût été difficile de lui donner un âge. Posée droite comme un i sur sa banquette, les mains croisées sur les genoux, elle incarnait le défi permanent que son éducation et sa naissance avaient lancé à toutes les lois du confort.

Elle continua de le dévisager, fixant son col romain et son nez qui coulait.

Pardonnez-moi, très chère. Mille excuses. Ce n'est tout de même pas un malheureux éternuement qui va mettre un terme à une si belle amitié. Il était toujours plein d'esprit quand il se parlait à lui-même, mais dès qu'il ouvrait la bouche, les choses commençaient à se gâter[1].

Là, nous voyons un prêtre dans le train. Nous ne savons pas qui il est, et nous ne le découvrons pas vraiment dans la suite de la scène. En revanche, nous apprenons qu'il va à Londres, et plus précisément à New Scotland Yard, pour une affaire extrêmement importante, au moins pour lui. Le fait qu'un petit bonhomme confus et gaffeur de cette espèce aille à Scotland Yard suggère que ce n'est pas une démarche de routine. Mais nous ne l'apprenons pas tout de suite. Scotland Yard et toutes les associations qui sautent

1. Élizabeth George, *Enquête dans le brouillard (A Great Deliverance)*, trad. Dominique Wattwiller, Presses de la Cité, 1990.

immédiatement à l'esprit avec cet endroit intriguent le lecteur, du moins j'ose l'espérer. Intrigué, le lecteur ne m'en voudra pas de le faire un peu attendre l'explication de ce qui est arrivé, à qui et pourquoi.

Peu importe la façon dont vous décidez de commencer votre roman, vous devez veiller à ce que l'ouverture soit excitante ou prometteuse d'excitation, qu'elle intrigue le lecteur ou qu'elle le captive. Elle doit laisser présager certains éléments du conflit qu'on retrouvera dans l'intrigue principale ou une intrigue secondaire, ou elle doit apporter – même sous forme métaphorique – un indice du thème. Elle doit annoncer le problème, quel qu'il soit, auquel le personnage a été confronté, ou les problèmes qui l'attendent. L'atmosphère doit être établie. Un décor doit être planté. Les protagonistes – pas forcément les personnages principaux – doivent être présentés.

Tout ça peut vous paraître ambitieux. Mais si vous écrivez bien, vous le ferez automatiquement. Si vous vous fiez à votre réaction viscérale envers ce que vous écrivez (c'est-à-dire si vous vous fiez à votre corps et si vous n'écoutez pas le comité que vous avez dans la tête), vous vous en sortirez très bien.

Maintenant, si c'est trop vous demander, vous pouvez toujours vous rabattre sur un autre outil du métier : l'accroche.

La mission numéro un de tout auteur est d'accrocher son lecteur, quel qu'il soit : l'acheteur qui prendra son livre parmi tant d'autres dans une librairie, l'agent qui empoignera son manuscrit sur une pile ou l'éditeur qui consentira à y jeter un coup d'œil sur la recommandation d'un agent. Cela étant admis, nous devons toujours veiller à ouvrir notre histoire de telle sorte que le lecteur poursuive sa lecture. L'hameçon peut être la première phrase de notre chef-d'œuvre. Il se peut aussi que ce soit le premier paragraphe. Ou la première scène, ou le premier chapitre. Quel que soit l'outil que vous choisirez pour accrocher votre lecteur et qu'il ne lâche pas votre livre ou votre manuscrit, votre but est double : vous devez susciter son intérêt tout en créant une atmosphère, une ambiance, dans votre histoire.

L'avantage de l'hameçon, c'est que cet outil peut remplir au moins huit fonctions, qui peuvent presque toutes être combinées, interverties ou utilisées à volonté. Permettez-moi de vous en faire la liste :

1. Nommer un personnage du roman.

2. Révéler au lecteur un élément important de l'histoire.

3. Montrer au lecteur un aspect particulier du caractère d'un personnage.

4. Illustrer une attitude d'un personnage (nous en reparlerons).

5. Dévoiler la façon dont fonctionne l'esprit du narrateur.

6. Divulguer un indice ou un élément de l'intrigue ou un détail annonciateur de l'un ou de l'autre.

7. Attiser l'intérêt du lecteur.

8. Produire un effet mystérieux ou générateur de suspense.

Regardez comment Edgar Allan Poe jongle dans la phrase d'ouverture de « La Barrique d'amontillado » (en passant, l'un de mes agents littéraires m'a dit un jour que c'était la première phrase la plus célèbre de la littérature… jusqu'à ce que je lui souffle : « Appelons-moi *Ismahel* »…). Les italiques sont de moi.

Poe écrit : « J'avais supporté du mieux que j'avais pu les mille injustices de *Fortunato*, mais *quand il en vint à l'insulte*, je jurai *de me venger*. » En une vingtaine de mots, Poe nous présente deux personnages : Fortunato et le narrateur ; il illustre l'état d'esprit du narrateur : « quand il en vint à l'insulte » ; il annonce son projet : se venger.

112

Quand Herman Melville écrit : « Appelons-moi *Ismahel* », il commence par nous présenter l'un des personnages de *Moby Dick*.

Quand Daphne Du Maurier écrit : « La nuit dernière, j'ai rêvé que je retournais à Manderley », elle plante un décor d'une importance primordiale pour l'intrigue de *Rebecca*. Si Maxim de Winter n'avait pas vécu uniquement pour Manderley – qui n'est qu'un domaine anglais, franchement ! On se demande ce qu'il a dans la tête pendant une bonne partie du roman –, il n'aurait pas eu tous ces problèmes à partir du moment où les pêcheurs découvrent le bateau de Rebecca au fond de la baie.

Quand, au début du *Conte des deux villes*, Dickens déclare « C'était le meilleur des temps, le pire des temps », il pose d'entrée de jeu l'ambiance du roman.

Quand, dans l'ouverture de *Richard III*, Shakespeare fait dire à Richard, duc de Gloucester : « Donc, voici l'hiver de notre déplaisir changé en glorieux été par ce soleil d'York », il nous présente deux personnages – Richard, le narrateur, et son frère, qu'il appelle le soleil d'York, faisant un jeu de mots sur *sun*/soleil et *son*/fils –, et nous révèle l'attitude de Richard envers Édouard.

Élargissons cette ligne d'ouverture à tout le monologue du début de la pièce, et nous voyons que Shakespeare ne mégote pas sur les détails alléchants pour nous accrocher :

ACTE I, SCÈNE 1. Londres. – Une rue.

Entre Gloucester.

GLOUCESTER. Donc, voici l'hiver de notre déplaisir changé en glorieux été par ce

113

soleil d'York ; voici tous les nuages qui pesaient sur notre maison ensevelis dans le sein profond de l'Océan ! Donc, voici nos tempes ceintes de victorieuses guirlandes, nos armes ébréchées pendues en trophées, nos alarmes sinistres changées en gaies réunions, nos marches terribles en délicieuses mesures ! Le combat au hideux visage a déridé son front, et désormais, au lieu de monter des coursiers caparaçonnés pour effrayer les âmes des ennemis tremblants, elle gambade allégrement dans la chambre d'une femme, sous le charme lascif du luth. Mais moi qui ne suis pas formé pour ces jeux folâtres, ni pour faire les yeux doux à un miroir amoureux, moi qui suis rudement taillé et qui n'ai pas la majesté de l'amour pour me pavaner devant une nymphe aux coquettes allures, moi en qui est tronquée toute noble proportion, moi que la nature décevante a frustré de ses attraits, moi qu'elle a envoyé avant le temps dans le monde des vivants, difforme, inachevé, tout au plus à moitié fini, tellement estropié et contrefait que les chiens aboient quand je m'arrête près d'eux ! eh bien, moi, dans cette molle et languissante époque de paix, je n'ai d'autre plaisir, pour passer les heures, que d'épier mon ombre au soleil et de décrire ma propre difformité. Aussi, puisque je ne puis être l'amant qui charme en ces temps beaux parleurs, je suis déterminé à être un scélérat et à être le trouble-fête de ces jours frivoles. J'ai, par des inductions dangereuses, par des prophéties, par des calomnies, par des rêves d'homme ivre, fait le complot de créer entre mon frère Clarence et le roi une haine mortelle. Et, pour peu que le roi Édouard soit aussi honnête et aussi loyal que je suis subtil, fourbe et traître, Clarence sera enfermé étroitement aujourd'hui même, en raison d'une prédiction qui dit que G sera le meurtrier des héritiers d'Édouard. Replongez-vous, pensées, au fond de mon âme ! Voici Clarence qui vient[1].

Vous remarquerez que Shakespeare ne nous présente pas seulement des personnages mais aussi leur position : Édouard, le roi, George, duc de Clarence, Richard, leur petit frère à tous les deux. En même temps, il nous révèle quelque chose de crucial pour l'intrigue de la pièce : Richard a l'intention de provoquer une situation au cours de laquelle Édouard et George se prendront à la gorge. Nous découvrons en outre en quelle estime Richard tient son frère le roi lorsqu'il évoque ironiquement Édouard gambadant « allégrement dans la chambre d'une femme… », lui qui était naguère un chef de guerre redoutable et invincible. Enfin, nous n'apprenons pas seulement la difformité de Richard, mais aussi en quoi cette difformité a affecté sa relation à autrui, surtout avec les femmes : il n'est pas « formé pour ces jeux folâtres ». Comme il ne peut tenir le rôle d'amant, il sera le vilain. Shakespeare nous ayant livré cette information, George entre en scène (« Voici Clarence qui vient »), et la balle est en jeu.

Relisons *Le Pot au noir* de Robert Ferrigno sous cet éclairage. Nous voyons maintenant de quelle façon il utilise, lui aussi, plusieurs éléments pour nous accrocher à son histoire :

Il suffisait d'un rien pour le mettre en rogne, ces temps-ci – un rire qui montait de l'appartement du dessous, un éclair de che-

1. William Shakespeare, *Richard III,* trad. François-Victor Hugo, Garnier, 1961.

veux blonds entrevu du coin de l'œil, ou deux portières de voiture qui claquaient dans la nuit. Surtout ça. Il les voyait monter chez lui, ou chez elle, bouillants d'impatience, s'efforçant de le masquer, leurs mains d'abord maladroites, et puis le type qui la prenait par la taille, le sourire de la fille, et sa tête, posée sur l'épaule de l'autre.

Il y avait des soirs où Lauren manquait tellement à Danny qu'il aurait cherché la bagarre avec n'importe quel gros balèze, pour le balancer par la fenêtre. Rien que pour entendre le bruit de la vitre qui explosait. Mais au lieu de ça, c'est lui qui allait piquer une tête dans la baie.

L'eau était froide et noire, et vide. Il était venu nager tous les soirs depuis quatre mois et dix jours. Depuis que le divorce avait été définitivement prononcé. Un de ces soirs, il allait se noyer. Ou il finirait par s'en remettre, il était trop tôt pour le dire[1].

Il nomme ses personnages : Danny et Lauren. Nous ne savons pas encore qui ils sont, mais l'attitude de Danny à leur endroit – la merveilleuse trouvaille de Ferrigno qui nous le montre en train de lancer un gros balèze par la fenêtre… rien que pour entendre le bruit de la vitre qui explosait – nous intrigue. À ces deux éléments de l'hameçon, l'auteur ajoute le détail de la baignade de nuit dans la baie. Et conclut provisoirement par « Un de ces soirs, il allait se noyer. Ou il finirait par s'en remettre, il était trop tôt pour le dire ». Nous sommes avec lui ; nous sommes profondément en empathie avec lui, grâce à son caractère, son attitude, son ton sarcastique.

1. Robert Ferrigno, *Le Pot au noir (The Horse Latitudes)*.

Parfois, l'attitude seule suffit à transcender une scène d'ouverture. Voyons comment Ken Follett nous accroche dans *Le Code Rebecca* :

> Il était midi quand le dernier chameau s'effondra.
>
> C'était le mâle qu'il avait acheté à Jialo, un animal de cinq ans, le plus jeune et le plus costaud des trois. Le moins hargneux, aussi : il l'aimait autant qu'on pouvait aimer un chameau, c'est-à-dire qu'il ne le détestait pas trop.
>
> Ils avaient gravi une petite pente à l'abri du vent, le sable se dérobant sous les gros pieds maladroits de l'homme et de la bête, et ils s'étaient arrêtés au sommet. Il n'y avait rien devant eux, qu'une autre dune à escalader, et mille autres encore derrière, et c'était comme si le chameau avait été frappé de désespoir à cette idée. Ses pattes de devant avaient ployé, ses pattes de derrière s'étaient dérobées sous son poids et il s'était affalé en haut de la colline comme un monument, contemplant la vacuité du désert avec l'indolence des mourants.
>
> L'homme tira sur la corde attachée aux naseaux du chameau. La bête avança la tête et tendit le cou, mais refusa de se lever. L'homme en fit le tour et lui flanqua trois ou quatre coups de pied dans la croupe, de toutes ses forces. Finalement, il dégaina un poignard bédouin à lame étroite, incurvée, affûtée comme un rasoir, et le lui planta dans le derrière. Un filet de sang suinta de la blessure, mais le chameau ne lui accorda pas même un regard.
>
> L'homme comprit de quoi il retournait. Comme un moteur à court de carburant, l'organisme de l'animal, privé de nourriture,

avait simplement cessé de fonctionner. On avait vu des chameaux s'écrouler ainsi à l'orée d'une oasis, indifférents à la verdure qui les aurait sauvés, n'ayant même plus l'énergie de s'en repaître.

Il aurait encore pu tenter deux manœuvres : la première consistait à verser de l'eau dans les naseaux de l'animal jusqu'à ce qu'il commence à se noyer ; la seconde, à lui allumer un feu sous l'arrière-train. Mais il n'avait pas assez d'eau pour l'une ni assez de bois pour l'autre, et d'ailleurs il n'aurait pas misé grand-chose sur les chances de réussite de chacune des deux[1].

Follett nous laisse délibérément dans le brouillard quant à l'identité du personnage impliqué dans cette scène. Ce faisant, il développe un beau sens du mystère et de l'intrigue. L'attitude du personnage envers le chameau nous implique particulièrement, parce que nous sommes frappés par sa totale indifférence envers la souffrance de l'animal, et par les extrémités auxquelles il est prêt à recourir afin de le faire relever et repartir. Follett crée ainsi une terrible scène d'ouverture. Il écrit une première phrase qu'aucun lecteur ne pourra lâcher, et il va de l'avant, nous attirant sans relâche dans le monde qu'il crée.

Vous pouvez aller encore plus loin et faire de votre premier chapitre tout entier votre hameçon, puis le terminer sur un point fort de l'action. Mais même si vous faites ça, il faudra encore que vous tentiez de créer d'autres ouvertures à l'intérieur de ce premier chapitre afin d'attirer le lecteur dans votre histoire. Et donc, la première décision que vous devrez prendre au moment

1. Ken Follett, *Le Code Rebecca* (*The Key to Rebecca*).

d'écrire votre premier jet sera comment vous allez accrocher votre lecteur : le ferez-vous par une seule phrase ? Par un paragraphe ou deux ? Par une scène entière ? Un chapitre ?

Pour prendre cette décision, réfléchissez à l'endroit où vous voulez que votre ouverture se produise. Demandez-vous si vous avez besoin d'inclure à cet endroit un détail spécifique qui ajoutera à sa vraisemblance : une citrouille d'Halloween fracassée dans la rue indiquera l'époque de l'année plus efficacement que si vous l'énoncez platement ; des guirlandes de Noël tombant d'un porche illustreront non seulement l'époque de l'année, mais aussi l'atmosphère, l'ambiance, la tonalité. Passez vos personnages en revue et décidez lesquels d'entre eux vous permettront le mieux d'arriver à vos fins – c'est-à-dire d'ouvrir votre roman. Par exemple, lesquels seront les plus représentatifs du thème, de l'intrigue ou de l'endroit. Si votre ouverture est dialoguée, réfléchissez à ce que les personnages diront, et en quoi leurs propos seront liés à l'événement déclencheur qui a donné le coup d'envoi à l'action. Y a-t-il une CAMAP susceptible d'illustrer les personnages avec concision, et pouvez-vous l'utiliser dans votre ouverture ? Quelles sont les motivations des personnages dans votre « hameçon » ?

Votre séquencier devrait vous permettre de répondre à certaines de ces questions. Les décisions que vous allez prendre au sujet de la voix et du point de vue vous en fourniront d'autres encore.

8

Là où il y a un point de vue, il y a une voix

En lisant mon prologue aux étudiants de mon atelier, hier soir, je me suis rendu compte qu'il y avait quelque chose qui clochait. Je n'arrivais pas à voir ce que c'était, mais il faisait trop lisse, trop commercial, et c'est ce que je leur ai dit après avoir fini. Mimsie a mis le doigt dessus. Elle m'a fait remarquer, sans prendre de gants, selon son habitude, que Virginia Elliott était un personnage plat, sans épaisseur. Eh bien, elle avait raison. Pourtant, c'était le personnage-point de vue de la scène. Ce qui se passe, c'est que j'avais enfreint ma Règle Numéro Un par pure paresse : je n'avais pas procédé à son analyse de caractère avant d'écrire, alors que j'avais fait celle des deux autres personnages de la scène.

Journal d'un roman
14 août 1997

Je ne sais pas pourquoi, ces deux notions semblent poser un problème particulier aux auteurs débutants. J'ai eu autrefois, au Maui Writers Retreat, un élève que j'ai été obligée, en désespoir de cause, d'envoyer vers quelqu'un d'autre parce que j'avais beau m'escrimer à lui expliquer le point de vue et le ton, il n'arrivait absolument pas à comprendre de quoi il s'agissait.

Voyons si j'aurai plus de succès avec vous. Je vais commencer par le point de vue.

Pour dire les choses le plus simplement possible, le point de vue est ce que fait l'auteur en choisissant celui par les yeux de qui l'histoire sera racontée. Bernays et Painter[1] prennent l'exemple de l'accident de la circulation : il y a eu un accident quelque part, la police arrive et prend les dépositions des témoins. Eh bien, le récit de l'accident diffère légèrement selon le point de vue exprimé. La personne qui se trouve au volant de la voiture qui a été accidentée par un chauffard ivre aura de l'histoire une « vision » différente de celle de sa passagère qui ne portait pas sa ceinture de sécurité et qui a traversé le pare-brise au moment du choc. Le conducteur ivre aura encore un autre point de vue. Les passants donneront chacun leur version des événements, de même que les ambulanciers qui s'occupent de la femme qui a traversé le pare-brise, et les pompiers qui devront utiliser la pince de désincarcération[2] pour extraire la conductrice innocente de son véhicule.

En d'autres termes, comme le souligne James Frey, le point de vue définit simplement l'endroit où le narrateur se tient par rapport aux autres personnages et aux événements du récit[3]. Est-ce un témoin invisible qui joue le rôle de reporter, de journaliste-*rapporteur*, exposant « juste les faits, m'dame » ? Est-ce une puissance omnisciente, capable de révéler les pensées et

---

1. Bernays et Painter, *What If ?*, *op. cit.*
2. Les mâchoires de la vie (*jaws of life*), comme on appelle si joliment en anglais les espèces de mandibules qui servent à déplacer ou à déformer les voitures accidentées. (*N.d.l.T.*)
3. James N. Frey, *How to Write a Damn Good Novel*, *op. cit.*

les sentiments des personnages au fur et à mesure du déroulement de l'action ? Ou n'est-ce qu'un des personnages de l'histoire ? D'ailleurs, tout bien réfléchi, le point de vue est-il celui d'une *personne* au sens propre du terme ?

Il faut un point de vue à votre roman, et vous serez fort avisé de réfléchir à la question très en amont du processus. C'est un outil capital du métier, parce que cela fait partie de la façon dont l'auteur dramatise les événements[1]. Comme vous le verrez (du moins, je l'espère), le point de vue joue aussi un rôle capital pour la structuration de l'histoire, et généralement dans le projet artistique qui sous-tend le roman. Utilisé avec constance d'un bout à l'autre du livre, le point de vue permettra à vos lecteurs cette fameuse « suspension d'incrédulité », tout en définissant aussi une sorte d'image d'autorité qui apportera de la crédibilité à l'histoire, même si c'est l'œuvre d'imagination la plus débridée et la plus ébouriffante jamais écrite.

Puisque je vous encourage à prendre très tôt des options concernant le point de vue, j'imagine que cela vous aidera de savoir comment vous y prendre. Pour cela, vous devez d'abord savoir quel choix s'offre à vous.

Le premier est le *point de vue objectif*. L'auteur qui opte pour ce point de vue s'engage à rester constamment à l'extérieur de ses personnages et à écrire dans un style journalistique, comme un reporter. Il ne livre que des faits ; à aucun moment il ne révèle les pensées et les sentiments des personnages, leur attitude, leurs préoccupations, leurs obsessions, leurs désirs ou leurs projets. Tout ce qui participe du fonctionnement interne des personnages est résolument exclu de la narration.

1. Oakley Hall, *The Art and Craft of Novel Writing*, Cincinnati, Writer's Digest Books, 1989.

Ce point de vue est difficile à rendre efficacement. D'abord, il est difficile d'élaguer une histoire pour la réduire à sa plus simple expression. L'auteur qui se risque à cet exercice s'en remet complètement au lecteur, il doit être sûr de pouvoir compter sur sa capacité à affecter le lecteur uniquement par le biais d'une description souvent austère des événements. Il doit s'en remettre à l'imagination du lecteur et à sa faculté d'empathie. Il abdique quasiment tout contrôle sur lui et renonce plus ou moins à toute tentative de manipulation.

Regardez ces paragraphes d'ouverture du « Village indien », d'Ernest Hemingway :

Un second canot avait été tiré au bord du lac. Les deux Indiens, debout, attendaient.

Nick et son père se mirent à l'arrière du bateau, les Indiens le poussèrent et l'un d'eux y monta et prit les rames. L'Oncle George s'assit à l'arrière du canot du camp. Le jeune Indien poussa le canot à l'eau et y monta pour emmener l'Oncle George.

Les deux bateaux s'enfoncèrent dans l'ombre. Nick entendait le bruit des taquets de l'autre bateau à une bonne distance en avant du leur. Les Indiens hachaient rapidement l'eau de leurs rames. Nick était renversé en arrière, le bras de son père passé autour de lui. Il faisait froid sur l'eau. L'Indien qui les conduisait ramait ferme, mais l'autre bateau les précédait toujours dans la brume.

« Où allons-nous, papa ? demanda Nick.

— Chez les Indiens. Il y a une Indienne qui est très malade.

— Ah ! » dit Nick.

De l'autre côté de la baie, ils trouvèrent l'autre bateau hors de l'eau. L'Oncle George fumait son cigare dans l'obscurité. Le jeune

Indien tira le bateau sur la plage. L'Oncle George donna des cigares aux deux Indiens.

Laissant la plage derrière eux, ils traversèrent une prairie trempée par la rosée, à la suite du jeune Indien qui portait une lanterne. Puis ils s'enfoncèrent dans un bois et prirent un sentier jusqu'à la route des bûcherons qui menait aux collines. Comme les futaies étaient coupées de chaque côté de la route, il y faisait beaucoup plus clair. Le jeune Indien s'arrêta et souffla sa lanterne, puis ils se mirent tous en marche le long de la route.

Ils arrivèrent à un tournant et un chien s'avança en aboyant. Devant eux il y avait les lumières des cabanes où les Indiens, des écorceurs d'arbres, vivaient. D'autres chiens se précipitèrent sur eux. Les deux Indiens les renvoyèrent aux cabanes. Dans la cabane la plus près de la route, il y avait une lumière à la fenêtre. Une vieille femme se tenait sur le pas de la porte avec une lampe.

À l'intérieur, sur une couchette de bois, une jeune Indienne était étendue. Depuis deux jours, elle essayait d'avoir son enfant. Toutes les vieilles du camp s'y étaient mises. Les hommes s'étaient transportés en haut de la route pour s'asseoir dans l'ombre et fumer, loin du bruit qu'elle faisait. Elle cria juste au moment où les deux Indiens et Nick entrèrent dans la cabane à la suite du père de celui-ci et de l'Oncle George. Elle était étendue dans la couchette du bas, très grosse sous le couvre-pieds, la tête tournée de côté. Son mari était dans la couchette au-dessus. Trois jours avant il s'était sérieusement coupé le pied avec une hache. Il fumait sa pipe. Ça sentait très mauvais dans la chambre.

Le père de Nick fit mettre de l'eau sur le poêle et, tandis qu'elle chauffait, il parlait avec Nick.

« Cette dame va avoir un bébé, Nick, dit-il.

— Je sais, dit Nick.

— Tu ne sais rien, dit son père. Écoute-moi. Ce qu'elle est en train de subir s'appelle être en travail. L'enfant veut naître et elle veut qu'il naisse. Tous ses muscles s'efforcent de faire naître le bébé. C'est ce qui se passe quand elle crie.

— Je comprends », dit Nick.

À ce moment, la femme poussa un cri.

« Oh ! papa, tu ne peux pas lui donner quelque chose pour l'empêcher de crier ? demanda Nick.

— Non. Je n'ai pas d'anesthésique, dit son père. Mais ses cris n'ont pas d'importance. Ils n'ont pas d'importance et je ne les entends pas. »

Dans la couchette au-dessus, le mari se tourna vers le mur[1].

C'est de Nick que nous sommes les plus proches, c'est vrai. Mais nous ne sommes pas dans sa tête. Nous restons à une certaine distance de lui alors que le narrateur objectif raconte les événements au fur et à mesure qu'ils se produisent. Il n'y a pas de montage. On ne plonge pas dans la psychologie de l'un ou l'autre des personnages. Il n'y a que ce qui arrive. Et ce qui se passe dans l'histoire est si terrible que l'horreur est finalement intensifiée par le manque même de réaction interne de la part des personnages ; c'était manifestement ce que voulait Hemingway. Après tout, « ce n'étaient que des Indiens ».

Quand l'auteur souhaite créer une aura d'intrigue autour d'un personnage ou d'une situation, il peut

1. Ernest Hemingway, « Le Village indien » (« *Indian Camp* »), trad. Ott de Weymer, Gallimard, 1928.

aussi décider de recourir à la narration objective. C'est exactement ce que Stephen King fait dans *L'Accident* avec le mystérieux Mr Smith :

À deux heures trente de l'après-midi, le 26 décembre 1978, Bud Prescott s'occupait d'un grand type hagard, aux cheveux grisonnants et aux yeux injectés de sang. Bud était l'un des trois employés du magasin d'articles de sport de Phoenix dans la 4ᵉ rue. En ce lendemain de Noël, la plus grosse partie du travail consistait à échanger des articles, mais ce client-ci était bel et bien un acheteur. Il souhaitait acquérir un bon fusil, léger et rapide. Bud lui en montra plusieurs. Le lendemain de Noël était un jour calme. Quand les hommes reçoivent une arme en cadeau de Noël, rares sont ceux qui l'échangent pour, par exemple, une canne à pêche.

Le type en question examina soigneusement les différents modèles avant de se décider finalement en choisissant un Remington 700, calibre 243. Un très beau fusil, recul léger et haute précision. Le nom qu'il porta sur le registre, John Smith, parut si courant au vendeur qu'il pensa qu'il venait d'enregistrer un nom bidon, ce qui ne lui était encore jamais arrivé au cours de sa carrière. John sortit des billets de 20 dollars d'un portefeuille qui en était bourré et paya comptant. Il prit l'arme sur le comptoir, et Bud, histoire de se moquer un peu de lui, lui proposa de faire graver gratuitement ses initiales sur la crosse. John Smith se contenta de hocher la tête.

Quand « Smith » quitta le magasin, Bud remarqua qu'il boitait assez fortement. Ce ne serait pas un problème s'il fallait l'identifier par la suite, pensa-t-il, avec cette claudication et ces cicatrices au cou.

À dix heures trente, le 27 décembre, un homme maigre, boitant, entra dans une maroquinerie de Phoenix et s'approcha d'un vendeur, Dean Clay. Par la suite, Dean Clay devait déclarer qu'il avait remarqué ce que sa mère appelait une tache de feu dans les yeux de son client. Celui-ci désirait acheter une mallette et choisit un très bel article à 149,95 dollars ; il le paya comptant en billets de 20 dollars neufs. Toute l'opération ne prit pas plus de dix minutes. En sortant du magasin, le type tourna à droite. Dean Clay ne devait pas le revoir avant de le reconnaître sur une photo publiée dans le *Phoenix Sun.*

Plus tard, au cours de la même matinée, un homme aux cheveux grisonnants s'approcha, à la gare de Phoenix, du guichet de Bonita Alvarez et se renseigna sur les horaires des trains pour New York. Bonita lui indiqua les correspondances et, après avoir pianoté sur son clavier, lui délivra un billet pour le 3 janvier.

« Alors pourquoi... commença l'homme, puis il s'arrêta et porta une de ses mains à sa tête.

— Ça va, monsieur ?

— En plein dans la cible », dit l'homme.

Plus tard, Bonita devait expliquer à la police qu'elle était certaine de l'avoir entendu dire : en plein dans la cible.

« Monsieur ? Ça va ?

— J'ai mal à la tête, excusez-moi. »

Il essaya de sourire, mais ses efforts n'aboutirent à rien.

« Voulez-vous de l'aspirine ?

— Non, merci. Cela va passer. »

Elle remplit les formulaires et lui précisa qu'il arriverait à New York le 6 janvier au milieu de l'après-midi.

« Quel est le prix du billet ? »

Elle lui répondit et lui demanda s'il payait comptant.

« Oui », dit-il en sortant de son portefeuille une poignée de billets de 20 et de 10 dollars.

Elle les compta, lui rendit sa monnaie et lui donna son billet.

« Votre train part à dix heures trente, monsieur Smith. S'il vous plaît, soyez ici vers dix heures dix.

— Entendu, merci. »

Bonnie lui adressa un large sourire professionnel. Mais Mr Smith s'était déjà retourné, son visage extrêmement pâle et empreint de souffrance.

Elle était certaine qu'il avait dit : en plein dans la cible[1].

Si vous avez remarqué que, dans la première partie, King s'écartait légèrement de la narration objective pour s'aventurer brièvement dans la tête de Bud et traduire ses pensées, vous avez absolument raison. Mais c'est le seul moment de ce genre dans un groupe de scènes qui, sinon, sont observées de façon tout à fait objective.

Ce qu'il est important de garder en mémoire à propos de ce point de vue, c'est que c'est celui qui offrira le plus faible degré d'intimité au lecteur. Son but est de tenir le lecteur à distance de l'histoire, d'en faire un observateur critique des événements. Si vous voulez l'accrocher en le faisant entrer dans le cœur et l'âme de vos personnages, ce n'est évidemment pas le point de vue à utiliser.

1. Stephen King, *L'Accident (The Dead Zone)*, trad. Richard Matas, Jean-Claude Lattès, 1983.

Pour ça, le *point de vue omniscient* pourrait fonctionner, mais de tous les points de vue, c'est celui qui exige la main la plus experte pour que l'omniscience soit véritablement maintenue, et que ce ne soit pas un simple prétexte pour entrer et sortir de la tête des différents personnages de façon désordonnée. Si vous optez pour ce point de vue, votre narrateur devient une sorte de dieu qui parle avec une autorité divine. Le narrateur sait, voit et entend tout. Pour cela, il peut se mettre à la place de tous les personnages. Il a la liberté d'explorer tout ce qui peut nourrir le sujet du roman, prolonger l'intrigue ou révéler le caractère des personnages. Si l'auteur a un bon style littéraire et – surtout – quelque chose à dire sur les personnages, le thème, le décor, l'intrigue, l'époque, etc., alors le point de vue omniscient peut être le ticket gagnant.

Notez quand même qu'un petit détail de ce point de vue en fait un défi extrême. Bien rendu, habilement maîtrisé, le narrateur omniscient n'exprime pas forcément la vision de l'auteur. C'est le point de vue d'un narrateur embarqué dans une aventure *dont il sait tout*, pour en décrire ou en traduire les événements successifs. Ce narrateur omniscient doit donc posséder l'élément le plus important de tous les autres points de vue, sauf le point de vue objectif : une voix. Et la voix s'accompagne d'un ton et d'une attitude. Nous y reviendrons.

Jetons d'abord un coup d'œil à un bel exemple de narration omnisciente de l'ouverture du livre d'Alice Hoffman, *Seul parmi les loups* :

En avril, à part quelques infirmières qui se signaient en passant devant sa chambre, personne ne pensait plus à lui. Le planton qui montait la garde devant sa porte et se contentait pratiquement, depuis trois mois, de feuilleter des magazines en sifflant des litres de café, se vantait à qui voulait l'entendre que, par les nuits de pleine lune, il avait besoin d'une chaise et d'un fouet de dompteur pour déposer le plateau-repas dans la pièce. En réalité, il n'avait jamais osé jeter un coup d'œil à l'intérieur, au lit dont on changeait les draps toutes les semaines, alors que personne n'y dormait.

Celui qui occupait la chambre n'avait pas de nom. Il ne regardait pas les gens dans les yeux et même après tous ces mois de travail avec les orthophonistes, il se refusait à émettre le moindre son, du moins en présence de quelqu'un. Officiellement, il portait le matricule 3119, mais le personnel hospitalier ne l'appelait que l'Homme-loup, bien que ce soit formellement interdit. Il était d'une maigreur terrifiante et il avait, à l'intérieur de la cuisse, une longue estafilade depuis longtemps cicatrisée, mais qui prenait encore une couleur violacée les jours de pluie ou de grand froid. Il avait eu le pied plâtré pendant deux mois, jusqu'à ce que la reconstruction soit consolidée, mais cela mis à part, il était en étonnamment bonne santé. Comme on ne connaissait pas sa date de naissance, les infirmières du Kelvin Medical Center avaient arbitrairement fixé son anniversaire au mois de janvier. Elles s'étaient cotisées pour lui acheter un pull de laine bleue en solde chez Bloomingdale's, et l'une des cuisinières avait fait un gâteau en forme d'ange, avec un glaçage dessus. Mais elles avaient encore de l'espoir pour lui, à ce moment-là : il avait appris à s'habiller tout seul et à se servir d'une fourchette. Maintenant, elles le laissaient dans son coin, et il restait la plupart du temps assis sans bouger, devant sa fenêtre. Et quand le soleil filtrait entre les barreaux, certaines auraient juré que ses yeux devenaient jaunes.

La veille de son transfert vers le nord de l'État, on fit venir le coiffeur pour lui couper les cheveux. Pas besoin de balai : le corbeau perché sur le rebord de la fenêtre n'attendait que l'occasion de se faufiler à l'intérieur afin de récupérer les mèches pour son nid. Une employée du labo qui avait eu le courage de jeter un coup d'œil par la vitre ménagée dans la porte avait vu un jour l'Homme-loup manger tranquillement pendant que le corbeau picorait à même son assiette. À présent, l'oiseau regardait d'un œil attentif les assistants attacher l'Homme-loup sur une chaise et lui maintenir la tête en arrière. Le coiffeur ne voulait pas prendre de risques ; il n'y avait rien de pire que les morsures humaines, c'était bien connu. Pour gagner du temps, il avait remplacé ses ciseaux par un rasoir et bredouillait une prière tout en s'affairant.

Le lendemain matin, deux infirmiers aidèrent l'Homme-loup à enfiler le paletot noir qu'on lui reprendrait sitôt arrivé à l'hôpital de l'État. En effet, il n'en ferait plus jamais rien, alors qu'un autre malade pourrait en avoir besoin. La cuisinière qui avait fait le gâteau d'anniversaire en forme d'ange fondit en larmes. Elle prétendit l'avoir vu sourire au moment où elle avait allumé les bougies, mais personne ne la crut, en dehors du garde posté devant la porte, que cette nouvelle affola au point qu'il se rongea les ongles jusqu'au sang.

La cuisinière s'était aperçue que l'Homme-loup ne mangeait que de la viande crue. Il aimait les pommes de terre crues également, et ne touchait ni à la salade, ni aux desserts. Pour son dernier repas, un petit déjeuner, elle prit un steak haché et lui fit faire un aller et retour dans la poêle. Tant pis si la viande crue était mauvaise pour la santé et si les autres patients préféraient des toasts et des céréales, elle tenait à ce qu'il ait ce qu'il préférait. Elle songea brièvement à cacher un couteau ou un tournevis dans sa serviette, parce qu'elle savait que, sitôt la dernière bouchée avalée, on lui passerait les menottes et on le confierait à un employé des services sociaux qui l'accompagnerait le long de l'Hudson, jusqu'à l'hôpital d'État. Dans l'après-midi, il serait admis dans un service d'où on ne ressortait jamais. Mais la cuisinière résista à cette tentation, et quand l'Homme-loup eut fini son repas, les infirmiers l'aidèrent à s'habiller, puis ils lui mirent son pardessus et ses menottes, rapidement, par-derrière, sans lui laisser le temps de se débattre.

Dans le couloir, devant la porte, le garde monta le son de son baladeur au maximum et mit ses lunettes de soleil, bien que le ciel d'avril fût couvert. Ses amis aimaient l'entendre raconter qu'il fallait cinq solides gaillards pour maintenir l'Homme-loup quand on lui faisait une prise de sang ou un vaccin contre la rougeole ou le tétanos, et comment il s'accroupissait et tournait trois fois en rond avant de se rouler en boule, le dos au mur, pour dormir. Il ne se faisait pas prier pour raconter ces histoires à ses copains, quand ils descendaient ensemble force bières bien fraîches. Mais ce qu'il ne leur disait jamais, c'était que, par les nuits d'orage, entre deux coups de tonnerre, il lui était arrivé plus d'une fois de l'entendre geindre de l'autre côté de la porte, et cette plainte était si pitoyable qu'elle le glaçait jusqu'aux os et lui fendait le cœur[1].

1. Alice Hoffman, *Seul parmi les loups (Second Nature)*.

Vous remarquerez que le narrateur omniscient présente toutes les apparences d'un conteur. Il ou elle raconte les événements de la même façon que le narrateur objectif. Mais, contrairement au narrateur objectif, le narrateur omniscient nous fait ressentir l'histoire qui se déroule derrière ces personnages en même temps qu'il nous révèle ce qui se passe dans leur tête et dans leur cœur. À la lecture, on a l'impression absolue de plonger dans une histoire, d'être emporté dans un conte comme si on l'écoutait assis autour d'un feu de camp. Beaucoup de choses sont explorées en quelques pages seulement parce que le narrateur omniscient n'est pas confiné au temps ou au lieu d'une scène donnée qui serait rendue par un personnage-point de vue fort.

Ce qui nous amène au groupe de points de vue suivant : les *personnages-point de vue*.

Ce terme recouvre la décision de raconter l'histoire par les yeux d'un ou de plusieurs personnages qui y prend ou y prennent généralement une part active. L'auteur qui recourt à ce point de vue s'engage vis-à-vis du lecteur à ne révéler que ce que le personnage choisi pour donner son point de vue verra, saura, pensera ou ressentira dans chaque scène à laquelle il prendra part.

Des personnages-point de vue, il y en a une flopée, qui rentrent tous dans l'un de ces deux modèles : le personnage-point de vue unique et les personnages-point de vue multiples. Examinons d'abord le personnage-point de vue unique.

La plupart des gens connaissent la *première personne*. L'auteur qui utilise ce point de vue écrit un roman dont l'histoire est racontée par le personnage principal. Le mot clé est Je. Les auteurs débutants recourent souvent à ce point de vue parce qu'il paraît plus simple. Ce n'est qu'une apparence, mais nous y reviendrons. D'abord, assurons-nous que nous sommes bien d'accord sur ce qu'on entend par première personne.

L'auteur qui écrit un roman à la première personne conserve le même narrateur du début jusqu'à la fin. Il est dans la tête de ce personnage à l'exclusion de tout autre, et c'est lui qui raconte l'histoire au lecteur. Ce procédé permet au lecteur de s'identifier fortement avec le personnage.

L'avantage, c'est qu'en mettant le lecteur dans la peau et la psychologie d'un personnage étroitement lié aux événements à venir, l'auteur génère une formidable impression d'intimité et ajoute à l'authenticité du récit. Le personnage principal peut expliquer ses motivations et ses actes, les rendant crédibles – et apportant de la crédibilité à l'histoire tout entière.

Ce point de vue présente malgré tout des inconvénients, dont le plus sérieux est le problème que cela peut poser pour la construction de l'intrigue. Un narrateur à la première personne est constamment en scène. Par conséquent, le séquencier devra indiquer nettement, et suffisamment à l'avance, les relations causales entre les scènes. Et, j'insiste, le lecteur ne pourra voir, entendre et savoir que ce que le narrateur verra, entendra et saura. Finalement, à moins que vous n'écriviez une autobiographie, la voix du narrateur à la première personne ne peut pas être votre voix. Comment pourrait-elle l'être, à moins que vous ne soyez un personnage de votre propre roman ?

Si vous aimez la première personne, utilisez-la, assurément. Rappelez-vous seulement que, chaque fois que vous écrirez un roman à la première personne, vous devrez développer une nouvelle voix pour votre narrateur. Sauf, bien sûr, si vous écrivez une série reprenant toujours le même narrateur à la première personne, comme Kinsey Millhone dans les romans de Sue Grafton.

Étudions maintenant la force du point de vue à la première personne dans le passage suivant de *Une lueur dans la nuit*, de Susan Isaacs :

En 1940, j'avais trente et un ans, j'étais encore célibataire, et alors que le monde entier redoutait l'entrée en guerre, moi je m'amourachais de John Berringer.

Une histoire de boulot. Belle histoire en vérité ! Depuis l'invention du bloc sténo, je doute qu'il se soit passé un jour sans qu'une secrétaire ne lève les yeux de ses hiéroglyphes et ne s'avise subitement que le seul et unique mâle de la planète susceptible de faire son bonheur était le bonhomme qui marmonnait « ... conformément aux termes de la présente... ».

Voilà donc où j'en étais : le stéréotype de l'employée du Queens armée d'un crayon 2H qui en pinçait pour un fleuron du barreau tout droit sorti d'une grande université de la côte Est.

Pour tout arranger, John Berringer n'avait rien à voir avec le prototype de l'avocat d'affaires à la mode de Wall Street, le genre gris de la tête aux pieds, le costume juste deux tons plus foncé que la figure. Il est compréhensible, certes, qu'une fille puisse s'amouracher d'un individu aussi peu folichon. Quoi de plus sinistre qu'une chambre de vieille fille ? Et dans une vie qui ressemble à un enterrement de première classe, on a vite fait de trouver des airs de prince charmant à n'importe quel avocat carrossé comme un crapaud : un coup de baguette magique et hop ! c'est Éros qui frappe à la porte en costume trois pièces[1].

1. Susan Isaacs, *Une lueur dans la nuit (Shining Through)*.

135

Vous avez remarqué la forte personnalité de sa narratrice ? Vous avez entendu sa voix ? Souvenez-vous-en. Nous regarderons tout ça de plus près quand nous aborderons la question du ton.

L'autre personnage-point de vue unique est la troisième personne. Quand vous prenez la décision d'utiliser ce style narratif, vous racontez l'histoire par l'intermédiaire des yeux d'un unique personnage à la troisième personne – il ou elle –, et tous les événements du roman sont filtrés par la conscience de cet unique personnage. Vous parlez du personnage. Vous saisissez son ton, mais vous n'adoptez pas sa persona et vous ne vous mettez pas dans sa peau.

Les avantages de ce point de vue sont plus ou moins similaires aux avantages de la première personne. Vous invitez votre lecteur à entrer dans l'intimité d'un personnage dont les motivations peuvent être explorées à fond. Vous pouvez rendre ses expériences individuelles avec une grande vivacité pour le lecteur. Il vous suffit de développer une voix narrative.

Cela dit, les inconvénients sont les mêmes. Vous affrontez les mêmes défis au moment de tramer votre intrigue, puisque ce personnage unique sera dans toutes les scènes, même s'il n'en est pas le personnage central. Votre écriture devra le faire émerger avec force parce qu'il est votre principal atout, sinon le seul, pour établir un lien avec le lecteur. Si le lecteur doit s'identifier avec l'un des personnages, il est vraisemblable que ce sera le personnage-point de vue.

Regardez comment, dans l'ouverture de *Havana Bay*, Martin Cruz Smith nous installe fermement dans le point de vue d'Arkady Renko :

> Une vedette de la police braqua un projecteur sur les pilots goudronnés qui baignaient dans la mer, illuminant soudain une scène

plongée dans l'obscurité. De l'autre côté de la baie, on ne distinguait de La Havane qu'une rangée de lampadaires le long de la digue. Dans le ciel les étoiles brillaient, au ras de l'eau les feux de mouillage scintillaient. À cela près, le port était une mare immobile dans la nuit.

Des canettes de bière, des casiers à homards, des flotteurs de filets de pêche, des matelas, des débris de polystyrène hérissés d'algues dérivaient sur la mer tandis qu'une équipe d'enquêteurs de la Policía nacional de la Revolución prenait des photos au flash. Enveloppé dans un manteau de cachemire, Arkady attendait en compagnie d'un certain capitaine Arcos, un petit homme au torse puissant qui semblait avoir été repassé dans son treillis militaire, et d'un grand Noir anguleux, le sergent Luna. L'inspecteur Osorio, une petite femme brune en uniforme bleu de la PNR, lançait à Arkady des regards de chatte en colère. Rufo, un Cubain de l'ambassade de Russie, servait d'interprète. Il traduisit les paroles du capitaine :

— C'est très simple : vous voyez le corps, vous identifiez le corps, vous rentrez chez vous.

— Ça a l'air simple, en effet.

Arkady s'efforçait d'être aimable, même si Arcos s'éloignait déjà comme si tout contact avec un Russe pouvait être contagieux.

Chez Osorio, les traits fins d'une ingénue s'alliaient à l'expression sinistre d'un bourreau. Elle parla, et Rufo expliqua :

— L'inspecteur dit que nous suivrons la méthode cubaine. Pas la méthode russe ni la méthode allemande. La méthode cubaine. Vous verrez.

Jusqu'à présent, Arkady n'avait pas vu grand-chose. Dès qu'il avait atterri, cette nuit même, Rufo l'avait enlevé. Ils roulaient en taxi vers la ville lorsque ce dernier avait reçu sur son portable un appel qui les avait fait dévier vers la baie. Déjà, Arkady avait l'impression d'être un importun et un gêneur.

Rufo arborait une chemise à fleurs flottante et une vague ressemblance avec un Mohammed Ali âgé et doux.

— L'inspecteur dit qu'elle espère que ça ne vous ennuie pas de découvrir la méthode cubaine.

— Je m'en ferai une joie, rétorqua Arkady, en hôte parfait. Pourriez-vous lui demander quand le corps a été découvert ?

— Il y a deux heures, par la vedette.

— Hier, l'ambassade m'a envoyé un message m'avertissant que Pribluda avait des ennuis. Pourquoi l'ont-ils fait avant même que vous découvriez un cadavre ?

— Elle dit que vous demandiez à l'ambassade. Elle ne s'attendait certainement pas à voir arriver un enquêteur.

L'honneur professionnel semblait être en jeu et, sur ce terrain, Arkady se sentait totalement dépassé. Comme Colomb sur le pont de sa caravelle, le capitaine Arcos scrutait l'obscurité d'un regard impatient, Luna rôdant dans son ombre. Osorio avait fait dresser des barrières et tendre un ruban sur lequel on lisait : *NO PASEO*. Lorsque survint un motard de la police en casque blanc avec des éperons à ses bottes, elle le congédia d'un cri qui aurait rayé de l'acier. Des hommes en tee-shirt sortis on ne sait d'où s'étaient agglutinés le long du ruban dès qu'on l'avait déroulé. Qu'y avait-il donc dans une mort violente qui valait tous les rêves ? se demanda Arkady. La plupart des badauds étaient noirs. La Havane était bien plus africaine qu'Arkady ne l'aurait cru, même si les logos inscrits sur leurs tee-shirts étaient américains.

L'un d'eux trimbalait une radio qui chantait : « *La fiesta no es para los feos. Qué feo es, señor. Super feo, amigo mío. No puedes pasar aquí, amigo. La fiesta no es para los feos.* »

— Qu'est-ce qu'elle raconte ? demanda Arkady à Rufo.

— La chanson ? « Cette fête n'est pas pour les pauvres cloches. Désolé, mon ami, tu ne peux pas venir. »

Pourtant, songea Arkady, je suis là[1].

Vous avez noté que Cuba, et plus précisément La Havane, nous apparaît telle qu'Arkady la ressent lui-même. C'est un endroit nouveau et exotique pour le personnage, ce qui laisse à Martin Cruz Smith toute latitude pour le décrire intimement et même d'une façon flamboyante pour nous, pour que nous le voyons comme un étranger le verrait, comme il l'a sans doute découvert lui-même quand il y est allé en repérage.

Cela dit, pour certains auteurs, le personnage-point de vue unique est trop restrictif. Ils veulent pouvoir s'offrir le luxe de plonger dans plusieurs esprits, alors ils choisissent le point de vue à personnages multiples, dont le premier est la première personne changeante.

Ça ressemble à un individu qui serait affligé du syndrome de personnalités multiples. En réalité, c'est un style de narration où les différentes sections, ou des chapitres alternés d'un roman, sont racontées par un narrateur à la première personne différent. Certains événements peuvent parfois même être vus par des yeux différents au fur et à mesure de l'avancement du

---

1. Martin Cruz Smith, *Havana Bay*, trad. Jean Rosenthal, Robert Laffont, 2000.

récit ; souvent, avec ce style de narration, le roman couvre une longue période de temps.

Le défi principal lorsqu'on choisit cette narration à plusieurs voix vient du fait que tous les *Je* doivent être radicalement différents les uns des autres. En outre, chaque fois qu'un *Je* apparaît dans le récit, il doit être cohérent avec ses apparitions précédentes. Il doit avoir un ton distinct, un style distinct, une syntaxe distincte, et il faut un sacré talent de créateur de personnages pour que le lecteur se sente en empathie avec chacun des *Je*.

C'est exactement ce que fait Barbara Kingsolver dans *Les Yeux dans les arbres*. On y trouve trois narrateurs principaux, Leah, Ruth May et Rachel Price, des sœurs qui sont envoyées en Afrique avec leur père, missionnaire, pour convertir les indigènes.

Nous entendons d'abord Leah :

> Nous sommes partis de Bethlehem, en Géorgie, en emportant avec nous au fond de la jungle nos boîtes de mélanges Betty Crocker. Mes sœurs et moi, nous comptions bien fêter nos anniversaires au cours de cette mission de douze mois. « Et Dieu sait, avait prédit notre mère, qu'ils n'auront pas ce genre de produits au Congo. »
>
> « Là où nous allons, il n'y aura ni acheteurs ni vendeurs », avait rectifié mon père. Le ton impliquait que Mère n'avait pas saisi tout le sens de notre mission et qu'en se préoccupant de produits Betty Crocker, elle rejoignait les pêcheurs aux espèces sonnantes qui avaient agacé Jésus au point de lui faire piquer une crise et de les chasser du temple. « Là où nous allons, dit-il, pour rendre les choses parfaitement claires, il n'y aura même pas de supermarchés Piggly Wiggly. » De toute évidence, Père y voyait un point positif en faveur du

Congo. J'en eus de spectaculaires frissons dans le dos rien que d'y penser[1].

Voilà un passage riche de détails, et narré avec force. On a manifestement affaire à une jeune fille parfaitement consciente de l'ironie de ses propos. Son intelligence est évidente, et son esprit et sa vivacité ne laissent pas indifférents.

Ensuite, nous entendons Ruth May :

> Le bon Dieu dit que les Africains viennent des Tribus de Cham. Cham était le plus méchant des trois fils de Noé qui s'appelaient Sem, Cham et Japhet. Chaque personne descend par son arbre généalogique d'un de ces rois-là, c'est tout, parce que le bon Dieu, il a fait une grande inondation et il a noyé tous les gens qui commettaient des péchés. Mais eux, Sem, Cham et Japhet, ils sont montés dans le bateau, alors c'est qu'ils étaient bien.
>
> Cham était le plus jeune, comme moi, et il était méchant. Moi aussi, quelquefois, je suis méchante. C'est quand ils sont descendus de l'arche et qu'ils ont laissé sortir les animaux que c'est arrivé. Un jour, Cham a découvert Noé, son papa, qui dormait couché par terre tout nu et saoul comme un cochon, il a trouvé ça rudement rigolo. Les deux autres frères ont mis une couverture sur lui, mais Cham s'est mis à rire à s'en faire péter la culotte. Quand Noé s'est réveillé, il a su toute cette histoire grâce à ses rapporteurs de fils. C'est pour ça que Noé a condamné tous les enfants de Cham

1. Barbara Kingsolver, *Les Yeux dans les arbres (The Poisonwood Bible)*, trad. Guillemette Belleteste, Éditions Payot et Rivages, 1999.

à être des esclaves pour toujours, toujours.
C'est pour ça qu'ils sont devenus noirs[1].

La différence de narration est flagrante. Le récit
abonde en indices : nous avons affaire à une petite fille
exubérante, pleine d'innocence et absolument pas pré-
parée à ce qui attend sa famille au Congo.
Nous entendons enfin Rachel :

> Oh mon Dieu, mon Dieu, alors ça y est, il
> va falloir y passer ? ai-je pensé du Congo dès
> l'instant où nous y avons posé le pied. On est
> censés reprendre les affaires en main ici, mais
> moi je n'ai pas l'impression qu'on va être res-
> ponsables de quoi que ce soit, ne serait-ce que
> de nous-mêmes. Père avait prévu une de ses
> grandes réunions de prière en cérémonie
> d'accueil, preuve que le bon Dieu nous avait
> filé le train jusqu'ici et qu'il avait bien l'inten-
> tion de s'installer. Mais quand nous sommes
> sortis de l'avion en trébuchant à moitié sur le
> terrain avec nos sacs, nous nous sommes trou-
> vés cernés par des Congolais – Seigneur ! –
> au milieu d'une bagarre de chants. Vraiment
> charmant. Nous avons eu droit à une fumiga-
> tion d'odeurs de transpiration. J'aurais dû
> bourrer mon sac de ces tampons désodorisants
> qui tiennent le coup cinq jours.
>
> J'ai cherché mes sœurs des yeux pour leur
> dire : « Hou ! hou ! Ade, Leah, ça ne vous sou-
> lage pas d'avoir votre savon Dial sous la
> main ? Ce serait pas mal si tout le monde en
> faisait autant, non ? » Pas moyen de dénicher
> l'une ou l'autre des jumelles, mais j'ai aperçu
> Ruth May sur le point de tomber en pâmoison

---

1. Barbara Kingsolver, *Les Yeux dans les arbres*, *op. cit.*

pour la deuxième fois de la journée. Elle avait les yeux révulsés, on ne lui en voyait pratiquement plus que le blanc. Je ne sais pas ce qui la travaillait, mais elle résistait de toutes ses forces. C'est fou ce que Ruth May est tenace pour ses cinq ans, elle ne raterait pas une occasion de réjouissance pour tout l'or du monde[1].

Si vous faites attention au vocabulaire que Kingsolver emploie rien qu'au premier paragraphe, vous verrez comment elle crée avec Rachel un personnage rigoureusement différent de Leah : « Oh mon Dieu, mon Dieu », « ça y est, il va falloir y passer », « une de ses grandes réunions de prière en cérémonie d'accueil » et « une bagarre de chants ». Le langage de Leah est châtié, celui de Rachel plus relâché. Ajoutez à cela ses impropriétés occasionnelles – « Dieu nous *avait filé le train* jusqu'ici » (les italiques sont de moi) – et le lecteur a vraiment l'impression de voir Rachel faire une bulle de chewing-gum tout en racontant son histoire.

Le défi de Kingsolver consistait à maintenir les voix des différents narrateurs d'un bout à l'autre du roman. Elle y est parvenue.

L'autre narration à plusieurs voix est le point de vue à la troisième personne changeante : c'est un procédé qui consiste à raconter l'histoire à la troisième personne du point de vue de plusieurs personnages, le personnage changeant selon les scènes, les chapitres ou les sections. Il n'y a pas de changement de point de vue au cours d'une scène, à moins que l'auteur ne trouve un moyen de le faire sans à-coups.

J'aime ce point de vue. C'est celui que j'ai utilisé jusque-là dans tous mes romans, sauf deux (dans lesquels

1. Barbara Kingsolver, *Les Yeux dans les arbres, op. cit.*

j'ai combiné ce point de vue avec le point de vue à la première personne). Ce que j'apprécie dans ce point de vue, c'est qu'il me permet quand ça m'arrange de montrer à mes lecteurs ce que tout le monde mijote. Grâce à lui, je peux aller partout où ça me chante, entrer dans la tête de n'importe quel personnage à n'importe quel moment, faire monter le suspense, ajouter à la tension et accroître l'intérêt et l'excitation en laissant un personnage en suspens à la fin d'une scène ou d'un chapitre, et « faire parler » un autre personnage dans la scène ou le chapitre suivant.

Cela dit, il y a un revers à toute médaille, et le point de vue à la troisième personne changeante présente un inconvénient : chaque fois que je crée un nouveau point de vue, je dois légèrement changer de ton et de voix. Et pas brutalement, tout en finesse. Lorsqu'on adopte le point de vue à la troisième personne changeante, le contraste doit être moins affirmé qu'entre Leah, Rachel et Ruth May, par exemple.

Je prends, en outre, bien garde à la façon dont je rythme le roman. La multiplication des narrateurs a tendance à ralentir le récit. Il faut aussi décider à l'avance quel personnage sera le personnage-point de vue pour chaque scène. Mais je considère que ce sont des difficultés relativement insignifiantes à côté de la liberté, de la joie pure qu'offre la narration à plusieurs voix.

Voici quelques exemples de point de vue à la troisième personne changeante tirés de mon roman *Mémoire infidèle*. Le premier est du point de vue de Ted Wiley, un militaire en retraite qui vient d'épier la femme qu'il aime :

> C'est cette caresse – qui lui était réservée mais qui avait été prodiguée à un autre – qui attira Ted Wiley dehors alors qu'il faisait nuit. Il avait surpris le geste depuis sa fenêtre, sans

144

avoir l'intention d'épier mais à l'affût tout de même. L'heure : une heure du matin. Le lieu : Friday Street, Henley-on-Thames, à quelque soixante mètres du fleuve. Très exactement devant le cottage de la belle dont ils étaient sortis quelques instants plus tôt non sans avoir baissé tous les deux la tête pour éviter le linteau de cette bâtisse vieille de plusieurs siècles construite à une époque où hommes et femmes étaient plus petits, et où leur vie était plus clairement définie.

Ça lui plaisait, ça, à Ted Wiley, la définition des rôles. Mais pas à elle. Et s'il n'avait pas encore compris qu'Eugenie ne se laisserait pas facilement cataloguer comme sa femme et enfermer dans une boîte, Ted avait dû aboutir à cette conclusion lorsqu'il les avait surpris tous les deux – Eugenie et cet inconnu aux allures de grande asperge – sur le trottoir dans les bras l'un de l'autre.

C'est évident, s'était-il dit. Elle veut que je sois témoin de cette scène. Elle veut que je voie comment elle l'enlace, puis comment elle lui effleure la joue de sa main tandis que lentement il s'éloigne. Au diable cette femme. Elle *veut* que je voie cela[1].

Voyez le contraste entre cette façon de décrire la situation avec le passage suivant, raconté du point de vue de J. W. Pitchley, un autre personnage du même roman :

J. W. Pitchley, alias Langue de Velours, avait passé une excellente soirée. Il avait enfreint

1. E. George, *Mémoire infidèle (A Traitor to Memory)*, trad. Dominique Wattwiller et Jacques Martinache, Presses de la Cité, 2001.

la règle numéro un – ne jamais suggérer une rencontre à quelqu'un avec qui on avait eu des relations cybersexuelles – mais ça avait marché comme sur des roulettes. Ce qui prouvait une fois de plus que son instinct, dès lors qu'il s'agissait de choisir des fruits mûrs mais d'autant plus appétissants qu'ils avaient séjourné longtemps sur l'arbre, était aussi aiguisé qu'un instrument de chirurgie.

L'humilité et l'honnêteté le forçaient toutefois à reconnaître qu'il n'avait pas pris un si gros risque que ça. Après tout, une femme qui s'est donné pour surnom Slip d'Amour annonce gaillardement la couleur. Et, s'il en avait douté, les cinq rencontres en ligne à la suite desquelles il avait juté dans son caleçon Calvin Klein sans que sa main y fût pour quelque chose l'auraient tranquillisé. Contrairement à ses quatre autres cybermaîtresses – dont l'orthographe était hélas aussi limitée que l'imagination –, Slip d'Amour était dotée d'un potentiel fantasmatique qui avait le don de lui mettre le cerveau en ébullition et une facilité pour dévider ses fantasmes qui lui donnait la trique dès qu'elle se connectait sur le Net.

Ici Slip d'Amour, écrivait-elle. *Tu es prêt, Langue de Velours ?*

Oh là là. Oh que oui. Il était toujours prêt.

C'est pourquoi cette fois-ci il avait plongé métaphoriquement au lieu d'attendre qu'elle-même se jette à l'eau. Cela ne lui ressemblait nullement. D'ordinaire, il jouait le jeu, toujours là quand l'une de ses maîtresses le sollicitait en ligne, mais ne cherchant jamais à obtenir un rendez-vous, laissant à sa partenaire le soin de prendre l'initiative. En s'en tenant à cette règle de conduite, il avait transformé vingt-sept rencontres sur le Net en vingt-sept rendez-vous hautement gratifiants au Comfort Inn de Cromwell Road – hôtel situé à distance prudente de son quartier et dont le veilleur de nuit était un Asiatique à la mémoire des visages quasiment nulle tant il s'abrutissait devant des vidéos de vieux films en costumes de la BBC. Ainsi, il n'avait été victime qu'une seule fois d'une mauvaise cyberblague, le jour où il avait accepté de rencontrer une partenaire surnommée Nique-moi-fort et s'était aperçu qu'il s'agissait en réalité de deux ados boutonneux de douze ans fringués comme les frères Kray[1]. Il leur avait passé un copieux savon et il était sûr qu'ils ne remettraient pas ça de sitôt[2].

Les deux voix parlent à la troisième personne, et pourtant vous avez remarqué qu'il y avait une nette différence entre les deux. Le ton n'est pas le même. Chacune reflète une vision personnelle du monde en général et des femmes en particulier.

Quand le changement de troisième personne est bien fait, le lecteur devrait pouvoir dire de quel point de vue une scène est écrite, même si l'auteur ne dit pas le nom du personnage.

Le dernier point de vue dont je veux vous parler est celui du *narrateur en position d'observateur*. On dirait un récit à la première personne, parce que l'histoire est racontée par un personnage secondaire. Mais contrairement à la première personne ou à la première personne changeante, ce personnage est généralement en dehors de l'action principale. Il peut être à la périphérie de l'action, mais il n'en dirige jamais le cours et ne l'affecte pas d'une façon significative. Ce qu'il sait, il le sait parce qu'il y a assisté, ou parce qu'on le lui a raconté.

1. Célèbres gangsters anglais. (*N.d.l.T.*)
2. E. George, *Mémoire infidèle (A Traitor to Memory)*, *op. cit.*

Le meilleur exemple de ce point de vue est le Dr Watson des histoires de Sherlock Holmes. Il joue un rôle dans les histoires en tant qu'ami de Holmes. Mais quand Holmes lui dit « Allez, Watson, nous avons une mission à remplir », le lecteur sait que Watson restera sur le banc de touche, toujours là pour soutenir le détective, mais ne se mouillant pas spécialement dans l'affaire.

Ce style de narration peut se révéler utile si un personnage est particulièrement concerné par l'histoire. Dans *Oscar et Lucinda*, de Peter Carey, par exemple, le narrateur qui nous raconte la vie de ses arrière-grands-parents n'apparaît pas une seule fois dans le livre.

Alors, comment opte-t-on pour un point de vue plutôt qu'un autre ?

Il s'agit essentiellement d'une décision motivée, qui dépend à la fois de vos préférences et de votre niveau d'écriture. Partant de là, commencez par vous demander lequel des personnages que vous avez imaginés est le mieux placé pour raconter l'histoire. Si vous savez que l'un d'eux peut le faire, vous avez opté pour un point de vue à un personnage unique. Maintenant, si, en réfléchissant au roman que vous avez l'intention d'écrire (d'où l'importance du développement et du canevas), vous constatez qu'il y a beaucoup de scènes avec beaucoup de personnages, vous pouvez opter pour l'un des points de vue à plusieurs personnages. Dans ce cas, vous commencerez toujours le séquencier d'une scène en vous demandant quel personnage sera le mieux placé pour servir les intérêts de cette scène. Finalement, demandez-vous si vous êtes très sûr de votre style littéraire, si vous avez beaucoup d'idées à exprimer sur votre livre, son thème, ses rebondissements, l'endroit où l'intrigue se déroule et ses personnages. Si la réponse est oui, et si vous avez une puissance de feu suffisante pour créer une voix de narrateur fort, peut-être le point de vue omniscient est-il celui qu'il vous faut.

En tout cas, gardez à l'esprit que, quel que soit le point de vue que vous choisirez, ils peuvent tous être peaufinés, à tout moment. Le point de vue à la première personne vous permet de créer un narrateur complètement fiable, contraint à la vérité comme Jean Louise Finch dans *Ne tirez pas sur l'oiseau moqueur*, ou au contraire un menteur d'une ruse diabolique, comme le Dr Sheppard d'Agatha Christie dans son très controversé *Meurtre de Roger Ackroyd*. En outre, ce narrateur peut être aimable ou détestable. Et au lieu de raconter l'histoire selon le mode narratif normal, la première personne peut aussi s'exprimer par le biais de lettres ou de journaux.

En optant pour un récit à la troisième personne, vous offrez au lecteur une certaine proximité avec le personnage-point de vue (c'est ce que j'aime bien faire), mais vous pouvez aussi tenir le lecteur à distance. La proximité sous-entend que vous examiniez le fonctionnement mental du personnage. La distance passe par l'observation de ses actions.

En fin de compte, la décision vous appartient. De toute façon, le plus important à propos du point de vue, c'est que, une fois écrit, il doit refléter la voix narrative. C'est là qu'est la clé du succès : au niveau de la voix narrative, et non du choix du point de vue proprement dit.

9

Le ton et l'attitude

*Hier, je me suis surprise à écrire dans un style
pompeux. J'ai fini par me rendre compte que c'était
parce que je ne parlais pas avec la voix de Barbara.
Je lui avais donné une voix de narratrice omnisciente,
qui employait les formes les plus tortueuses de la langue
anglaise. Et j'avais beau faire, je n'arrivais pas à
élaguer. J'ai fini par laisser tomber à 11 h du soir,
après avoir écrit plus de cinq pages, d'accord, mais
après avoir dû tout mettre à la corbeille. Je n'ai
compris pourquoi qu'une fois au lit : ce n'était pas la
voix de Barbara qu'on entendait dans la scène.*

*Journal d'un roman
28 octobre 1997*

L'élément crucial du point de vue est la *voix*. Je
vous en ai déjà parlé au chapitre précédent, et vous en
avez vu des exemples. Permettez-moi maintenant de la
définir.

Pour dire les choses simplement, la voix narrative
de votre roman est la façon caractéristique dont le
personnage-point de vue parle et pense. Attention, ce

n'est pas le style du *dialogue* du personnage-point de vue qui est en cause ici, c'est le ton du récit proprement dit quand le personnage-point de vue est en scène et joue son rôle pour le lecteur. Si vous avez choisi un point de vue à un seul personnage, la voix sera la même d'un bout à l'autre du roman. Si vous avez choisi un point de vue à personnages multiples, la voix changera chaque fois qu'un nouveau personnage-point de vue entrera en scène.

Le plus important à garder en mémoire est peut-être que la voix du personnage-point de vue n'est pas votre voix, à moins que vous ne soyez ce personnage. Il ne parle pas comme vous, et sa manière de penser n'est pas la vôtre. Sinon, vous ne faites pas votre boulot d'artiste, un peu comme si Constable s'était mis à faire des coloriages.

La question logique devient alors : d'où vient la voix si ce n'est pas la vôtre ? Eh bien, la réponse est : elle vient de l'analyse de caractère que vous avez rédigée. Si vous avez bien fait votre travail préliminaire, si vous avez conçu un éventail de personnages qui prennent vie quand vous relisez leur analyse, lorsque vous braquerez le projecteur sur les aspects les plus saillants de leur personnalité, leur voix émergera.

La voix d'un personnage vient de son environnement, de son niveau socioculturel, de son vécu personnel et familial, de ses préjugés, positifs et négatifs, de ses goûts et de ses désirs. Elle est modelée par son système de croyance, par ce qu'il attend de la vie, par ses intentions dans une scène donnée, par ce que Stanislavski appelle la voie principale ou directe du personnage, c'est-à-dire ce qui le motive – dans le roman entier, ça va de soi –, et par son besoin central.

La voix a ceci d'agréable qu'on n'est pas livré à soi-même, tout seul dans le noir, au moment de sa création. On peut s'appuyer sur l'analyse de personnage pour tenter de le comprendre en profondeur, et on a tous les ingrédients spécifiques qui, ensemble, donnent vie à la voix.

Le premier de ces ingrédients est l'usage particulier que le personnage fait du langage. Par là, je vous rappelle que je ne fais pas allusion à sa prononciation mais plutôt à la façon dont il articule son discours, dont il associe les phrases quand il pense ou quand il écrit.

Le second ingrédient est le vocabulaire du personnage et les idiomes qu'il utilise. À l'intérieur de son point de vue, un personnage doit utiliser un langage approprié à son environnement personnel et aux circonstances où il est placé. Si vous voulez avoir une idée de ce que je veux dire, jetez un coup d'œil à la première page des *Aventures de Huckleberry Finn*.

Ensuite, il y a le ton du personnage. C'est le choix des mots que vous utiliserez qui le définira, exactement comme le ton de n'importe quel locuteur.

Finalement, et surtout – même si vous oubliez tout le reste, rappelez-vous au moins ça –, il y a l'*attitude*. Plus que tout ce que vous pourrez faire pour rendre la voix de vos personnages, c'est leur manière d'être qui les différenciera les uns des autres.

Regardez l'exemple suivant tiré de mon roman *Le Lieu du crime* :

> Elle s'appelait Lynette. Mais tandis que, vautrée sous lui, elle se contorsionnait violemment et poussait des gémissements appréciateurs à chacun de ses coups de reins, Robert Gabriel devait faire des efforts pour s'en souvenir, et se retenir de ne pas l'appeler autrement. Il est vrai qu'il y en avait eu tellement tous ces derniers mois. Qui diable aurait pu se souvenir de toutes ? Mais au moment approprié, il se souvint : c'était l'apprentie décoratrice de l'Azincourt, âgée de dix-neuf ans,

dont les jeans étroits et le fin tricot jaune gisaient par terre dans l'obscurité de la loge. Il avait très rapidement découvert, et avec joie, qu'elle ne portait absolument rien en dessous.

Elle lui griffa le dos de ses ongles et émit un bruit ravi, mais il aurait très nettement préféré qu'elle utilise une autre méthode pour signaler l'approche de son plaisir. Il continua à s'activer de la façon qu'elle semblait apprécier le plus – brutalement – et tâcha de son mieux d'éviter de respirer le lourd parfum qu'elle portait et la vague odeur d'oléagineux qui émanait de ses cheveux. Il murmura des encouragements discrets, s'occupant l'esprit à autre chose en attendant qu'elle atteigne l'extase pour pouvoir se consacrer à son plaisir. Il aimait ainsi à penser qu'il était attentionné, plus doué que la plupart des hommes, plus disposé à satisfaire les femmes.

— Oooh ! Vas-y ! Vas-y ! Je n'en peux plus ! gémit Lynette.

Moi non plus, pensa Gabriel tandis que les ongles de la fille dansaient le long de sa colonne vertébrale. Il s'était aux trois quarts récité le monologue d'Hamlet lorsque ses sanglots extatiques atteignirent leur apogée. Son corps s'arqua, et elle poussa des cris frénétiques tout en lui enfonçant ses ongles dans les fesses. Gabriel prit note intérieurement d'éviter à l'avenir les jeunesses[1].

Vous avez remarqué comment la voix de Robert Gabriel reflète, entre autres caractéristiques, son système de pensée, son narcissisme et son attitude envers les femmes en général ? Remarquez aussi que j'obtiens

1. Élizabeth George, *Le Lieu du crime (Payment in Blood)*, trad. Hélène Amalric, Presses de la Cité, 1992.

ce résultat notamment en employant des phrases ou des mots particuliers qui révèlent des aspects de son personnage complètement différents de ceux de Thomas Lynley, par exemple, qui est l'un de mes principaux personnages récurrents. Nous sommes dans la tête du personnage, nous vivons la scène à travers lui, mais pour cela, il faut que nous puissions nous impliquer dans la situation comme il s'y implique. C'est pourquoi nous le voyons utiliser le terme « s'activer » pour désigner l'acte sexuel, là où un autre personnage qui aurait une attitude différente vis-à-vis des femmes aurait pu dire « faire l'amour », et d'autres encore « baiser » ou « s'envoyer en l'air ». Dans tous les cas, l'acte demeure le même, mais il devient un prisme que nous tournons chaque fois que nous examinons un nouveau personnage.

Comparez la rencontre entre Robert Gabriel et Lynette avec celle de Thomas Lynley et lady Helen Clyde dans *Pour solde de tout compte* :

> Il la sentit trembler doucement. Il vit sa gorge palpiter. Il sentit son cœur s'ouvrir.
>
> — Helen…
>
> Il la prit dans ses bras. Le poids de sa joue contre son épaule lui procurait un immense sentiment de réconfort. Il puisa des forces dans la connaissance qu'il avait de ses moindres courbes, dans la caresse légère de ses cheveux contre son visage, dans la main fine qui se posait sur sa veste.
>
> — Helen chérie, chuchota-t-il en caressant ses cheveux.
>
> Lorsqu'elle releva la tête, il l'embrassa. Elle lui passa les bras autour du cou. Ses lèvres s'entrouvrirent sous les siennes. Elle sentait le parfum et la cigarette de Troughton. Elle sentait le cognac.

— Est-ce que tu comprends ? chuchota-t-elle.

Pour toute réponse, il approcha sa bouche de la sienne, se concentra sur ses sensations : douce chaleur des lèvres d'Helen et de sa langue, souffle léger de sa respiration, plaisir aigu de sentir ses seins contre lui. Le désir monta en lui, lui fouettant le sang, effaçant tout le reste ; il n'avait plus qu'une envie : la posséder. Maintenant. Ce soir. Pas question d'attendre une heure de plus. Il la coucherait dans son lit et au diable les conséquences. Il voulait la goûter, la toucher, connaître chaque pouce de son adorable corps et la faire sienne. Il voulait se glisser entre ses cuisses, l'entendre hoqueter puis crier tandis qu'il plongerait en elle…

« Je voulais sentir de la chair jeune et élastique. Je voulais embrasser des seins ronds et fermes. Je voulais des jambes sans varices, des pieds lisses, je voulais, je voulais, je voulais… »

— Seigneur Dieu, murmura-t-il en la relâchant.

Il sentit qu'elle lui caressait la joue. Sa peau était si fraîche. La sienne devait probablement être brûlante.

Il se mit debout, terriblement secoué.

— Il faut que je te ramène chez Pen.

— Que se passe-t-il ?

Il secoua la tête sans répondre. C'était facile d'établir une comparaison entre Troughton et lui, d'autant plus facile qu'il savait qu'Helen lui certifierait avec amour et générosité qu'il était différent des autres hommes. Mais cela devenait beaucoup plus difficile dès lors qu'il considérait ses désirs et ses intentions avec honnêteté. C'était comme s'il venait à l'instant même de jeter aux quatre vents tout

155

ce qu'il avait commencé à comprendre au cours de ces dernières heures[1].

Vous voyez la différence ? Lynley considère Helen sur un pied d'égalité. Il la chérit tendrement, et son attitude dans ce passage reflète cet amour. Il veut la posséder, certes. Mais ce désir de possession est l'expression d'un amour ardent, alors que celui de Gabriel est le désir d'utiliser l'autre.

L'attitude révèle le caractère exactement comme dans la vraie vie. Regardez comment en un seul paragraphe P. D. James réussit, dans *Un certain goût pour la mort,* à illustrer la profondeur du snobisme de lady Ursula en nous faisant partager ses pensées alors qu'elle vient de recevoir une lettre de condoléances :

Il devait l'avoir écrite aussitôt après que Barbara lui eut annoncé la nouvelle par téléphone. Ensuite, il l'avait fait porter par une infirmière. Pressée de rentrer chez elle à la fin de son service de nuit, celle-ci ne s'était même pas arrêtée pour la remettre à quelqu'un : elle l'avait simplement glissée dans la boîte. Stephen avait employé tous les clichés qu'il fallait. Pour exprimer sa réaction en termes adéquats, il n'avait pas eu besoin d'un dictionnaire des synonymes. Le meurtre était en effet une chose épouvantable, terrible, horrible, incroyable, abominable. Mais sa lettre, obligation mondaine hâtivement remplie, avait manqué de conviction. De plus, quelle idée de l'avoir fait taper par sa secrétaire ! Mais ça, songea-t-elle, c'était typique. Grattez le vernis soigneusement

1. Élizabeth George, *Pour solde de tout compte (For the Sake of Elena)*, *op. cit.*

acquis de la réussite professionnelle, du prestige, de l'assurance mondaine, et vous trouvez au-dessous l'homme réel : un personnage ambitieux, légèrement vulgaire, sensible seulement quand la sensibilité est payante. Mais cette appréciation-là reposait en grande partie sur des préjugés ; or ceux-ci étaient dangereux. Elle devait veiller à les cacher le plus possible si elle voulait donner à cet entretien le tour qu'elle souhaitait. Et puis, c'était injuste de critiquer cette lettre. Pour adresser ses condoléances à la mère d'un mari assassiné qu'on cocufie depuis trois ans, le vocabulaire mondain de Stephen ne pouvait être qu'insuffisant[1].

Le fils de lady Ursula vient d'être brutalement assassiné – la gorge tranchée, dans la sacristie d'une église – et elle est là, à peine bouleversée, évaluant le manque de goût dont fait preuve l'auteur de la lettre. Par ce simple paragraphe, le lecteur en apprend long sur elle, en même temps qu'il découvre quelque chose sur ledit auteur de la lettre, et sur sa relation avec le mort. Tout cela est fait avec une grande économie de moyens, sans un mot de trop.

La manière d'être offre au lecteur un lien supplémentaire avec les personnages et donc avec le roman. Ce phénomène se produit parfois parce que le lecteur se reconnaît dans le personnage, parce qu'il a vécu la même expérience et peut se dire « je suis passé par là », ce qui provoque une étincelle de reconnaissance entre les êtres. Il peut aussi se produire parce que le personnage est radicalement différent du lecteur, dont la curiosité est piquée. Quoi qu'il en soit, quand l'atti-

1. P. D. James, *Un certain goût pour la mort (A Taste for Death)*, op. cit.

tude est bien rendue dans un roman c'est un pur délice, comme dans *La Couronne perdue,* où les auteurs, Michael Dorris et Louise Erdrich, opposent deux voix narratives rigoureusement différentes l'une de l'autre. La première est celle de Roger, un mâle dominant, professeur d'université :

> Je déteste les embrayages qui patinent. Un véhicule est une extension de soi, le visage à quatre roues que l'on présente au monde, le squelette externe grâce auquel on attire les autres, ou qui vous en protège, si nécessaire. Une voiture annonce ses occupants. Elle est en soi un message, le moyen qui justifie la fin. Lorsqu'un voyage aérien me prive de ma Saab de collection – élégante, sûre –, je ne compte pas l'argent dépensé à louer une voiture de qualité. Rien de voyant, bien sûr, pas de décapotable, rien non plus dans lequel il faille entrer à quatre pattes. Je demande une taille moyenne et j'espère tomber sur la gamme audessus. J'aime la location, la variété, j'aime découvrir les gadgets de chaque nouveau modèle : limiteur de vitesse, vitres électriques, sélection automatique sur la radio.
>
> Lorsque Sydney Clock avait annoncé le tarif – élevé – des voitures de son parc « Évasion insulaire », je n'avais pas bronché. N'importe quoi plutôt que l'immobilité, n'importe quoi pour un refuge climatisé avec une porte qui ferme. C'est ce que je croyais, mais je ne comptais pas sur le pouvoir corrosif de l'air marin, ni sur les conséquences de la négligence, ni sur l'influence des vents du changement – pots catalytiques, économie d'énergie… – qui, soufflant sur l'Amérique du Nord, avaient propulsé dans les îles une nuée d'énormes vieux clous fabriqués à Detroit.

En fin d'après-midi, le jour de notre arrivée, Clock m'avait présenté, en échange d'un chèque substantiel, la sœur jumelle de la voiture dans laquelle je m'étais autrefois rendu au bal du collège de ma petite amie. Ça ressemblait vaguement à une Chevrolet, havane et large, avec des pneus aussi lisses et rebondis que des chambres à air. La garniture de la banquette avant – curieux comme l'ancienne phraséologie attend à l'affût au fond de l'esprit – évoquait le mélodrame et la passion de passagers transportant des objets tranchants dans leur poche revolver et de conducteurs ignorant le cendrier. La boîte à gants était fermée par un cintre tordu, et le compteur indiquait la vitesse improbable de cent soixante kilomètres-heure[1].

En prenant la voiture pour outil, Dorris et Erdrich brossent un portrait exigeant et amusant de leurs deux personnages principaux. Le vocabulaire et la phraséologie de Roger sont spécifiques du personnage, un professeur d'université imbu de lui-même. Pour un peu, on croirait l'entendre parler.

Vivian est l'autre personnage principal du même roman. Elle est aux antipodes de Roger, ce qui retentit avec force et clarté dans sa façon de s'exprimer :

Rien ne paraît important lorsqu'on attend les premières douleurs. En tout cas, pas les recherches. En m'introduisant avec peine dans la bibliothèque, je fis tourner le tambour avec une telle force que j'en expulsai dans mon sillage une étudiante ébahie. Elle trébucha dehors, sur l'herbe luxuriante de l'été finissant, avec une

1. Michael Dorris et Louise Erdrich, *La Couronne perdue* (*The Crown of Columbus*), *op. cit.*

exclamation indignée. Je m'arrêtai dans la porte afin de reprendre mes esprits. À mon neuvième mois de grossesse, j'étais devenue d'humeur étrange, tour à tour agressive et abrutie.

Le jour, j'étais madame le maître assistant Twostar, remarquable maître de conférences d'anthropologie, une autorité, une professionnelle en même temps que la mère convenable et sérieuse d'un garçon de seize ans aussi exaspérant qu'original. Le soir, en général, j'étais simplement Vivian, et je restais à la maison, avec la grand-mère qui m'avait élevée et vit maintenant avec moi, à classer des articles insipides sur la danse du soleil ou « La dernière position de Custer : un nouveau point de vue ». À portée de la main gauche, j'avais un bol de pop-corn au fromage, à portée de la droite, la télécommande de l'antenne parabolique que j'avais réglée sur Nostalgie. Je jetais de temps à autre un coup d'œil aux films en noir et blanc, tandis que grand-maman assemblait avec fureur une courte-pointe de berceau en quilt.

La journée ayant été particulièrement éprouvante, j'essayai une technique de relaxation que m'avait apprise ma sage-femme, Sara Thompson : je retenais ma respiration, puis expirais lentement. *Laisse-toi couler,* me dis-je à moi-même. *Fais tomber la fréquence de tes pulsations et rappelle-toi que ton cœur bat pour le bébé, pour vous deux.* Tout passe par le placenta, la bière comme la colère. Une expression de Sara. À ma première visite prénatale, elle m'avait aussi demandé de lui donner mes cigarettes. Elle les avait jetées dans l'évier à broyeur de son cabinet et avait ouvert le robinet en grand.

J'étais donc dans une forme écœurante, et d'une humeur massacrante.

160

Pourquoi d'une humeur massacrante ? C'était la faute à Christophe Colomb. Cinq mois plus tôt, on m'avait demandé – non, *ordonné* – de présenter un article sérieux sur le grand navigateur. Et je n'avais pas beaucoup avancé. Malgré mon héritage, pot-pourri de Nouveau et d'Ancien Monde, j'ai d'autres intérêts dans la vie ; en outre, j'avais vu venir de loin le cinquième centenaire de la découverte. Mon premier mouvement, comme de toute personne sensée de pure ascendance indienne ou sang-mêlé, fut de me dérober. J'étais également de mauvais poil parce que la seule chose qui m'allait encore était une robe en jean vaste comme une tente militaire. J'étais fumasse, parce que... c'était comme ça[1].

Nous voyons là deux écrivains chevronnés à l'œuvre : c'est un personnage complètement différent, avec une voix complètement différente qui émerge. Pouvez-vous imaginer le premier narrateur – Roger, notre prof de fac – manger du pop-corn au fromage, regarder la chaîne Nostalgie, ou utiliser des expressions comme « fumasse » pour dire « en colère » ? Non. La voix de Vivian est aussi unique que celle de Roger. Ce sont deux personnages riches, avec des sentiments et une manière d'être bien à eux.

Bien. Vous ne mettez peut-être pas encore le feu au monde de l'édition mais vous tenez une bonne histoire et votre écriture est tout à fait à la hauteur, alors faites attention à la voix avec laquelle vos personnages s'expriment. Et surtout, veillez à ce qu'elle traduise leur manière d'être.

1. *La Couronne perdue, op. cit.*

10

Dialogues : Dites ce texte, je vous prie[1]...

La critique a été tellement élogieuse pour Le Meurtre de la falaise *que j'angoisse vraiment, maintenant. Plusieurs critiques ont dit qu'ils attendaient chacun de mes romans avec impatience et qu'ils avaient un peu peur, avant de les commencer, que je n'arrive pas à retrouver le niveau de qualité qui a toujours été le mien jusque-là. Ouaouh ! S'ils veulent vraiment savoir ce que c'est que d'avoir peur, ils n'ont qu'à se mettre à ma place... Comment vais-je m'y prendre pour réussir à maintenir le niveau ? Il me semble que la seule façon d'y arriver est de prendre mon temps, d'approcher les choses avec réflexion.*

Journal d'un roman
26 août 1997

Tout le monde sait ce que c'est que le dialogue. À moins que vous n'ayez passé votre vie dans une grotte

---

1. *Hamlet* : instructions aux acteurs (acte III, scène 2). [*N.d.l.T.*]

et que vous n'en soyez sorti un beau matin, déterminé à devenir écrivain, vous savez qu'un dialogue, c'est ce qui se passe quand deux personnages ou plus se parlent sur une page imprimée. C'est aussi bête que ça. La scène commence. Les personnages parlent. Ils agissent. Ils font les deux en même temps. Fin de la scène. Dans les écrits les plus basiques, le dialogue sert à faire avancer l'histoire. Les personnages révèlent des informations, admettent savoir des choses, incitent d'autres personnages à agir, portent des accusations, mentent sur un sujet ou un autre, se défendent ou défendent les autres, s'affirment, évitent la confrontation, provoquent le conflit, défendent leur point de vue, distraient leurs auditeurs, et nient des faits importants. Dans les formes d'écriture plus complexes et plus satisfaisantes, le personnage qui s'exprime en profite pour nous révéler quelque chose de lui. Ce qu'il dit, sa façon de le dire nous en apprennent autant sur lui que sur ses actions.

Pourtant, un auteur qui n'utiliserait le dialogue que pour raconter l'histoire ou révéler le caractère du personnage n'en tirerait pas le maximum. Manié par une plume habile, le dialogue peut remplir toutes sortes de fonctions.

Il peut, par exemple, annoncer des événements qui ne se produiront peut-être pas avant des centaines de pages. Peut-être moins, comme dans « La Barrique d'amontillado » de Poe, quand Fortunato dit à Montrésor : « Je ne mourrai pas d'un rhume », et que Montrésor répond : « C'est vrai, c'est vrai », sachant pertinemment qu'il conduit Fortunato à la mort – il s'apprête à l'emmurer vivant dans la cave à vin.

Le dialogue confère une force supplémentaire à ces événements lorsqu'ils se produisent. Le cri angoissé de Fortunato, « Pour l'amour de Dieu, Montrésor ! », lorsque le narrateur met la dernière brique en place ne se fait pas seulement écho à lui-même dans l'histoire ; il éveille aussi des échos dans l'esprit du lecteur. Je parle en connaissance de cause. Je n'ai jamais pu effacer de mon esprit la terrible réponse de Montrésor : « Oui, pour l'amour de Dieu ! » J'en ai encore des frissons quand je lis ces lignes.

Le dialogue donne aux relations entre les personnages une réalité qu'elles n'acquerraient jamais par la grâce de la seule narration. Il magnifie le pouvoir narratif. Les personnages ne sont plus seulement (d)écrits. Ils prennent vie, ils sont partie prenante d'un drame. Ils s'animent, et avec eux leurs relations s'animent aussi.

Prenez ce dialogue entre deux de mes personnages principaux, l'inspecteur Thomas Lynley et Barbara Havers, dans *Pour solde de tout compte*. Lynley était à Cambridge, où il travaillait sur une affaire, et Barbara vient de le rejoindre. Remarquez comment la nature du dialogue illustre la nature de leur relation tout en faisant avancer l'intrigue :

> Le sergent Havers sortit de l'office et descendit les marches de la terrasse peu de temps après que Lynley eut traversé le passage reliant Middle Court à North Court. Elle expédia sa cigarette dans un massif d'asters et fourra ses mains dans les poches de son manteau. Couleur pois cassé, le vêtement entrouvert révélait un pantalon marine qui pochait aux genoux, un pull violet et deux écharpes – une marron et une rose.
>
> — Quelle vision, Havers ! s'exclama Lynley lorsqu'elle le rejoignit. C'est l'effet arc-en-ciel ? On dirait l'effet de serre mais en plus... palpable.
>
> Elle fourragea dans son sac à bandoulière à la recherche d'un paquet de Players. Elle en

sortit une, l'alluma et lui souffla pensivement la fumée au visage. Il fit de son mieux pour ne pas laisser l'arôme du tabac emplir ses poumons. Dix mois sans tabac et il était toujours tenaillé par le besoin d'arracher la cigarette des doigts de son sergent pour la fumer jusqu'au trognon.

— J'ai pensé que je devais me fondre dans le décor, dit Havers. Ça ne vous plaît pas ? Je n'ai pas l'air d'une universitaire ?

— Si, sûrement. Tout dépend des critères d'élégance estudiantine.

— Que peut-on attendre d'un type qui a fait ses études à Eton ? fit Havers, prenant le ciel à témoin. Si je m'étais pointée en haut-de-forme, pantalon rayé et jaquette, j'aurais eu votre approbation ?

— À condition de vous être fait accompagner de Ginger Rogers.

Havers éclata de rire.

— Allez vous faire foutre.

— Vous de même. (Il la regarda faire tomber sa cendre par terre.) Vous avez installé votre mère à Hawthorn Lodge ?

Deux jeunes filles les dépassèrent en chuchotant fiévreusement, tête penchée au-dessus d'un morceau de papier. Lynley reconnut le tract qui avait été apposé sur le panneau vitré devant le commissariat central. Ses yeux se braquèrent à nouveau sur Havers, qui continua à fixer les étudiantes jusqu'à ce qu'elles aient disparu derrière la plate-bande marquant l'entrée de New Court.

— Havers ?

Avec un geste de la main lui signifiant qu'il était importun, elle continua de tirer sur sa cigarette.

— J'ai changé d'avis. Ça n'a pas marché.

— Qu'allez-vous faire ?

— Garder Mrs Gustafson encore quelque temps. Histoire de voir comment ça se passe. (Elle passa la main dans ses cheveux courts, les ébouriffant.) Alors, comment se présente notre affaire ?

Respectant pour le moment son désir de se taire, il lui communiqua les éléments qu'il tenait de Sheehan. Lorsqu'il eut fini, elle questionna :

— Des armes ?

— Celle avec laquelle on l'a battue ? Ils ne la connaissaient pas encore : ils n'ont rien trouvé sur les lieux du crime. Et ils continuent à chercher sur le corps des traces permettant de l'identifier.

— L'éternel objet contondant, dit Havers. Et la strangulation ?

— Le cordon de la capuche de son blouson.

— Le tueur savait comment elle serait habillée ?

— Possible.

— Des photos ?

Il lui tendit la chemise. Elle se ficha la cigarette entre les lèvres, ouvrit la chemise et loucha à travers la fumée sur les clichés.

— Avez-vous déjà visité Brompton Oratory[1], Havers ?

Elle releva le nez. Sa cigarette tremblota tandis qu'elle parlait.

— Non. Pourquoi ?

— Parce qu'il y a dans cette église une très intéressante sculpture représentant le martyre de sainte Cécile. Je n'ai pas fait le rapprochement avec les photos tout de suite, mais ça m'est revenu alors que je regagnais le collège.

1. Église londonienne située dans le quartier de Knightsbridge. (*N.d.l.T.*)

(Se penchant par-dessus l'épaule de son sergent, il fouilla dans les clichés pour retrouver celui qui l'intéressait.) C'est la façon dont les cheveux sont ramenés en avant, la position des bras, et le sillon autour du cou qui m'y ont fait penser.

— Sainte Cécile a été étranglée ? s'enquit Havers. Je croyais que le martyre consistait essentiellement à se faire bouffer par les lions devant une foule de Romains en liesse.

— Si ma mémoire est bonne, on lui a tranché la tête, mais mal. Cécile a mis deux jours à mourir. La sculpture ne représente que la coupure, qui ressemble étrangement à un sillon de strangulation.

— Seigneur Dieu ! Pas étonnant qu'elle ait fini au ciel. (Havers laissa tomber sa cigarette par terre et l'écrasa d'un coup de talon.) Quelle est votre théorie, inspecteur ? Que notre assassin serait un maniaque de la duplication des sculptures du Brompton Oratory ? Bon Dieu ! Si c'est ça, j'espère ne plus être sur l'enquête le jour où il en arrivera à la crucifixion. Au fait, est-ce qu'il y a une Crucifixion, à l'Oratory ?

— Impossible de m'en souvenir. Mais tous les apôtres y sont.

— Onze martyrs, fit-elle pensivement. Ça promet. À moins que notre homme ne s'intéresse qu'aux femmes.

— Aucune importance. De toute façon je doute que la théorie de l'Oratory intéresse grand monde, dit Lynley, l'entraînant vers New Court.

Tout en marchant, il lui résuma les éléments d'information qu'il avait obtenus en parlant avec Terence Cuff, les Weaver et Miranda Webberly.

— La chaire de Penford, un amour brisé, une bonne dose de jalousie et une vilaine belle-mère, commenta Havers, lorsqu'il eut terminé. (Elle consulta sa montre.) Et vous avez trouvé tout ça tout seul, en l'espace de seize heures. Vous êtes sûr que vous avez besoin de moi, inspecteur ?

— Absolument certain. Vous pouvez passer pour une étudiante plus facilement que moi. Grâce à vos vêtements, ajouta-t-il malicieusement avant d'ouvrir la porte de l'escalier. Deux étages plus haut, fit-il en prenant la clé dans sa poche[1].

En dehors de leurs particularités langagières (nous y reviendrons dans un instant), leur échange révèle la nature de l'équipe qu'ils forment. Voilà un homme et une femme qui se soucient l'un de l'autre, qui sont assez familiers et à l'aise l'un avec l'autre pour se taquiner, qui savent ce qui peut faire démarrer l'autre au quart de tour. Leur relation est illustrée, et l'intrigue avance. Simultanément.

Mais le dialogue fait plus qu'illustrer la nature des relations. Il peut entraîner des révélations qui feront elles-mêmes avancer l'intrigue. Le dialogue peut également précipiter le point culminant du roman, tout comme les crises individuelles qui amènent ce point culminant. En faisant l'une ou l'autre de ces choses, il servira probablement aussi à déterminer le conflit[2]. Or, vous vous en souvenez sûrement, le conflit est l'élément clé de l'intrigue.

Dans son roman *Mystic River*, Dennis Lehane établit d'entrée de jeu le conflit entre trois gamins qui

1. Élizabeth George, *Pour solde de tout compte (For the Sake of Elena)*, op. cit.
2. Hall, *The Art and Craft of Novel Writing*, op. cit.

deviendront plus tard trois adultes en conflit : un flic, la victime d'un enlèvement des années après ledit enlèvement et un ex-chef de gang. Dans cette scène, les trois gamins envisagent de voler une voiture pour partir en virée. Remarquez comment Lehane annonce le conflit futur par ce conflit présent :

— Pourquoi pas celle-là ?

Jimmy posa la main sur la Bel Air de M. Carlton, et sa voix résonna avec force dans l'air balayé par un vent sec.

— Hé, Jimmy ? (Sean le rejoignit.) Une autre fois, peut-être. D'accord ?

La mine de Jimmy s'allongea, son visage parut s'affaisser.

— Qu'est-ce que tu racontes, Sean ? On a dit qu'on allait le faire maintenant. Ce sera marrant. Super cool. Tu te rappelles plus ?

— Ouais, super cool, répéta Dave.

— On peut même pas voir au-dessus du tableau de bord, objecta Sean.

— Des annuaires, déclara Jimmy en souriant dans la lumière du soleil. Suffit d'aller se servir chez toi.

— Ben oui, des annuaires, lança Dave. Génial !

Sean écarta les bras.

— Non. Sérieux, les gars.

Le sourire de Jimmy s'évanouit. Il regarda les bras de Sean comme s'il avait envie de les trancher net au niveau des coudes.

— Pourquoi tu veux jamais faire des trucs juste pour se marrer, hein ?

Il actionna la poignée de la Bel Air, mais elle était verrouillée. Pendant quelques secondes, les joues de Jimmy frémirent et sa lèvre inférieure se mit à trembler, puis il leva vers Sean un visage empreint d'une telle expression de solitude désespérée que celui-ci eut pitié de lui.

Dave tourna la tête vers Jimmy, et ensuite vers Sean. Soudain, son bras se détendit maladroitement et son poing atteignit Sean à l'épaule.

— Ouais, pourquoi tu veux jamais faire des trucs marrants, d'abord ? répéta-t-il à l'adresse de Sean.

Celui-ci n'arrivait pas à le croire. Dave venait de le frapper. Dave Boyle.

Il lui expédia en retour un direct dans la poitrine, et Dave tomba sur les fesses.

— Hé, qu'est-ce que tu fous ? s'écria Jimmy en bousculant Sean.

— Il m'a frappé, répondit Sean.

— Il t'a pas frappé, rétorqua Jimmy.

Incrédule, Sean écarquilla les yeux, pour être aussitôt imité par Jimmy.

— Il m'a frappé, je te dis.

— *Il m'a frappé*, répéta Jimmy d'une voix de fille, avant de bousculer de nouveau Sean. C'est mon putain de copain, t'entends ?

— Moi aussi, je suis ton copain, dit Sean.

— Moi aussi, chantonna Jimmy. Moi aussi, moi aussi, moi aussi...

Dave Boyle se releva en riant.

— Ça suffit ! lança Sean.

— Ça suffit, ça suffit, ça suffit... (Jimmy poussa Sean encore une fois, lui plaquant ses paumes sur les côtes.) Vas-y, casse-moi la gueule. Tu veux me casser la gueule ?

— Tu veux lui casser la gueule ?

À présent, c'était au tour de Dave de bousculer Sean.

Ce dernier n'avait aucune idée de la façon dont ils en étaient arrivés là. Il ne se rappelait même plus ce qui avait déclenché la colère de Jimmy ni pourquoi Dave avait été assez bête pour s'en prendre à lui. Ils étaient là, près de la voiture, et puis il s'était passé quelque chose, et maintenant, ils se retrouvaient au milieu de la rue, où Jimmy le cherchait, le visage plissé et déformé par la rage, le regard noir et les yeux rétrécis, pendant que Dave y allait aussi de son grain de sel.

— Vas-y, insista Jimmy.

— Je ne...

Nouvelle bourrade.

— Allez, lopette.

— Écoute, Jimmy, on pourrait pas...

— Non, on peut pas. T'es qu'une poule mouillée, hein, Sean ? Pas vrai ?

Jimmy s'apprêtait à le pousser encore une fois quand soudain il se figea ; la même expression de solitude désespérée (et lasse, Sean s'en rendit soudain compte) s'inscrivit sur ses traits alors qu'il concentrait toute son attention sur un point dans la rue, derrière Sean.

C'était une voiture marron foncé, rectangulaire et tout en longueur, comme celles utilisées par les patrouilles de police – une Plymouth, peut-être, ou quelque chose dans le genre –, dont le pare-chocs s'arrêta près de leurs jambes. Les deux flics à l'intérieur les regardèrent à travers le pare-brise, le visage rendu flou par le reflet ondoyant des arbres sur la vitre.

Sean eut soudain l'impression d'un brusque changement dans l'atmosphère de cette matinée, d'une altération dans la douceur de l'air[1].

1. Dennis Lehane, *Mystic River*, trad. Isabelle Maillet, Rivages, 2002.

Lehane réussit dans ce bref passage ce que tout auteur vise à faire avec le dialogue, et ce que vous devez tenter de faire : il lui donne l'air et les paroles du langage parlé, alors même qu'il sait qu'il ne pourra jamais le reproduire.

Réfléchissez : le langage parlé n'est pas fluide. Il démarre et il s'arrête. Il louvoie. Quand on parle, on s'arrête au milieu d'une phrase, on la reformule, on s'interrompt à nouveau et on repart sur autre chose. Si vous deviez écrire des dialogues comme ça, ce serait virtuellement illisible, et il en résulterait quelque chose qui ressemblerait à… eh bien, à la transcription des bandes du Watergate.

Les gens d'un certain âge n'ont sûrement pas oublié ces transcriptions quotidiennes qui faisaient la une des journaux. Les bandes du Watergate, dont les interjections étaient soigneusement gommées, étaient reproduites verbatim : c'était le compte-rendu *mot à mot* des conversations qui se déroulaient dans le Bureau Ovale sous la présidence de Nixon – avec toutes les hésitations, les redémarrages, les *hum*, les *mouais*, et les « exclamations supprimées ». Résultat : on aurait dit que le pays était dirigé par des débiles mentaux qui n'auraient pu aligner deux pensées cohérentes même si on leur avait braqué un pistolet sur la tempe. Ce qui était exactement le cas, certes, mais là n'est pas la question. La question, c'est que le dialogue dans un roman n'est pas censé ressembler aux bandes du Watergate, à moins que l'un ou l'autre des personnages n'ait un problème d'élocution, le cerveau branché sur 4,5 volts, les neurones grillés ou des problèmes psychologiques, et que le dialogue serve à démontrer ses limites naturelles.

Vous avez bien compris : le dialogue doit paraître naturel et réel, et il ne peut pas l'être. Alors, comment

un auteur peut-il concilier ces deux exigences contradictoires ?

Eh bien, d'abord, essayez d'exercer votre oreille aux
schémas langagiers des gens, afin de pouvoir les reproduire dans votre texte. Ensuite, gardez toujours présent
à l'esprit que la syntaxe que vous utiliserez sera très
révélatrice du personnage. Le langage pédant, par
exemple, ne ressemble pas au langage parlé, qui est,
lui-même, différent du langage inculte. Ces trois types
de langage – et bien d'autres – existent dans la vraie
vie et vous pouvez les utiliser. Mais pour cela, vous
devez vous obliger à écouter les gens parler, à repérer
ces différences et à les mémoriser.

Vous pouvez aussi faire appel à votre imagination
pour placer les idiomes appropriés dans la bouche d'un
personnage et forger des phrases typiques de ce personnage, et de lui seul. Dans *La Constellation du
pêcheur* de Craig Lesley, l'oncle Jake du narrateur – propriétaire flamboyant et charismatique d'un magasin
d'articles de sport dans une petite ville – a un mot
« signature » qu'il utilise tout le long du roman :
« négatif ». Dans *L'Œuvre de Dieu, la part du diable,*
de John Irving, le Dr Wilbur Larch désigne toujours sa
collection de garçons orphelins comme les « Princes
du Maine, Rois de la Nouvelle-Angleterre ». Pensez à
Wallace Shawn, l'acteur de *Princess Bride*, s'écriant
« Incon-ce-vable ! » chaque fois que ses plans tombent
à l'eau. Dans chacun de ces cas, l'expression utilisée
devient une partie crédible, inoubliable, du personnage, et lui confère de la véracité.

Vous doutez de votre capacité à faire tout ça ?
Réfléchissez à la façon dont les déclarations affirma-
tives suivantes pourraient être utilisées pour rendre
un dialogue naturel tout en servant à différencier des
personnages. Vous n'auriez qu'à changer les idiomes :

173

Oui.

Ouais.

Voui.

Sûr.

Ben voyons.

Certainement.

Je pense que tu as/vous avez raison.

C'est exactement ça.

Cette idée est absolument fulgurante.

Ces différentes formules approbatives traduisent la façon dont les « vraies gens » pourraient réellement s'exprimer. Selon celles que vous utiliserez dans vos dialogues, vous révélerez des informations sur les personnages, mais surtout vous rendrez la saveur du langage parlé.

Il existe un vaste éventail de schémas langagiers et idiomatiques. Certains s'imposent d'eux-mêmes : par exemple, si vous faites parler des personnages d'une région connue pour son dialecte particulier. On pourrait dire que William Faulkner avait la partie belle quand il écrivait ses histoires du Sud profond. Il avait d'amples sources d'inspiration, comme on peut en juger dans cet extrait de *Lumière d'août* :

> Elles entrent ensemble dans la cuisine, bien que Mrs Armstid marche devant. Elle va droit au fourneau. Lena reste debout près de la porte. Elle a la tête découverte à présent. Ses cheveux sont bien peignés. Sa robe bleue, elle-même, semble rafraîchie, reposée. Elle regarde Mrs Armstid qui, au fourneau, entrechoque les ronds de métal et manie les morceaux de bois avec la brusquerie sauvage d'un homme.
>
> — J'aimerais bien aider, dit Lena.
>
> Mrs Armstid ne tourne pas la tête. Elle fourgonne rageusement dans son fourneau.

— Faites-moi le plaisir de rester où vous êtes. Si vous vous dispensez à présent de rester sur vos jambes, ça r'tard'ra p't-être le moment où faudra qu'vous vous mettiez su'l'dos.

— Ça serait bien de la bonté de me laisser aider.

— Vous allez rester où vous êtes. Y a trente ans que j'faisions ça, trois fois par jour. L'temps où j'avais b'soin qu'on m'aide est passé. (Elle s'affaire devant son fourneau, sans se retourner.) Armstid dit qu'vous vous app'lez Burch.

— Oui, dit l'autre.

Sa voix est grave maintenant, paisible. Elle se tient bien tranquille, les mains immobiles sur les genoux. Et Mrs Armstid ne tourne pas la tête non plus. Elle est toujours occupée à son fourneau. Il semble demander une attention incompatible avec la sauvagerie qu'elle a déployée pour allumer le feu. Il semble demander autant d'attention qu'une montre de prix.

— Vous vous app'lez déjà Burch ? dit Mrs Armstid.

La jeune femme ne répond pas tout de suite. Mrs Armstid ne fourgonne plus, mais elle tourne toujours le dos à la jeune femme. Elle se retourne alors. Elles se regardent, soudain nues, s'observant l'une l'autre : la jeune femme sur sa chaise, avec ses cheveux lisses et ses mains inertes sur ses genoux, la vieille femme à demi tournée, près du fourneau, immobile aussi, avec une mèche rebelle de cheveux gris à la base du crâne et un visage qu'on dirait taillé dans du grès. Et la plus jeune se met à parler :

— J'vous ai point dit la vérité. J'm'appelle pas encore Burch. J'm'appelle Lena Grove.

175

Elles se regardent. La voix de Mrs Armstid n'est ni froide ni chaude. Elle n'est rien.

— Et vous voulez l'rejoindre pour pouvoir vous app'ler Burch avant qu'y n'soit trop tard. C'est pas ça ?

Lena a baissé les yeux, comme pour surveiller ses mains sur ses genoux. Sa voix est calme, bourrue. Et cependant elle est sereine :

— M'est avis qu'j'ai pas b'soin qu'Lucas m'fasse des promesses. C'est pas autre chose qu'la malchance qui l'a obligé à partir. Ses affaires ont pas tourné d'façon qu'il puisse m'faire venir comme il en avait l'intention. M'est avis que lui et moi, on n'avait pas b'soin de s'faire des promesses. Quand il s'est aperçu, cette nuit-là, qu'y faudrait qu'y parte, il...

— Il s'est aperçu quelle nuit ? La nuit qu'vous lui avez parlé du petit gars[1] ?

Le langage caractéristique de ces deux femmes du Sud est bien retranscrit. Leur vocabulaire est révélateur de leur environnement et de leur niveau d'éducation, et on devine d'où elles sont originaires grâce aux idiomes et à la syntaxe que Faulkner emploie pour forger leur dialogue. Quand les personnages viennent d'une région connue pour son parler particulier, il est plus facile de dépeindre le dialogue naturel qui est aussi spécifique du personnage.

Cela dit, il arrive que l'on doive se rabattre sur des moyens plus subtils pour rendre le dialogue vif et distinct.

Examinons cet échange entre l'inspecteur Thomas Lynley et le sergent Barbara Havers dans *Le Visage de l'ennemi* :

1. Faulkner, *Lumière d'août (Light in August)*, d'après la traduction de Maurice-Edgar Coindreau, Gallimard, 1935.

Lynley prit la direction de la Tamise au volant de sa Bentley. Il se cramponnait avec force au volant. Il ne savait que penser de ce qu'il venait d'apprendre et s'efforçait de s'empêcher de réagir. « Commence par te rendre là-bas, se dit-il en tâchant de rester raisonnable. Débrouille-toi pour arriver entier et cuisine-les afin d'essayer d'avoir le fin mot de l'histoire. »

Havers l'avait suivi pendant qu'il traversait à grandes enjambées le parking souterrain.

— Écoutez-moi, monsieur, lui avait-elle dit avant de finir par se suspendre à son bras en constatant qu'il continuait d'avancer sans répondre, plongé dans ses pensées.

N'ayant pas réussi à l'arrêter, elle s'était résolument plantée devant lui.

— Écoutez-moi. Vous feriez mieux de ne pas y aller tout de suite. De commencer par vous calmer. Voyez Eve Bowen. Demandez-lui de vous raconter sa version des faits.

Sidéré par l'attitude d'Havers, il avait fixé son sergent.

— Je suis calme, Havers. Filez dans le Wiltshire. Faites votre boulot. Et laissez-moi faire le mien.

— Parfaitement calme ? Vous déconnez ! Regardez-vous : vous êtes à deux doigts d'exploser. Si Bowen l'a engagé pour retrouver sa fille – comme Webberly nous l'a précisé il y a à peine un quart d'heure –, c'est à titre professionnel que Simon est intervenu.

— Entièrement d'accord avec vous. C'est pourquoi j'aimerais que ce soit lui qui me fournisse les éléments. Ça me semble logique, comme point de départ.

— Cessez de faire l'autruche. Les éléments, vous vous en battez l'œil. Ce qui vous pousse, c'est le désir de vous venger. Ça se voit comme le nez au milieu de la figure.

Lynley se dit qu'elle déménageait.

— Ne soyez pas ridicule, Havers. Qu'est-ce que c'est que cette histoire de vengeance ?

— Vous savez très bien de quoi je parle. Vous auriez dû voir votre tête lorsque Webberly nous a fait son topo sur les activités des uns et des autres depuis mercredi. Vous êtes devenu blanc de colère et vous n'avez toujours pas récupéré.

— C'est ridicule.

— Vraiment ? Écoutez, je connais Simon. Et vous aussi. Qu'est-ce que vous croyez qu'il ait fait ? Vous vous imaginez qu'il est resté le derrière sur sa chaise à se tourner les pouces en attendant que la petite fille soit retrouvée morte à la campagne ? Vous croyez que c'est comme ça que les choses se sont passées ?

— Ce qui s'est passé, fit-il d'un ton raisonnable, c'est qu'un enfant est mort. Et que cette mort aurait pu être évitée si Simon et Helen avaient eu la présence d'esprit d'alerter la police immédiatement.

Havers se planta devant lui, les poings sur les hanches, en une mimique qui signifiait : « Nous y voilà ! »

— Ah, c'est ça, n'est-ce pas ? C'est ça que vous ne digérez pas.

— Comment ça, que je ne digère pas ?

— C'est Helen. Pas Simon. Pas même la mort de cette fillette. Helen était mêlée à l'affaire et vous n'étiez pas au courant. C'est ça qui vous reste en travers de la gorge, pas vrai, inspecteur ? Et c'est pour ça que vous vous précipitez chez Simon.

— Havers, dit Lynley, j'ai du pain sur la planche. Ôtez-vous de mon chemin. Si vous

178

ne vous poussez pas immédiatement, je vous fais affecter à une autre enquête.

— Très bien, continuez à vous voiler la face et pendant que vous y êtes, faites-moi le coup du supérieur hiérarchique, abusez de votre autorité.

— C'est la première fois que vous allez diriger l'un des « bras » d'une enquête. Vous devriez y regarder à deux fois avant d'essayer de me forcer la main ; je pourrais vous sacquer.

La lèvre supérieure d'Havers se retroussa. Elle secoua la tête.

— Bon Dieu, dit-elle. Vous êtes vraiment salaud quand vous vous y mettez.

Pivotant dans ses baskets montantes, elle s'éloigna en direction de sa voiture, rajustant la courroie de son sac en toile qui glissait[1].

Nous n'avons pas ici de dialecte régional mais des façons de parler distinctes qui paraissent naturelles, du moins je l'espère, et diffèrent en même temps l'une de l'autre. Le langage de Lynley reflète ses origines aristocratiques, sa position sociale élevée et son niveau d'éducation (Eton et Oxford). Il en va de même pour Havers. Ils ont tous les deux une façon bien à eux de parler, et ni l'un ni l'autre n'utilise le langage comme je l'utilise personnellement au quotidien.

Si vous avez encore des doutes sur l'usage qu'on peut faire du dialogue, eh bien, jetez un dernier coup d'œil à l'exemple suivant. Trois différentes façons de demander un verre d'eau :

1. Élizabeth George, *Le Visage de l'ennemi (In the Presence of the Enemy)*, trad. Dominique Wattwiller, Presses de la Cité, 1996.

Je pourrais avoir une carafe d'eau, s'il vous plaît ?
J'ai soif.
File-moi à boire.

Toutes les trois remplissent le même but – demander de l'eau. Mais chacune révèle quelque chose de totalement différent sur celui qui l'énonce. C'est un dialogue spécifique au personnage, ainsi que tout dialogue devrait aspirer à l'être.

Ce serait bien si le dialogue d'un roman pouvait se contenter d'être naturel et de souligner les différences entre les personnages. Ce qu'il y a de frustrant, c'est qu'il doit remplir bien d'autres fonctions. Il doit avoir l'air naturel et révéler le caractère des personnages, mais il doit aussi servir les intérêts de l'intrigue en la faisant avancer sans relâche. Et dans chaque scène, il doit aussi servir l'action. Il devrait, dans l'idéal, faire passer des informations importantes pour le lecteur, tout en restant à chaque instant cohérent avec l'intrigue, le conflit, le thème, la ou les intrigue(s) secondaire(s) et/ou l'évolution du personnage. Il doit ajouter à la tension croissante de l'histoire, et il faut qu'il soit en mouvement. Par pitié, pas de discours de soixante-trois pages à la John Galt ![1]

C'est ce qu'il y a de plus piégeant dans le dialogue : il doit tout faire en même temps. Tout ce que j'ai évoqué dans ce chapitre. Et c'est ce qui en fait quelque chose de très compliqué à maîtriser pour beaucoup d'écrivains, moi comprise.

De surcroît, le dialogue doit être concis, éviter le prêchi-prêcha ou se garder d'aborder trop d'idées en même temps. Il peut être utilisé pour donner des informations, et en même temps, il ne devrait jamais jouer

---

1. Allusion à un discours qui constitue la pièce maîtresse d'*Atlas Shrugged*, roman d'Ayn Rand. (*N.d.l.T.*)

ostensiblement un rôle d'exposition. En réalité, la réplique « Vous devriez voir votre putain de figure, mon gars. Vous êtes aussi pâle qu'un caleçon neuf, et vous avez les lèvres comme du foie de veau » révèle quelque chose sur le locuteur en même temps que sur l'auditeur, par le choix de son vocabulaire. Alors que la réplique « Écoutez, Steve, vous avez dix ans de plus que votre femme » n'est pas très efficace ; elle se contente de répéter ce que le lecteur sait déjà et joue un rôle descriptif trop *évident*.

Vous m'opposerez que ce second exemple est le genre de chose que les gens disent tout le temps, et vous aurez raison. Mais justement : le dialogue n'est pas censé être le genre de chose que les gens disent tout le temps. Pensez aux bandes du Watergate, d'accord ?

11

Trucs et ficelles du métier de dialoguiste

J'ai une relation amour-haine avec l'écriture. Pour rien au monde je ne voudrais faire autre chose, et pourtant... Je regrette que ce ne soit pas plus facile. Ça ne l'est à aucun moment. La récompense vient phrase par phrase. La récompense, c'est l'inspiration inattendue. C'est de voir naître un personnage parfaitement réel, qui vit et qui respire. Mais les efforts pour y arriver sont surhumains. Je n'aurais jamais cru que ce serait aussi dur.

Journal d'un roman
15 décembre 1997

Il n'est pas inutile de se rappeler que le dialogue n'est qu'un outil parmi tous ceux dont dispose l'artisan en écriture. Il peut le manier avec panache ou passer à côté, d'un bond gracieux, sans se rendre compte de tout ce qu'il pourrait en tirer pour mettre en valeur chacun des éléments de son œuvre.

Il y a une telle richesse dans les dialogues. C'est là leur beauté.

Prenez le problème du texte et du contexte : la signification textuelle explicite du dialogue échangé par les personnages dans une scène donnée peut cacher un message sous-jacent, implicite. Cette signification cachée vient de la connaissance aiguë que l'auteur a de ses personnages, et de leurs tenants et aboutissants individuels. Par exemple, le dialogue d'un personnage dont le besoin central est le sens du devoir recèlera un message sous-jacent complètement différent de celui d'un personnage qui a besoin d'action.

Pour illustrer la nature du message sous-jacent, permettez-moi de vous présenter deux scènes. D'abord, une scène explicite : un homme et une femme en voyage de noces. Elle repose sur des fondations simples, leur amour l'un pour l'autre. Ce qu'ils disent est sans ambiguïté. Ils s'expriment d'une façon directe, sans réticences, sans recourir aux moyens habituels à ceux qui cherchent à esquiver un sujet : l'humour, la diversion, le déni pur et simple, le transfert, etc. :

Deborah appuya sa tête contre le genou de Saint James. Il lui caressait les cheveux de ses longs doigts fins, ramenant sur la nuque la masse bouclée. Elle leva les yeux vers lui.

— J'ai peur, Simon. Je n'ai pas pensé un instant cette année que cela pourrait m'arriver, et pourtant j'ai peur.

Elle vit dans ses yeux qu'il comprenait. Bien sûr qu'il comprenait. Comment aurait-il pu ne pas comprendre ?

— Moi aussi, répondit-il. J'ai été malade de peur toute la journée. Je m'étais juré de ne jamais me livrer. Ni à toi, ni à personne. C'est pourtant bien ce qui s'est passé. (Il sourit.) Tu t'es emparée de mon cœur avec une telle force que je n'ai pas pu résister, Deborah, et je m'aperçois maintenant que plus que de me perdre moi-même, ce que je redoute par-dessus tout, c'est te perdre, toi. (Il effleura le pendentif dont il lui avait fait cadeau le matin même et qui reposait au creux de sa gorge. C'était un petit cygne en or, symbole de leur engagement réciproque.) Ne crains rien, murmura-t-il doucement.

— Fais-moi l'amour, alors.

— Avec grand plaisir[1].

Nous avons là Saint James et Deborah, deux de mes principaux personnages récurrents, en pleine lune de miel. Ils parlent de leurs peurs respectives sur un ton calme et réfléchi. Le sujet est directement abordé. Ils vont au cœur des choses en exprimant leur vulnérabilité. Si le dialogue recèle un message sous-jacent, c'est que ces deux personnages s'aiment et se font confiance.

Cela dit, un roman dont tous les dialogues seraient écrits sur ce modèle sombrerait vite dans l'ennui et la répétition. Il manquerait d'équilibre, et l'auteur aurait fort à faire pour continuer à intéresser le lecteur à ses personnages. Pour contrebalancer les dialogues directs, aux sous-entendus minimaux, il faut prévoir des scènes dont le dialogue sera riche de sous-entendus.

Penchons-nous maintenant sur un autre aspect des échanges affectifs que j'aime développer dans mes romans : l'amitié, les relations amoureuses, et plus tard le mariage de l'inspecteur Thomas Lynley et d'Helen Clyde. Leur relation ne pourrait être plus différente de celle qui unit Deborah et Saint James. Ils se parlent rarement de façon directe. Ou, du moins, Helen dit rarement les choses en face à son mari. La plupart du temps, elle tourne autour du pot, parlant d'autre chose,

1. Élizabeth George, *Enquête dans le brouillard (À Great Deliverance)*, op. cit.

par allusions, ce qui a parfois aussi le don de provoquer des conflits.

— Oh...

Elle s'approcha de la vieille coiffeuse de
style georgien et s'assit au bord du tabouret.
Elle le regarda d'un air grave, une ombre
jouant sur sa joue, là où ses cheveux abritaient
son visage d'un rai de soleil qui se glissait par
la fenêtre. Elle ressemblait tellement à une
écolière qui s'attend à être tancée que Lynley
se mit à réexaminer ce qu'il croyait être des
griefs rationnels.

— Désolé pour cette dispute, Helen. Tu me
fais part de ton opinion. C'est ton droit le plus
strict. Je me suis énervé parce que je voulais
que tu sois de mon côté. C'est ma femme, me
suis-je dit, c'est mon boulot. Et ces décisions,
je suis forcé de les prendre. Je veux qu'elle
m'appuie, me soutienne au lieu de me tenir
tête. Sur le moment, je n'ai pas pensé à toi
comme à un individu à part entière. Seulement
comme à un prolongement de moi-même.
Aussi, quand tu as remis en question ma décision concernant Barbara, j'ai vu rouge. Je me
suis laissé emporter. Désolé.

Elle baissa les yeux. Elle passa les doigts le
long du bord du tabouret.

— Ce n'est pas parce que tu t'es mis en
colère que j'ai quitté la maison. Ce n'était pas
la première fois que je te voyais perdre ton
calme.

— Je sais pourquoi tu es partie. Je n'aurais
jamais dû faire ça.

— Faire quoi ?

— Cette remarque, sur le pléonasme. C'était
un manque de tact flagrant de ma part, de la
cruauté. Je voudrais que tu me pardonnes
d'avoir dit ça.

— Ce n'étaient que des mots, Tommy, fit-elle en levant la tête. Tu ne peux pas me demander pardon pour des mots.

— Je te le demande quand même.

— Non. Je t'ai déjà pardonné, je t'ai pardonné immédiatement. Les mots ne sont pas la réalité, tu sais, seulement une façon pour les gens d'exprimer ce qu'ils voient.

Elle se pencha pour prendre l'un des échantillons de papier peint, le tenant à bout de bras et l'examinant pendant quelques instants.

Ses excuses avaient été acceptées. Cependant, il avait l'impression que le sujet était loin d'être clos. Faisant référence au papier, il remarqua :

— C'est un bon choix.

— Tu crois ? (Helen laissa tomber l'échantillon par terre.) Choisir me tue. Faire un choix, c'est dur. Vivre avec ses choix, après, ça l'est également.

Une petite lueur d'avertissement s'alluma dans la conscience de Lynley. Sa femme ne l'avait pas épousé avec un fol enthousiasme. Il lui avait fallu du temps pour la persuader que le mariage était une bonne chose. Cadette de cinq sœurs, qui toutes avaient fait des mariages différents, les unes avec des aristocrates italiens, une autre avec un éleveur du Montana, elle avait été témoin des vicissitudes et des errements qui résultaient de tout attachement permanent. Elle n'avait jamais dissimulé son manque d'empressement à s'engager dans une voie où elle se disait qu'elle avait plus à perdre qu'à gagner. Mais elle n'avait jamais non plus été femme à laisser les malentendus s'installer. Ils avaient échangé quelques paroles un peu vives, c'était tout. Les mots ne présageaient pas nécessairement la fin de tout.

Toutefois, en réaction à ce qu'elle venait de dire, il observa :

— Quand j'ai réalisé que je t'aimais – je ne sais pas si je te l'ai déjà dit –, je n'ai pas compris comment j'avais pu ne pas m'en rendre compte plus tôt. Tu étais là, tu faisais partie de ma vie depuis des années, mais toujours en qualité d'amie. Et quand j'ai *su* que je t'aimais, j'ai eu l'impression de risquer de tout perdre en exigeant de toi davantage que ton amitié.

— Et tu prenais effectivement un sacré risque. Parce qu'il n'y a plus moyen de revenir en arrière au bout d'un certain temps. Mais je ne regrette pas un instant ce risque. Et toi, Tommy ?

Le soulagement le submergea.

— Alors nous sommes en paix l'un avec l'autre.

— En a-t-il jamais été autrement ?

— J'avais eu l'impression… (Il hésita, ne sachant comment décrire le changement qui s'était opéré entre eux.) Il faut s'attendre à une période d'ajustement, tu ne crois pas ? Nous ne sommes plus des enfants. Nous avons mené notre vie chacun de notre côté avant de nous marier. Il va nous falloir un certain temps pour nous habituer à l'idée que désormais nous vivons en permanence ensemble.

— Tu crois ? fit-elle d'un ton pensif en relevant le nez des échantillons.

— Comment ça, je crois ?

— Que nous avions des vies indépendantes. Oh toi, oui. Indiscutablement. Mais en ce qui concerne l'autre moitié de l'équation, rien n'est moins sûr. (Elle désigna vaguement les échantillons.) J'aurais choisi les fleurs sans hésitation mais Charlie les trouve fades. Et moi qui me croyais compétente en matière de

187

décoration. Si ça se trouve, je me suis fait des idées.

Lynley, qui la connaissait depuis plus de quinze ans, ne pouvait se méprendre sur ce qu'elle voulait dire.

— J'étais en colère, Helen. Et quand je suis en colère, rien ne peut m'arrêter. Mais comme tu viens toi-même de le souligner, ce que j'ai dit, c'étaient des mots. Qui ne reflètent pas la vérité.

Tandis qu'il parlait, elle avait commencé à écarter les papiers à fleurs. Lorsqu'il eut fini, elle fit une pause. Tête inclinée, visage tendre, elle le fixa.

— Tu ne comprends pas de quoi je parle, n'est-ce pas ? Mais comment le pourrais-tu ? À ta place, je ne comprendrais pas non plus.

— Si, je comprends. J'ai corrigé ton langage. J'étais furieux de voir que tu refusais d'abonder dans mon sens, alors j'ai réagi comme j'ai cru que tu réagirais : à la forme et non au fond. Moyennant quoi je t'ai fait de la peine. J'en suis désolé.

Elle se mit debout, des échantillons contre la poitrine.

— Tommy, tu m'as décrite telle que je suis, dit-elle simplement. J'ai quitté la maison parce que je ne supportais pas d'entendre une vérité que j'évitais depuis des années[1].

Il se passe bien des choses dans cette scène, et beaucoup de ces choses ne sont pas exprimées. Le message sous-jacent – ce que les deux personnages ne se disent pas directement l'un à l'autre – colore la scène et l'ancre

1. Élizabeth George, *Une patience d'ange (In Pursuit of the Proper Sinner)*, trad. Dominique Wattwiller avec la collaboration de Claire Guéron, Presses de la Cité, 1999.

en même temps dans la réalité. Les gens ne disent pas toujours ce qu'ils veulent vraiment dire. Ils n'expriment pas toujours directement leurs pensées et leurs sentiments. Il leur arrive de tourner autour du sujet au lieu de l'aborder directement. Quand ça se produit dans une scène, vous avez un message sous-entendu : ce qui se passe en réalité à la fois entre deux individus et dans leur tête.

Les messages sous-jacents enrichissent donc le dialogue, lequel est identifié par les incises et les modificateurs qui les accompagnent : ce sont les mots qui précèdent, interrompent ou suivent les répliques, indiquant celui qui a parlé.

Certains auteurs débutants s'imaginent devoir faire preuve d'une créativité particulière dans leurs incises, en croyant que les « dit-il », « dit-elle » répétés manquent de punch et de personnalité, alors que « dit » est un petit mot miracle que personne ne devrait abandonner. En réalité, quand un auteur écrit « dit-il », l'œil du lecteur glisse dessus sans s'y arrêter. Le cerveau note le nom du locuteur, ignorant tout simplement le verbe qui l'accompagne – pourvu que ce soit le verbe « dire ». C'est plus ou moins ce qui se passe aussi avec « fit », « demanda » et « répondit ».

Ce n'est pas le cas de toutes les incises sophistiquées comme *grogna, gémit, lança, siffla, geignit, pleurnicha, hurla, gronda, ricana, grommela* et ainsi de suite, qui arrêtent le regard du lecteur. À moins que vous n'ayez assez de talent pour en user judicieusement – et franchement je vous décourage purement et simplement d'y recourir –, autrement dit quand elles servent l'action et le contenu de la scène que vous écrivez, vous devez être bien conscients qu'elles vont sauter aux yeux du lecteur. J'irai même plus loin : quand l'écriture (c'est-à-dire, évidemment, l'auteur) joue bien son rôle, le lecteur doit savoir quand son personnage crie, ricane, tempête, gémit ou pleurniche. Ça se voit dans la scène ; l'auteur n'a pas besoin d'utiliser des mots évidents pour indiquer de quelle manière s'exprime celui qui parle.

Il arrive que l'adverbe puisse vous aider, mais tout comme les incises trop expressives énumérées au paragraphe précédent, les adverbes sont à manipuler avec précaution. Un adverbe peut ajouter un certain degré de précision à une incise, comme : « dit-il pâteusement ». Mais rappelez-vous que si vous utilisez des adverbes, l'attention du lecteur sera attirée sur la façon dont la réplique est prononcée plutôt que sur son contenu. En passant, j'avais surnommé la relectrice de mes douze premiers romans mettant Lynley en scène « la Reine des adverbes ». Elle en mettait partout, je les ai tous retirés.

Comprenons-nous bien : je ne plaide pas pour le renoncement systématique aux incises ou aux adverbes lorsqu'ils apportent une précision utile. Je vous recommande seulement de les employer avec parcimonie, en vous rappelant l'effet qu'ils auront sur la scène que vous écrivez. Si votre dialogue est assez clair pour que l'on comprenne qui prononce chaque réplique, vous pouvez écrire une scène complète sans incises du tout. C'est risqué, mais quand ça marche, ça marche.

Méfiez-vous aussi des mots inutiles et faites-leur la chasse. Dans la vie de tous les jours, on commence souvent ses phrases par « écoute » et on les truffe de « d'accord ? » péremptoires qui ne sont que des scories langagières. Le filtre auditif de nos interlocuteurs entre en action, et ces mots sans contenu sont zappés. Mais dans les dialogues écrits, dans un roman, ce genre de mots parasites risque d'encombrer la page et de devenir vite agaçant pour le lecteur. Ne les utilisez que s'ils sont idiomatiques (par exemple, si un personnage populaire dit tout le temps « hein », ou « je veux dire », comme dans : « alors, hein, elle était pas là, je veux dire ? »), ou s'ils illustrent le caractère d'un personnage. Sinon, je vous recommande de les éviter totalement.

Toutes ces considérations nous amènent au dialecte. Ce sujet m'inspire plus ou moins les mêmes réflexions que l'opposition entre « dit » et d'autres incises qui pourraient paraître plus spécifiques. Si le dialecte que vous employez requiert une orthographe phonétique et/ ou des mots mal orthographiés, on ne verra que ça. Si telle est votre intention, alors, ne vous gênez pas, allez-y. Sinon, je vous suggère de communiquer la saveur du dialecte grâce à un usage astucieux d'un vocabulaire propre au contexte (géographique ou autre) de l'histoire, et en même temps immédiatement reconnaissable par le lecteur :

Affirmatif.

M'sieur, oui, m'sieur !

Ou bien, amusons-nous à traduire la même phrase de quatre façons différentes :

Pas à dire, elle est bellotte la crevette !

Hé fieu, regarde une fois si elle est pas jolie, ma crotje !

Bout de bon Dieu, elle a un tabarnac' de beau petit body !

Yo ! Mate la meuf, mon frère !

Plutôt que l'immersion complète dans le dialecte, je vous encourage à le suggérer. Le lecteur comprendra, et vous ferez l'économie de bien des migraines sur deux cents pages de premier jet…

Les langues étrangères sont une autre paire de manches, si j'ose ainsi m'exprimer, et il y a probablement autant de façons de s'en sortir que de façons de les transcrire et de gens pour écrire. Dans *Shogun*, où il y a beaucoup d'échanges en japonais, James Clavell écrit généralement la traduction immédiatement après la réplique. Ça marche, parce que les tirades sont assez brèves pour s'accommoder de cette technique, et au bout d'un moment Clavell part du principe que le lecteur a saisi certaines tournures spécifiques, et cesse de les traduire.

Il est parfois plus élégant de recourir à un procédé qui permet de déduire la traduction du contexte, comme dans l'exemple suivant :

— Frijoles, señor ? *demanda la femme en lui tendant une assiette.*

Il plongea sa fourchette dedans. Sous une flaque de fromage coagulé qui évoquait du vomi de chat, les haricots étaient froids.

Les deux lignes qui suivent la réplique de la femme expliquent assez clairement ce que sont les *frijoles*, au cas où le lecteur l'ignorerait.

De toute façon, quel que soit le genre de dialogue que vous écrirez, vous devez toujours veiller à soutenir l'intérêt du lecteur et donc à éviter qu'il perde le fil, par exemple en rédigeant un long discours au cours duquel le lecteur se contente de demander sa route.

Il arrive toutefois qu'un long discours soit utile. Si vous avez une histoire à raconter, il arrive que la traduire dans un dialogue fulgurant entre deux personnages ne marche pas. Dans ce cas, vous pouvez envisager quelques options pour ne pas décourager le lecteur.

Vous pouvez montrer que ce qui va être dit est important en commençant d'une façon tonitruante : « Ah, les salauds ! Les fumiers ! Tu sais ce qu'ils ont fait au vieux Tom Watkins ? » Là, normalement, vous avez réussi à attirer l'attention du lecteur.

Ou bien vous pouvez signaler les réactions des autres interlocuteurs : leur gestuelle, un départ significatif, une remarque déplacée. Ou bien vous pouvez interrompre le discours par un moment d'action intégré à la narration : un chat qui se faufile avec un rat crevé dans la gueule, un bruit de voix derrière la porte de la pièce où le personnage raconte l'histoire, un coup de vent qui fait claquer les volets de la fenêtre, une chanson qui passe sur l'autoradio d'une voiture. Autant de trucs qui peuvent contribuer à maintenir l'intérêt du lecteur, ce qui est la Mission Numéro Un de l'auteur, à tout moment.

Gardez tout de même à l'esprit que le dialogue ne s'impose pas forcément. Il n'est pas toujours nécessaire, même si l'information transmise l'est. Il peut arriver, pour abréger une scène, par exemple, pour casser le rythme ou pour procurer au lecteur un moment de respiration entre deux dialogues, que l'auteur décide de transcrire au style indirect ce qui serait sans cela un dialogue au style direct. Ce n'est qu'une forme résumée de dialogue racontée au style narratif. Regardez cet exemple tiré de *La Route des Indes*, de E. M. Forster :

Entraîner tout le monde là-dedans était précisément le but de l'avocat. Il suggéra, par la suite, que l'homme de loi chargé de l'affaire devrait être un hindouiste ; la défense en serait élargie. Il cita deux ou trois noms – des hommes habitant loin de là, que des conditions locales n'intimideraient pas – et donna sa préférence à Amritrao, un avocat de Calcutta, d'une haute réputation professionnelle autant que personnelle, mais notoirement anti-anglais.

Fielding balançait ; il lui semblait qu'on allait ainsi à l'autre extrême. L'innocence d'Aziz devait être reconnue, mais avec le minimum de haine de race. Amritrao était abhorré au club. Ce choix serait considéré comme un défi politique.

— Oh ! non, nous devons frapper de toute notre force. Lorsque j'ai vu les papiers privés de mon ami passer, il y a un instant à peine, dans les bras d'un policeman répugnant, je me suis dit : « Amritrao est l'homme capable de nous nettoyer cette affaire. »

Il y eut un silence morne. La cloche du temple émettait toujours ses criailleries discordantes. Ce jour interminable et désastreux en était à peine à son après-midi. Les rouages administratifs allaient leur train cependant ; voici que partait à cheval un messager du surintendant porteur du rapport officiel d'arrestation.

— Ne compliquez rien, laissez les cartes se jouer d'elles-mêmes, conseilla Fielding en regardant disparaître l'homme dans la poussière. Nous sommes certains de gagner, rien d'autre ne peut survenir. Elle sera évidemment incapable de nourrir son accusation[1].

Vous voyez comment, au milieu d'une longue scène dans laquelle les personnages discutent de diverses possibilités de défendre Aziz, un Indien accusé d'avoir violé une Anglaise, Forster s'autorise une partie de dialogue au style indirect. Ce qui serait autrement un assez long tunnel de dialogue est condensé en quelques paragraphes, et le rythme de la scène est relancé. Le lecteur « y gagne » doublement. C'est un procédé assez économique, qui fait avancer l'action tout en permettant au lecteur de comprendre qu'une discussion prolongée se déroule. Le discours indirect marche bien à cette articulation de la scène parce que le contenu de la discussion en cours est moins important que son issue. (Au passage, j'espère que vous avez remarqué aussi l'interruption en liaison avec le thème de la scène : le tintement de la cloche du temple.)

1. Edward Morgan Forster, *La Route des Indes (À Passage to India)*, trad. Charles Mauron, Christian Bourgois.

Le discours indirect permet donc à l'auteur de condenser le discours et d'en modifier le rythme. Mais il peut également révéler l'attitude d'un personnage tout en accentuant des parties importantes du dialogue[1].

Quand vous avez réussi à écrire tous les dialogues d'une scène, vous êtes prêt à l'évaluer, ce qui est à vrai dire la partie la plus facile de tout le processus artisanal. Relisez-les d'un bout à l'autre en essayant plus particulièrement de voir s'ils ajoutent de la tension à la scène et s'ils exposent une partie du conflit entre les personnages. Assurez-vous que chacun des personnages a bien une voix propre, qui ne ressemble à aucune autre. Ensuite, faites la chasse aux images toutes faites, à moins que le personnage en question soit censé parler par clichés, comme Polonius à Laërte. Vérifiez que le dialogue révèle aussi un aspect de chacun des personnages qui parlent et qui écoutent. Pour finir, considérez la scène dans son ensemble et demandez-vous si une partie du dialogue ne serait pas mieux exprimée au style indirect plutôt que direct.

Jetez sur votre écriture un regard critique mais pas cruel. Si quelque chose n'est pas essentiel, élaguez-le sans pitié. Rappelez-vous qu'un bon dialogue peut servir tout un éventail de finalités dans votre roman, et qu'en négliger une revient à négliger tous les outils du métier. C'est comme si vous tapiez sur un clou avec un tournevis, si vous voyez ce que je veux dire.

1. Bernays et Painter, *What If ?*, *op. cit.*, p. 85.

12

La scène : non, ce n'est pas du gâteau

En relisant Annie Dillard aujourd'hui, j'ai compris ce qui faisait d'elle une excellente romancière : elle prend du recul. Elle a le don d'observer avec acuité, et quelle observation ! Elle a une faculté d'appréciation formidable. Elle applique ce regard à la nature, qu'elle utilise comme métaphore du processus d'écriture. Personnellement, je suis peut-être (d'aucuns diront même certainement) trop enracinée dans l'ego. Il faut pouvoir sortir de soi-même pour écrire, ça doit devenir un processus inconscient, dans lequel on nage comme si c'était un fleuve. En réalité, quand on écrit bien, on n'a même plus besoin de nager. Il faut se laisser porter, emporter par les mots comme par un courant. Nager implique un manque de liberté par rapport aux restrictions de l'ego. Il faut arrêter de lutter au point d'en avoir mal aux bras. Il faut être, un point c'est tout.

Journal d'un roman
14 janvier 1998

Tout ce que j'ai partagé avec vous jusqu'ici suscite la vraie question : *comment* écrivez-vous ? Répondre

« un mot à la fois », je trouve que c'est ne pas se mouiller (comme le jour où, à un étudiant qui lui demandait comment écrire de bons dialogues, j'ai entendu un auteur répondre « Ouvrez-vous une veine ». Voilà qui a dû l'aider !). La réponse que je préfère donner est celle-ci : essayez d'envisager votre roman comme une succession de scènes reliées par un lien de causalité, et écrivez-les l'une après l'autre.

Commencez déjà par décider si vous avez besoin d'une scène, compte tenu de l'endroit du roman où vous vous trouvez. Il se peut que vous n'en ayez pas besoin et que vous vous en sortiez mieux avec une simple narration dramatique.

Cette forme de narration est un passage du roman où un narrateur *relate* les événements au lieu de les *rendre*. Vous pouvez le faire sous forme résumée, ou bien « au long ». Dans ce cas, c'est un passage où les personnages évoluent et se développent, et où vous serez amené à faire appel à d'autres instruments du métier – comme le langage figuratif. Considérez cet exemple tiré de la nouvelle de Jim Harrison, « Une vengeance » :

> Vu du ciel avec un regard d'oiseau – et, justement, un vautour descendait en spirale – il était impossible de dire si l'homme nu qui gisait sur le sol était vivant ou mort. L'homme, lui-même, n'en savait rien et le rapace, en atteignant le sol, s'approcha en boitillant de travers, hésitant, lançant un coup d'œil oblique vers les ronces qui encombraient le ravin, craignant peut-être l'arrivée des coyotes. Car le partage d'une charogne ne se fait jamais selon le désir du premier arrivé ; cela se décide en fonction d'un rite établi depuis longtemps, bien avant que l'on sache que des rites pourraient exister, un jour. Le vautour

était repu ; il venait de dévorer les restes d'un serpent à sonnette écrasé par un camion près de Nacozari de Garcia, une petite bourgade située à l'écart du flot touristique, à une centaine de miles de Nogales. Pour le moment, les coyotes se contenteraient d'observer les approches du vautour. Ils ne s'approcheraient pas, même si leur chasse de la nuit avait été infructueuse. Plus tard, à mesure que l'air du matin s'échaufferait sous le soleil, d'autres vautours arriveraient et la très lente agonie de l'homme aurait enfin son public.

L'aube cédait la place au matin et la chaleur séchait le sang sur le visage du blessé, évaporant sa fraîche odeur de cuivre. À présent, il mourait de chaleur et de déshydratation bien plus que de ses blessures : l'un de ses bras était cassé et tordu, une large meurtrissure bleue marbrait sa poitrine, un hématome levait comme un soleil pourpre sur une pommette écrasée et les testicules étaient démesurément enflés. Une blessure à la tête avait saigné sur le sable et les cailloux et l'entraînait de plus en plus profondément vers ce coma dont il ne sortirait pas. Pourtant, il respirait encore et l'air brûlant s'échappait de ses lèvres en sifflant contre une dent brisée ; lorsque le sifflement s'accentuait sur un souffle plus fort, les vautours s'ébrouaient, dérangés dans leur veille. Une femelle de coyote suivie de ses petits s'arrêta un instant, juste le temps de claquer des mâchoires en direction de l'homme afin d'instruire ses jeunes et leur faire comprendre qu'en temps ordinaire, la pitoyable créature qui gisait là était en fait un animal dangereux. Au passage, elle salua un vieux mâle abrité à l'ombre d'un rocher et possédé d'une intense curiosité. Il ne détachait pas son regard de l'homme et si, par moments, il en venait à s'assoupir, il conservait dans son demi-sommeil une vigilance dont l'acuité nous est inconnue. Il avait le ventre plein et le spectacle de cet être en train de mourir lui apparaissait comme la chose la plus fascinante qu'il ait observée depuis longtemps. Il ne ressentait qu'une immense curiosité, rien d'autre. Lorsque l'homme serait enfin mort, le vieux coyote s'en irait et abandonnerait le cadavre aux vautours. Il était là depuis un bon moment ; il se trouvait déjà à proximité lorsque l'homme nu avait été jeté hors de la voiture, la nuit précédente.

Dans la fraîcheur relative du soir, un paysan mexicain et sa fille s'avancèrent le long de la route, s'arrêtant parfois pour arracher aux broussailles un morceau de bois mort à brûler. Plus exactement, l'homme avançait pesamment sous sa charge de *mesquite* tandis que sa fille caracolait, sautait d'un pied sur l'autre, gambadait, courait en avant puis s'arrêtait pour attendre son père. Elle était son unique enfant et il ne lui permettait pas d'entrer dans les broussailles, craignant qu'elle se fasse mordre par un scorpion ou un *corallo*, un de ces serpents corail qui, à l'inverse de leurs congénères à sonnette, ne préviennent jamais avant d'attaquer. D'ailleurs, les *corallos* ne mordent que lorsqu'ils se sentent acculés ou provoqués ; le reste du temps, ils sont timides et discrets, dénués de réelle méchanceté. La fillette portait une Bible sous son bras. Elle travaillait parfois aux cuisines de la mission mennonite dont son père était le gardien.

Elle se mit à fredonner un air et son chant dispersa les vautours assemblés une centaine de mètres plus loin. De toute manière, ils étaient sur le point de s'envoler afin de rejoindre leurs aires avant que la nuit ne tombe complètement. Le vieux coyote se tassa un peu dans l'ombre de son rocher, il reconnut les voix de l'homme et de sa fille. L'expérience de ses sept années d'existence lui avait appris qu'il n'avait rien à redouter de leur part. Il les observait souvent sur le chemin qui menait à la mission ; eux, ne l'avaient jamais vu. L'envol des grands oiseaux dans le soleil couchant éveilla l'attention du père et il hâta le pas en direction de l'endroit qu'ils venaient de quitter, il possédait une curiosité de chasseur un peu semblable à celle du coyote. Il se souvenait du jour où, en suivant ainsi un vol de vautours, il avait découvert la carcasse d'un grand cerf tombé d'une falaise. Il ordonna à sa fille de l'attendre à distance et entra avec précaution dans le réseau dense de broussailles et de ronces qui bordait la route. Il entendit un souffle suivi d'un faible sifflement et ouvrit aussitôt son long couteau à manche de nacre. Il avança silencieusement vers l'endroit d'où venait le souffle, reniflant une odeur de sang mêlée à celle des fientes de vautour. Puis il vit l'homme et lâcha lui-même un mince sifflement. Il s'accroupit et tâta le pouls. Il possédait quelques notions de secourisme acquises avec le médecin missionnaire qu'il accompagnait parfois dans ses expéditions. Il se redressa et siffla de nouveau, en même temps que le mourant. Puis il regarda le ciel. Il était essentiellement de sang indien et sa première impulsion le poussa à s'en aller, abandonner l'homme et éviter ainsi tout contact avec les *Federales*. Mais il pensa qu'après tout, le docteur entretenait d'excellentes relations avec la police. Il se souvint également de la parabole du bon Samaritain et jeta un coup d'œil fataliste vers le corps avec l'air de se dire : je veux bien faire quelque chose, mais à mon avis, il est déjà trop tard.

Il revint sur la route et dépêcha sa fille vers la mission qui se trouvait dans la vallée, à moins d'un kilomètre. Puis il s'accroupit au bord de la route et se mit à retourner des cailloux avec la pointe de son couteau. Le spectacle d'un homme aussi gravement blessé le troublait, mais il se forçait à mettre au point l'histoire qu'il raconterait aux *Federales*. Dans sa jeunesse, outre son métier de chasseur, il avait également été un peu brigand et il savait qu'il fallait toujours raconter des histoires simples aux autorités[1].

C'est une narration dramatique. Le narrateur omniscient nous décrit ce qui se passe, de façon factuelle. Il n'y a pas de dialogues. La découverte du corps du mourant aurait pu donner lieu à une nouvelle entière, et pas seulement à l'ouverture d'un court roman.

Voyez maintenant l'exemple suivant, extrait de *La Route des Indes*. Il s'agit encore une fois de narration dramatique, mais *résumée* :

Ainsi la cavalcade prit fin, tantôt agréable, tantôt désagréable ; on cueillit en passant le cuisinier brahmaniste, le train arriva, poussant sa gorge brûlante à travers la plaine, et le vingtième siècle reprit l'avantage sur le seizième. Mrs Moore entra dans son wagon, les trois hommes gagnèrent le leur, baissèrent les persiennes, mirent en marche le ventilateur électrique et tâchèrent de dormir. Dans la pénom-

1. Jim Harrison, « Une Vengeance », in *Légendes d'automne* (« *Revenge* », in *Legends of the Fall)*, trad. Serge Lentz, Robert Laffont, 1981.

bre ils avaient l'apparence de cadavres, et le train aussi paraissait mort quoiqu'il avançait, – un cercueil descendu du Nord scientifique pour venir quatre fois par jour troubler le paysage. Lorsqu'il eut quitté les Marabar, leur affreux petit monde disparut, laissant la place aux Marabar lointaines finies et d'allure romantique. Le train s'arrêta une fois sous une pompe pour noyer le stock de charbon de son tender. Puis, à la vue de la grande ligne dans le lointain, il prit courage, partit en soufflant, contourna le quartier européen, franchit le passage à niveau (la voie était maintenant brûlante) et s'arrêta dans un bruit de ferraille. Chandrapore ! Chandrapore ! L'excursion était terminée.

Et à la fin, au moment où ils se dressaient dans l'obscurité et se préparaient à rentrer dans la vie ordinaire, brusquement, trop longtemps étirée, l'étrange trame de cette matinée craqua. Mr Haq, l'inspecteur de police, ouvrit brutalement la porte du wagon et dit d'une voix aiguë : « Docteur Aziz, j'ai le très pénible devoir de vous arrêter[1]. »

C'est ainsi que Forster conclut la visite de ses personnages aux grottes de Marabar, où se déroule l'élément déclencheur du roman. Il les déplace des grottes au train, du train à leur destination, et ça ne traîne pas. C'est fait avec une grande économie de moyens, sans exploitation superflue de la situation. L'atmosphère est sombre – ô combien, avec ces wagons comparés à des cercueils ! – et l'arrestation du bon Dr Aziz à la fin du passage narratif achève de dramatiser l'histoire. Le but de Forster est parfaitement servi : il devait ramener les

---

1. E. M. Forster, *La Route des Indes, op. cit.*

personnages des grottes jusque chez eux, mais à quoi bon s'éterniser sur le déroulement du trajet ? La narration dramatique s'imposait. Le *résumé narratif* s'imposait.

Mais le plus souvent, vous préférerez décrire la scène au cours de laquelle le personnage-point de vue ou le narrateur omniscient relate les événements au fur et à mesure qu'ils se produisent, permettant au lecteur d'assister aux faits et gestes des personnages et de surprendre leur conversation. Une scène déroulée dans son intégralité peut être longue, mais, comme dans l'exemple suivant, elle peut être des plus concises :

Melvin Johns n'avait pas eu l'intention de faire l'amour. Il avait retrouvé Tracy à l'endroit habituel, la grille qui menait au chemin de halage. Ils avaient marché ensemble, elle le tenant par le bras, son corps mince pesant contre le sien, jusqu'à leur cachette : un carré d'herbe aplatie situé derrière un sureau et une souche d'arbre. Là, c'était arrivé. Comme il l'avait prévu. Un bref spasme insatisfaisant après un préambule identique aux autres fois. Une forte senteur d'humus et de feuilles mortes, la terre douce sous ses pieds, le corps ardent de Tracy peinant sous le sien, l'odeur de ses aisselles, ses doigts grattant son cuir chevelu, la rugosité de l'écorce de l'arbre contre sa joue, le miroitement du canal vu à travers le fourré. Maintenant, c'était fini. Mais le cafard qu'il avait toujours après l'acte était pire que jamais. Il eut envie de s'enfoncer dans le sol et de gémir tout haut.

« Il faut aller à la police, chéri, murmura-t-elle. Il faut leur dire ce qu'on a vu.

— Ce n'était rien. Simplement une voiture garée devant l'église.

— Oui, mais devant la porte de la sacristie. Devant l'endroit où a été commis le crime. Le même soir. En plus, on connaît l'heure : environ sept heures. C'était peut-être la voiture de l'assassin.

— Ça m'étonnerait qu'il circule en Rover noire. Et puis, on n'a même pas relevé le numéro.

— Mais il faut leur dire. Si la police ne retrouve pas l'assassin et qu'il tue de nouveau, on ne se le pardonnera jamais. »

Le ton onctueux, satisfait de soi, de Tracy l'écœura. Comment, se demanda-t-il, n'avait-il encore jamais remarqué qu'elle avait une voix geignarde ?

« D'après toi, ton père nous tuerait s'il savait qu'on se voit, marmonna-t-il. Tous ces mensonges que tu lui as racontés, que tu allais à tes cours du soir. Tu as dit qu'il nous tuerait.

— Mais c'est différent maintenant, mon chéri. Il comprendra. Et puis, on peut toujours se fiancer. On dira à tout le monde qu'on était fiancés. »

Évidemment, se dit-il. Tout devenait soudain très clair pour lui. Papa, ce respectable prédicateur laïque, serait d'accord dans la mesure où il n'y aurait pas de scandale. Il ne dédaignerait pas la publicité et le prestige que cette histoire lui donnerait. Ils seraient obligés de se marier. Papa, Maman et Tracy y veilleraient. Il eut l'impression que son avenir lui était soudain dévoilé, qu'une bobine de cinéma déroulait lentement devant ses yeux la vision désespérante, image après image, de la vie qui l'attendait. L'installation dans la maison des beaux-parents (avec leurs modestes moyens, où auraient-ils pu se loger ?). L'attente d'un appartement dans une H.L.M. Le premier bébé hurlant dans la nuit. La voix pleurnicharde, accusatrice, de Tracy. La mort lente de tout, y compris du désir. Un ancien membre du gouvernement était décédé, un homme qu'il n'avait jamais connu, jamais vu, dont le destin n'avait jamais croisé le sien jusqu'à ce jour. Quelqu'un, son meurtrier ou un automobiliste innocent, avait garé sa Rover devant l'église. La police retrouverait l'assassin, s'il y en avait un. Le criminel serait condamné à perpétuité et relâché dans une dizaine d'années. Mais lui, qui n'avait que vingt et un ans, purgerait sa peine jusqu'à sa mort. Et qu'avait-il fait pour mériter pareil châtiment ? Bien peu de chose comparé au meurtre. L'injustice de son sort faillit le faire hurler.

« D'accord, dit-il, résigné. Allons au commissariat de Harrow Road. On leur parlera de la voiture[1]. »

Ici, en deux petites pages, P. D. James déroule une scène entière de *Un certain goût pour la mort*. Elle nous installe fermement dans la tête de son personnage-point de vue, et la scène relate non seulement le conflit auquel il est confronté, mais aussi la résolution du conflit. Détail intéressant, c'est la seule apparition de ces deux personnages dans le roman : ils jouent le rôle de transmetteurs d'informations précieuses à la police. Mais plutôt que de laisser le soin à un enquêteur d'annoncer simplement qu'un couple anonyme a vu une voiture garée devant l'église la nuit du meurtre, l'auteur nous fait voir ces personnages in situ. Résultat : l'histoire y gagne en vraisemblance.

À d'autres moments, il n'est pas nécessaire de dérouler la scène « en temps réel ». La plupart du

1. P. D. James, *Un certain goût pour la mort (À Taste for Death)*, *op. cit.*

temps, c'est ce qui se passe dans le cas de la narration omnisciente, qui permet au narrateur d'entrer dans la tête des gens et d'en ressortir à son gré, de faire un saut dans un décor ou un moment donné et de passer à autre chose selon son bon plaisir, ou ses besoins. C'est ce que fait John Irving dans l'extrait suivant de *L'Œuvre de Dieu, la part du diable* :

Homer Wells n'existait qu'en se rendant utile. Son besoin de se rendre utile semble même antérieur aux instructions du Dr Larch. Ses premiers parents adoptifs l'avaient ramené à Saint Cloud's, pensant qu'il avait quelque chose de détraqué : il ne pleurait jamais. Ils se plaignaient de se réveiller dans le silence même qui les avait poussés à adopter un enfant. Ils se réveillaient affolés que le bébé ne les ait pas réveillés ; ils se précipitaient dans la chambre d'enfant, s'attendant à le trouver mort, or Homer Wells était là en train de se mordre (sans dents) la lèvre, ou peut-être de faire la grimace, mais sans protester de n'être ni nourri, ni changé. Les parents adoptifs d'Homer le soupçonnaient d'être réveillé et de souffrir en silence depuis des heures. Ils ne trouvaient pas cela normal.

Le Dr Larch leur expliqua que les nouveau-nés de Saint Cloud's avaient l'habitude de rester couchés dans leur lit sans personne alentour. Nurse Angela et Nurse Edna, si tendrement dévouées qu'elles fussent, ne pouvaient pas se précipiter vers chaque bébé à la seconde où il lui prenait l'envie de pleurer. Crier n'était guère utile à Saint Cloud's. (Au fond de son cœur le Dr Larch savait cependant que la capacité d'Homer à retenir ses larmes était exceptionnelle, même pour un orphelin.)

L'expérience avait appris au docteur que des parents adoptifs capables de se dégoûter aussi facilement d'un bébé ne font pas les meilleurs parents d'orphelin. Les premiers parents adoptifs d'Homer avaient si vite supposé qu'on leur avait donné un détraqué – un retardé, une nouille, un cerveau fêlé – que le Dr Larch ne prit même pas la peine de discuter. Mais Homer était un bébé en bonne santé, destiné à parcourir gaillardement le long chemin de la vie.

La deuxième famille adoptive réagit différemment à l'absence de son d'Homer – la placidité avec laquelle il restait couché, lèvre supérieure crispée et mâchoires serrées (comme pour mordre la balle de fusil). La deuxième famille adoptive battit l'enfant avec une telle constance qu'elle parvint à tirer de lui certains bruits « normaux » de bébé. Homer fut donc sauvé par ses pleurs.

S'il s'était montré acharné dans sa résistance aux larmes, dès qu'il vit que les pleurs, les cris et les gémissements comblaient les désirs de sa famille adoptive, il voulut se rendre utile et offrit, de tout son cœur, les hurlements les plus vigoureux qu'il put exécuter. Étant donné l'heureuse nature d'Homer, le Dr Larch n'apprit pas sans surprise que le nouveau bébé de Saint Cloud's troublait la paix de Three Mile Falls, le petit village voisin. Petit, par bonheur, car les cris d'Homer devinrent le centre des commérages de l'endroit pendant plusieurs semaines ; et voisin, Dieu merci, parce que la rumeur parvint à Saint Cloud's, et donc à Nurse Angela et à Nurse Edna, détentrices exclusives du marché des ragots dans tous ces villages nés de la rivière, des bois et du papier. Quand les deux infirmières entendirent raconter que leur Homer

Wells maintenait Three Mile Falls sans sommeil jusqu'aux petites heures de la nuit, puis réveillait le village avant le jour, leur bonne mémoire ne leur fit pas défaut ; elles se rendirent sur-le-champ auprès de saint Larch.

— Ce n'est pas mon Homer ! s'écria Nurse Angela.

— Il n'a pas un naturel criard, Wilbur, lança Nurse Edna – saisissant au vol toute occasion de prononcer ce nom si cher à son cœur : Wilbur. (Ce qui mit Nurse Angela en rogne, comme toujours quand Nurse Edna succombait à son désir d'appeler le Dr Larch *Wilbur* en sa présence.)

— *Docteur* Larch, reprit Nurse Angela, avec une politesse formelle volontairement excessive, si Homer Wells réveille Three Mile Falls au milieu de la nuit, c'est parce que cette famille à qui vous l'avez confié brûle cet enfant avec des cigarettes.

Cette famille n'était pas comme ça. Il s'agissait d'un des fantasmes favoris de Nurse Angela, qui détestait le tabac ; la seule vue d'une cigarette piquée dans la bouche de quelqu'un lui rappelait un Indien francophone venu voir son père au sujet d'un puits à creuser, et qui avait écrasé son mégot sur la tête d'un des chats de la fillette ! Il lui avait brûlé le museau ; le chat, une femelle affranchie particulièrement câline, avait sauté en l'air pour retomber sur les genoux de l'Indien. Cette chatte se nommait Bandit – elle avait le visage masqué classique d'un raton laveur. Nurse Angela s'était abstenue de donner à l'un ou l'autre des orphelins le nom de Bandit : elle prenait Bandit pour un nom de fille.

Mais ces gens de Three Mile Falls n'étaient pas des sadiques d'une espèce bien connue. L'homme, entre deux âges, vivait avec sa femme plus jeune et ses enfants d'un premier mariage, déjà adultes ; la jeune épouse désirait un enfant mais elle ne parvenait pas à l'avoir. Chacun dans la famille trouvait « pas mal » que la jeune femme ait son enfant. Ce que personne ne signala, c'est que l'un des enfants adultes du précédent mariage avait eu un enfant naturel et ne s'en était pas très bien occupé. Le nouveau-né avait pleuré à n'en plus finir. Tout le monde s'était plaint du bébé qui braillait jour et nuit, puis un beau matin la fille avait simplement pris son enfant, et la porte – en laissant pour tout message :

J'EN AI MARRE DE VOUS ENTENDRE VOUS PLAINDRE DE MON GOSSE QUI PLEURE. SI JE PARS VOUS NE REGRETTEREZ NI MOI, NI SES CRIS.

Mais les cris leur manquèrent – tout le monde regretta ce merveilleux bébé braillard et la chère fille un peu bébête qui l'avait emporté.

— Ça ne serait pas mal d'avoir encore un bébé qui pleure dans la maison, fit observer un membre de la famille.

Et ils allèrent se procurer un bébé à Saint Cloud's.

Ce n'était vraiment pas la famille qu'il fallait à un bébé non braillard. Le silence d'Homer les déçut à tel point qu'ils le prirent pour une sorte d'affront. Ce fut à qui, parmi eux, pourrait lui faire pousser son premier cri. Après le premier cri, le jeu évolua : à qui pourrait le faire pleurer le plus fort, puis le plus longtemps.

Au départ, ils le firent pleurer en ne lui donnant pas à manger, mais ils obtinrent les cris les plus violents en le faisant souffrir ; en règle générale ils le pinçaient ou le frappaient, mais il existe des preuves manifestes que le bébé fut également mordu. Ils parvinrent aux pleurs les plus longs en lui faisant peur ; ils découvrirent vite que le meilleur moyen d'effrayer un bébé est de le surprendre. Pour que les cris d'Homer Wells deviennent une légende à Three Mile Falls, il fallut que ces gens soient très experts dans l'art d'obtenir d'un bébé les pleurs les plus violents et les plus longs. Car, à Three Mile Falls, il était difficile d'entendre quoi que ce fût – sans parler de la difficulté d'établir une quelconque légende dans un trou pareil[1].

Pour traiter en quelques pages l'histoire de l'adoption de Homer Wells et faire passer toutes les informations utiles, Irving fait appel tantôt au résumé narratif, tantôt à des scènes partielles. Vous noterez que les scènes partielles comportent des dialogues, et qu'après l'interruption, le résumé narratif reprend. Nous avons donc ici une narration, une pause dialoguée dans une scène non spécifiée, puis un retour à la narration. Notez aussi l'existence d'un narrateur omniscient : John Irving, qui parle par la voix d'un conteur.

Vous avez donc trois types différents de narration à envisager quand vous construisez votre roman : la narration dramatique (ou le résumé narratif), la scène complète, ou la scène partielle qui interrompt la narration dramatique.

Si vous optez pour la scène, certains éléments sont à prendre en considération, et il faudra bien que vous les abordiez, avant ou pendant l'écriture de la scène. Vous devrez vous assurer que sa construction, quel que soit

1. John Irving, *L'Œuvre de Dieu, la part du diable (The Cider House Rules)*, trad. Françoise et Guy Casaril, Le Seuil, 1986.

le comportement des personnages, fait avancer l'intrigue, ou illustre un aspect de l'un ou l'autre des personnages. Les scènes servent à dramatiser le récit, alors assurez-vous que les événements dont vous rendez compte sont relatés de façon dramatique. Veillez à ce que la scène pose des questions dramatiques dans l'esprit du lecteur, à ce qu'elle apporte un fait nouveau nécessaire au développement de l'histoire : des informations, une révélation, une découverte, un changement soudain. Si la scène que vous écrivez ne fait rien de tout ça, c'est que ce que vous avez à dire n'a pas besoin de faire l'objet d'une scène, point final. La narration dramatique (résumée ou non, encore une fois) et le dialogue au style indirect seront peut-être plus appropriés.

Maintenant, si vous estimez que ce que vous avez à dire doit l'être sous forme de scène, veillez à en faire véritablement une scène. Ce qui veut dire qu'elle doit intégrer un ou plusieurs conflits, même si ce n'est pas le Grand Conflit de l'histoire principale. La scène peut exploiter le conflit d'une intrigue secondaire, ce sera parfait. N'hésitez pas, allez-y. Pensez seulement à ménager un crescendo dans ce conflit, comme il se doit dans tout conflit digne de ce nom. Ne plongez pas dedans avec des personnages qui hurlent, vocifèrent, brandissent l'épée ou se tirent dessus d'entrée de jeu.

Construisez votre scène comme si c'était une histoire complète, et mettez-la en forme comme une histoire. Elle doit démarrer au point bas, puis la tension doit monter alors que le conflit fermente. À l'apogée du conflit, vous devez avoir un point culminant et la suite doit être une forme de résolution qui fait avancer le roman tout entier.

Voici un exemple tiré de mon roman *Le Lieu du crime* :

Barbara Havers ferma son calepin d'un geste très étudié, qui lui donnait le temps de réfléchir. En face d'elle, de l'autre côté de la table, Lynley plongea la main dans la poche de poitrine de sa veste. Sa joue était encore marbrée de rouge, à l'endroit où lady Helen l'avait frappé, mais ses mains ne tremblaient pas. Il sortit son étui à cigarettes et son briquet, puis les tendit à Barbara après s'en être servi. Celle-ci, avec une grimace, écrasa sa cigarette après la première bouffée.

Barbara n'était pas femme à analyser longuement ses émotions, et c'est pourtant ce qu'elle fit, comprenant avec un certain trouble qu'elle aurait désiré intervenir dans ce qui venait de se passer. Aucune des questions de Lynley n'était sortie du cadre strict de la procédure, mais la façon dont il les avait posées et les sous-entendus qu'il impliquait avaient donné envie à Barbara d'entrer en lice pour se faire le champion de lady Helen. Elle ne comprenait pas pourquoi, raison pour laquelle elle se pencha sur la question après le départ de la jeune femme, et trouva une réponse dans la myriade d'attentions dont celle-ci avait fait preuve à son égard depuis que Barbara travaillait en équipe avec Lynley.

— Je crois, dit-elle en lissant du pouce un pli sur la couverture de son calepin, que vous venez de dépasser un peu les bornes, inspecteur.

— L'heure n'est pas à discuter de la procédure, répliqua-t-il d'une voix froide dans laquelle elle perçut pourtant la tension.

— Ceci n'a rien à voir avec la procédure, mais avec la correction, non ? Vous avez traité Helen comme une putain, inspecteur, et si vous vous apprêtez à me répondre qu'elle a agi comme telle, je vous suggère de vous souvenir d'un ou deux détails de votre propre passé, et de vous demander sous quel jour ils pourraient apparaître si on les soumettait à l'examen que vous lui avez fait subir.

Lynley tira sur sa cigarette, puis l'écrasa dans le cendrier d'un geste dégoûté. Il eut un mouvement maladroit, et des cendres se répandirent sur le poignet de sa chemise. Tous deux fixèrent le contraste du noir sale sur le blanc immaculé.

— Helen a eu le malheur de se trouver au mauvais endroit au mauvais moment, répliqua-t-il. Il était impossible d'ignorer cela, Havers. Je ne peux pas lui appliquer un traitement de faveur sous prétexte qu'elle est mon amie.

— Vraiment ? Eh bien, vous voir respecter ce principe lorsque deux vieux amis vont se retrouver pour une petite conversation confidentielle va me fasciner.

— De quoi parlez-vous ?

— Des lords Asherton et Stinhurst et de leur entretien. J'attends avec impatience de vous voir traiter Stuart Rintoul avec la dureté dont vous avez usé à l'égard d'Helen Clyde. De pair à pair, d'égal à égal, d'Étonien à Étonien. C'est comme ça que ça marche, non ? Mais comme vous venez de le dire, tout ceci ne viendra certes pas se mettre en travers du fait que lord Stinhurst a eu le malheur de se trouver au mauvais endroit au mauvais moment.

Elle le connaissait assez pour s'apercevoir que la colère s'emparait rapidement de lui.

— Et que voulez-vous donc que je fasse, sergent ? Que j'ignore les faits ? dit-il avant de les énumérer froidement : La porte de la chambre de Joy Sinclair donnant sur le couloir est fermée à clé. Le passe n'est pas disponible. Les empreintes de Davies-Jones se trouvent sur la clé de l'unique porte qui donne accès à la pièce. Nous avons un laps de temps injustifié parce qu'Helen dormait. Et nous ne nous sommes même pas encore penchés sur le problème de savoir où se trouvait Davies-Jones avant une heure du matin, heure à laquelle il est apparu chez Helen, ni pourquoi c'est à Helen en particulier que cette chambre a été dévolue. Pratique, n'est-ce pas, cet homme qui comme par hasard vient ici séduire Helen au milieu de la nuit, tandis que sa cousine se fait assassiner dans la pièce voisine ?

— Voilà le hic, hein ? souligna Barbara. La *séduction*, pas le meurtre.

Lynley ramassa son étui à cigarettes et son briquet, les rangea et se leva sans répondre. Mais Barbara ne lui demandait pas de réponse. Celle-ci était inutile, car elle savait très bien qu'en cas de crise personnelle, il avait tendance à ne plus maîtriser l'art d'apparaître impassible en toute circonstance, résultat de son éducation. Le cœur du problème était qu'à l'instant où elle avait aperçu lady Helen dans la bibliothèque, à l'instant où elle avait vu l'expression de Lynley lorsque lady Helen avait traversé la pièce dans ce ridicule pardessus trop grand, elle avait compris que la situation pouvait prendre pour Lynley des proportions de crise.

L'inspecteur Macaskin apparut à la porte de la chambre, le visage crispé de fureur, le teint écarlate et les yeux brillants.

— Il n'y a pas un seul manuscrit dans la maison, inspecteur, annonça-t-il. Il semble

214

que notre bon lord Stinhurst les ait brûlés
jusqu'au dernier.

— Tiens, tiens, tiens, murmura Barbara à
l'adresse du plafond[1].

Dans cette scène, le point bas de l'action se situe au
début, quand Barbara Havers referme son calepin. La
tension monte au cours de sa conversation avec Lynley
sur la façon dont il a traité Helen Clyde lors de son
interrogatoire à propos de la nuit du meurtre. La scène
atteint un point culminant avec le mot *séduction*. La
résolution du conflit a lieu quand Macaskin entre en
scène pour annoncer qu'une partie des indices ont été
délibérément détruits. Voilà un fait nouveau, susceptible de faire rebondir l'intrigue : un suspect brûle des
indices ; la police ne peut pas fermer les yeux.

Attention : ne vous méprenez pas et n'allez pas penser que toutes les scènes doivent être formatées de
façon identique ; ce n'est pas ce que je veux dire. En
réalité, il vaut parfois mieux commencer une scène par
le point culminant, s'en écarter, expliquer comment on
en est arrivé là, et continuer. Il n'empêche que, même
dans ce cas, la scène recèlera encore un conflit avec un
crescendo et une résolution, mais dans un ordre différent. L'ordre dans lequel ces éléments apparaîtront
dépendra de la construction scénique que vous choisirez.

Encore des décisions à prendre ? Eh oui. C'est
l'essence même du métier. Plus vous aurez d'outils à
votre disposition, plus vous aurez de possibilités de
choix. Et plus vous aurez de possibilités de choix,
mieux vous écrirez.

1. Élizabeth George, *Le Lieu du crime (Payment in Blood)*,
op. cit.

Il y a autant de façons de construire une scène que de gens doués d'imagination. La règle de base de l'écriture est « Tout peut marcher », et je serai bien la dernière à vous fixer des limites en la matière. Je me contenterai de vous donner quelques exemples de façons de structurer une scène.

J'appelle la première la *technique cinématographique*. Pensez à la façon la plus commune dont une scène est mise en place dans un film : on commence par un plan général, la caméra balaye le décor, puis elle s'avance vers le ou les personnages, et le dialogue commence. Ou, pour résumer : posez la scène, racontez ce qui se passe et attaquez le dialogue. Voilà ce que ça donne par écrit, dans cet extrait de mon roman *Pour solde de tout compte* :

Le commissariat central de Cambridge faisait face à Parker's Piece, un vaste jardin public traversé par un lacis de sentiers. Les amateurs de jogging y couraient, leur souffle formant des nuages fibreux, tandis que sur l'herbe deux dalmatiens pleins d'entrain, la langue pendante, bondissaient sur un Frisbee orange que leur lançait un barbu mince comme un fil. Tout le monde semblait se réjouir de la disparition du brouillard. Les piétons qui se pressaient sur le trottoir marchaient la tête levée afin de profiter des premiers rayons de soleil depuis des jours. Bien que la température n'eût pas changé depuis la veille et qu'un vent vif rendît le froid piquant, le ciel bleu et la luminosité ôtaient au froid son caractère insupportable, le faisant paraître stimulant.

Lynley fit halte devant l'édifice de brique et de béton d'un brun grisâtre qui abritait les locaux de la police. Devant la porte, un panneau d'affichage vitré renfermait des affiches relatives à la sécurité des enfants en voiture, à l'alcool au volant, ainsi qu'à une association baptisée « Halte au crime ». Sur cette affiche était scotché une sorte de tract qui décrivait succinctement les circonstances de la mort d'Élena Weaver et qui demandait à toute personne l'ayant vue la veille au matin ou le dimanche soir de se faire connaître. Le tract avait été composé à la hâte et la photo de la jeune fille était une photocopie dénuée de netteté. Il n'émanait pas de la police. Il était signé les Signeurs et un numéro de téléphone figurait en bonne place au bas du feuillet. Lynley poussa un soupir à cette vue. Les étudiants sourds lançaient leur propre enquête. Cela n'allait pas lui simplifier la tâche.

Une bouffée d'air chaud lui sauta au visage lorsqu'il ouvrit la porte et pénétra dans le vestibule où un jeune homme vêtu de cuir noir palabrait avec un réceptionniste en uniforme à propos d'une contredanse. Assise sur une chaise non loin de là, sa copine attendait, chaussée de mocassins et emmitouflée dans une sorte de couvre-lit indien. Elle n'arrêtait pas de répéter : « Viens, Ron. Bon Dieu, viens ! » en tapant impatiemment des pieds sur le carrelage noir.

Le constable de permanence à la réception jeta un regard plein de reconnaissance à Lynley, sans doute ravi de la diversion.

Au jeune homme qui se lançait dans des « Dites donc, si vous croyez que je vais… », il opposa un péremptoire :

— Asseyez-vous là, mon petit. Faut pas vous énerver pour rien.

Après quoi il tourna la tête vers Lynley en disant :

— Scotland Yard ?

— Ça se voit à ce point-là ?

— Au teint. Vous avez le teint pâle des gens de la Maison. Mais je vais quand même jeter un coup d'œil sur vos papiers[1].

Au début, la « caméra » se trouve à une certaine distance, et l'objectif est braqué sur le commissariat de Cambridge. Puis Lynley arrive et observe l'endroit. Quand il entre, l'action et les dialogues commencent. De cette façon, à chaque « mouvement de caméra », le lecteur se rapproche du personnage impliqué dans l'action.

Mais il y a des moments où j'aime bien démarrer sur un coup de cymbales. Dans ce cas, j'utilise ce que j'appelle l'*opposition son/image* : je commence immédiatement par du dialogue, puis je recule pour planter le décor, je reviens au dialogue, et je me rapproche à nouveau du centre de la scène. Voici ce que ça donne au début du chapitre 6 du *Visage de l'ennemi* :

> — Alors, qu'est-ce qu'on a au menu pour demain ? fit Dennis Luxford, pointant l'index vers Sarah Happleshort, rédactrice.
>
> D'un coup de langue, elle colla son chewing-gum contre sa joue et attrapa ses notes.
>
> Rassemblés autour de la grande table du bureau de Luxford, les journalistes attendaient la fin de la conférence de rédaction quotidienne. C'était au cours de cette réunion que l'on fixait le sommaire de *La Source* du lendemain, que l'on décidait de l'éclairage à donner aux sujets et que l'on apprenait avec

---

1. Élizabeth George, *Pour solde de tout compte (For the Sake of Elena)*, op. cit.

quoi Luxford avait l'intention de faire la une. Le rédacteur de la rubrique sport s'était battu pour que la couverture de la sélection de l'équipe nationale de cricket soit renforcée, suggestion qui avait été accueillie par des huées de dérision en dépit de la mort récente du meilleur batteur anglais. À côté du « Paso doble à Paddington » – et malgré l'identité de la personne qui avait été arrêtée et accusée d'avoir orchestré la mort par asphyxie de ce joueur de cricket de premier plan –, ce fait divers n'était que de la roupie de sansonnet. En outre, c'était pratiquement de l'histoire ancienne, une histoire qui plus est dont les retombées comiques ne faisaient pas le poids comparées aux efforts déployés par les tories pour minimiser les dégâts causés par Sinclair Larnsey et sa rencontre avec le mineur prosti- tué dans la Citroën aux vitres embuées – « Ce fumier n'achète même pas anglais », avait pesté Sarah Happleshort, furibarde –, où le couple « discutait des dangers du racolage sur la voie publique » lorsque la police locale l'avait brutalement interrompu.

Sarah prit un crayon pour pointer les don- nées sur sa liste.

— Larnsey a rencontré le comité exécutif de sa circonscription. Rien de précis n'a encore filtré. Mais, d'après une source digne de foi, on va lui demander de donner sa démission. Le comté d'East Norfolk semble disposé à pardonner une défaillance occasion- nelle. Au nom de la charité chrétienne et du précepte selon lequel celui qui n'a jamais péché est autorisé à jeter la première pierre. Mais l'indulgence a ses limites : pas question de passer l'éponge sur les faiblesses d'hom- mes mariés rencontrant des mineurs dans des automobiles et échangeant avec eux des sécrétions contre de l'argent liquide. La question cruciale que se posent les membres du comité est la suivante : sont-ils d'accord pour provoquer une élection partielle alors que la popularité du Premier ministre est en chute libre ? Si la réponse est non, ils ont l'air de se moquer du retour aux valeurs traditionnelles. Si c'est oui, il y a de fortes chances que le siège de Larnsey soit récupéré par un travailliste, ce dont ils sont bien conscients.

— La politique, c'est toujours pareil, rouspéta le rédacteur de la rubrique sport.

Rodney Aronson mit son grain de sel.

— Le sujet commence à perdre de sa fraîcheur[1].

J'entre dans le vif du sujet avec Dennis Luxford qui parle : c'est le son. Le lecteur n'a pas l'image – il ne sait où il est et ce qui se passe qu'au paragraphe suivant. Et ce n'est qu'après l'avoir expliqué que je fais répondre le personnage à qui il s'adressait – le son, encore une fois. Voilà comment marche la technique d'*opposition son/image*.

Autre procédé possible, qui porte aussi un nom emprunté au cinéma, le *flash-back*, ou *retour en arrière* : je démarre une scène et je fais comme si je m'en éloignais. À la différence de l'exemple précédent, avec cette construction, la scène commence au moment de l'action, elle s'interrompt, on remonte dans le passé à l'action précédente pour mettre le lecteur au courant et on revient au temps de l'action. Voici un exemple tiré de mon roman *Une douce vengeance* :

1. Élizabeth George, *Le Visage de l'ennemi (In the Presence of the Enemy)*, *op. cit.*

Beau jusque-là, le temps avait commencé à changer au moment où Lynley s'était posé sur la piste de l'aérodrome de Land's End. De lourds nuages gris déboulaient du sud-ouest et ce qui n'avait été qu'une douce brise à Londres s'était transformé ici en rafales de vent grosses de pluie. Lynley songea que cette métamorphose reflétait particulièrement bien son changement d'humeur. Car s'il avait attaqué la matinée avec allant, trois heures après qu'il eut décidé que l'avenir s'annonçait porteur de paix, cet espoir avait rapidement été assombri par une appréhension plutôt morbide dont il croyait pourtant bien s'être débarrassé.

Contrairement à l'angoisse des derniers jours, le malaise qu'il éprouvait maintenant n'avait rien à voir avec son frère. Car, de ses entretiens avec Peter au cours de la nuit, il était ressorti avec l'impression de renaître. Lors de sa visite prolongée au Yard, l'avocat de la famille lui avait clairement démontré que Peter risquait d'avoir de sérieux ennuis si Justin Brooke n'était pas reconnu coupable de la mort de Mick Cambrey. Après avoir débattu des aspects juridiques de la situation de Peter, Lynley et son frère avaient fini par se retrouver dans un état de communion fragile, chacun s'efforçant de comprendre le comportement de l'autre, prélude nécessaire au pardon des offenses passées. Grâce aux heures passées avec son frère, Lynley s'était rendu compte que compréhension et pardon vont de pair. Et que si compréhension et pardon devaient être considérés comme des vertus – comme une force et non comme une faiblesse de caractère –, le moment était venu pour lui d'accepter le fait que ces vertus pouvaient ramener une manière d'harmonie dans ses relations avec sa mère. Il ne savait pas exactement ce qu'il lui dirait, mais il était prêt à lui parler.

Cette résolution qui donnait de la légèreté à sa démarche commença toutefois à s'estomper lorsqu'il arriva à Chelsea. Lynley grimpa les marches du perron, frappa à la porte et tomba nez à nez avec sa peur la plus irrationnelle.

Ce fut Saint James qui vint lui ouvrir. Il lui offrit aimablement un café, lui exposa sa théorie relative à la culpabilité de Justin Brooke dans le meurtre de Sacha Nifford. En d'autres circonstances, ces détails auraient empli Lynley du sentiment d'exaltation lié à la certitude qu'il allait résoudre une affaire. Mais en cet instant, c'est à peine s'il entendit les paroles de Saint James, s'il comprit le rapport qu'elles avaient avec ce qui s'était passé en Cornouailles puis à Londres au cours des cinq derniers jours. Au lieu de suivre l'exposé de Saint James, il ne put s'empêcher de remarquer que le visage de son ami était défait comme s'il était sous le coup de la maladie ; il vit les rides qui s'étaient accentuées sur son front ; il perçut la tension de Saint James qui lui exposait ses conclusions et sentit un froid glacial s'insinuer en lui. Sa confiance en soi, sa volonté cédèrent le pas à une terreur grandissante.

Il savait qu'il ne pouvait y avoir qu'une seule cause au changement survenu chez Saint James. Celle-ci descendit d'ailleurs l'escalier trois minutes après son arrivée, rajustant la courroie de cuir de son sac à bandoulière. Lorsque Deborah fut dans le vestibule et que Lynley distingua ses traits, il y lut la vérité et en fut bouleversé. Il aurait voulu pouvoir donner libre cours à sa colère et à sa jalousie.

Mais il laissa les réflexes de la bonne éducation lui dicter sa conduite.

— Tu travailles dur, chérie ? s'enquit-il. (Et, parce qu'il y a des limites à tout, même à la bonne éducation, il ajouta :) On dirait que tu t'es quelque peu surmenée. Aurais-tu passé la nuit à faire des tirages ? Tu as fini, au moins ?

Deborah se garda de regarder Saint James, qui pénétra dans son bureau et se mit à ranger des papiers sur sa table de travail.

— Presque. (Elle s'approcha de Lynley, lui passa les bras autour de la taille, leva la tête pour l'embrasser et chuchota, ses lèvres contre les siennes :) Bonjour, Tommy chéri. Tu m'as manqué hier soir.

Il l'embrassa et, en la sentant réagir à son contact, se demanda si ce qu'il avait vu n'était pas tout bêtement le fait d'un manque de confiance en soi pathétique. Ce devait être le cas. Néanmoins, il ajouta :

— Si tu as encore du travail, Deb, inutile de nous accompagner.

— J'ai envie de venir. Les photos attendront.

Et, avec un sourire, elle l'embrassa de nouveau.

Pendant que Deborah était dans ses bras, Lynley était conscient jusqu'au malaise de la présence de Saint James. Durant le vol, il les étudia tous les deux, scrutant les moindres nuances de leur comportement vis-à-vis l'un de l'autre. Il décortiqua chaque mot, chaque geste, les passant au microscope impitoyable du soupçon. Si Deborah prononçait le nom de Saint James, il prenait cela pour une marque d'amour. Si Saint James regardait Deborah, il interprétait cela comme une manifestation de son désir. Lorsque Lynley immobilisa l'avion sur la piste d'atterrissage de Land's End, il

223

avait l'impression d'avoir comme un ressort dans la nuque tellement la tension l'avait noué. La douleur physique qui accompagnait cette tension n'était cependant rien, comparée au dégoût de soi qu'il éprouvait.

Les émotions tumultueuses qui se succédaient en lui l'avaient empêché de tenir des propos autres que superficiels pendant le trajet vers l'aérodrome du Surrey et le vol qui avait suivi. Et comme aucun d'entre eux ne possédait le don de lady Helen pour le badinage – don qui lui permettait d'aplanir toutes les difficultés –, la conversation d'abord languissante avait rapidement fini par s'éteindre, de sorte qu'à leur arrivée en Cornouailles l'atmosphère était lourde de non-dits. Lynley constata qu'il n'était pas seul à pousser un soupir de soulagement lorsqu'à leur descente d'avion ils aperçurent Jasper, qui les attendait au volant de la voiture sur la piste[1].

Vous remarquerez que la scène commence dans le temps réel. Lynley atterrit juste à Land's End, en Cornouailles. Mais il est d'humeur sombre, et ça exige une explication. Alors je repars en arrière par rapport au moment de l'action, sur le terrain d'aviation de Land's End, et je mets le lecteur au courant, en remontant à la soirée précédente et à sa conversation avec son frère, puis je passe en revue les événements de la matinée et leur effet sur son état d'esprit. Une fois que c'est fait, je reviens au moment de l'action. Vous voyez, du moins je l'espère, comment cette structure me permet de résumer les événements de la nuit précédente au lieu de les faire se dérouler comme au théâtre.

1. Élizabeth George, *Une douce vengeance (À Suitable Vengeance)*, trad. Dominique Wattwiller, Presses de la Cité, 1993.

Il y a tout de même une condition pour que ça marche : c'est que le ou les événements décrits dans le flash-back fassent avancer l'histoire.

Il y a des moments où il est plus simple de commencer une scène rien qu'en indiquant l'heure du jour ou en disant combien de temps a passé depuis la dernière fois qu'on était avec le personnage-point de vue. Par exemple, dans *Un certain goût pour la mort*, P. D. James commence un chapitre en écrivant : « Cela faisait dix minutes que Kate était remontée quand Massingham entra dans son bureau. »

À d'autres moments, on peut vouloir tenter une démarche plus originale. Dans *Pour solde de tout compte,* par exemple, je montre une artiste qui peint en plein air. En prenant du recul par rapport à son dessin, elle marche sur un bras. Je termine le chapitre sur ces mots : « L'objet n'était pas une branche mais un bras humain. » Le chapitre suivant commence aussitôt après :

> Dieu merci, le bras n'était pas séparé du corps. En vingt-neuf ans de carrière au sein de la police judiciaire du comté de Cambridge, le commissaire Daniel Sheehan n'avait jamais eu d'affaire de cadavre démembré sur les bras et il ne tenait nullement à connaître ce douteux privilège.
>
> Après avoir reçu le coup de téléphone du commissariat, à sept heures vingt, il était parti en trombe d'Arbury, gyrophare allumé, sirène hurlante, soulagé d'avoir enfin un prétexte pour déserter la table du petit déjeuner. En effet, excédé de se retrouver pour le dixième jour consécutif devant un pamplemousse sans sucre, un œuf à la coque insipide et un maigre toast même pas beurré, il avait passé ses nerfs sur son fils et sa fille, critiquant leur tenue et

leur coiffure, pourtant l'une et l'autre impeccables. Stephen avait regardé sa mère, Linda en avait fait autant. Et tous trois avaient piqué du nez dans leur assiette avec la mine abattue d'une famille soumise depuis trop longtemps aux brusques sautes d'humeur d'un père au régime.

La circulation bouchonnait à la hauteur du rond-point de Newnham Road. Sheehan dut rouler à moitié sur le trottoir pour atteindre le pont de Fen Causeway à une allure à peu près raisonnable, plus en tout cas que celle des autres automobilistes, réduits à la vitesse d'escargot. Il imagina sans peine les embouteillages qui devaient engorger les rues du quartier sud. Aussi, après s'être garé derrière la fourgonnette des techniciens de la police scientifique et être sorti dans l'air humide et froid, ordonna-t-il au constable posté sur le pont de demander par radio au standardiste du commissariat d'envoyer des hommes en renfort pour s'occuper de la circulation.

Il détestait autant les badauds que les amateurs d'excitation. Les accidents et les meurtres révélaient les pires instincts de l'espèce humaine[1].

Je fais ici appel à une explication narrative des événements. Je relate comment on est arrivé à ce point de l'action. Je crée un fil directeur qui mène à l'apparition de Sheehan sur la scène du crime parce que je pense qu'il est intéressant de considérer l'enquêteur comme un personnage qui a une vie en dehors du roman policier que j'écris, qui a vécu avant son début et qui

1. Élizabeth George, *Pour solde de tout compte (For the Sake of Elena)*, *op. cit.*

continuera à vivre quand il sera terminé. D'où l'image de Sheehan en train de prendre son petit déjeuner avec sa famille, leur pourrissant la vie à tous parce qu'il est au régime.

Plonger immédiatement dans l'action est une autre façon de commencer une scène, et c'est ce qu'on voit dans cet autre extrait de *Pour solde de tout compte*. Dans cette scène, on est avec Melinda Powell, qui vit sa vie. Vous remarquerez que ça ne fait intervenir aucun autre procédé de construction stylistique. L'action débute sitôt le personnage présenté, et on reste avec lui tout au long de la scène. Les éléments du décor sont intégrés à l'action.

Melinda Powell s'apprêtait à pousser sa bicyclette de Queens'Lane dans Old Court lorsqu'une voiture pie de la police s'arrêta à moins d'un demi-pâté de maisons. Un policier en uniforme en descendit en compagnie du président de Queens' College et du tuteur principal. Les trois hommes restèrent debout dans le froid, mains croisées sur la poitrine, leur souffle dessinant un panache dans l'air, le visage grave et sombre. Le policier hocha la tête en réponse à ce que le président disait au tuteur principal. Tandis qu'ils s'éloignaient, une Mini bruyante s'engagea dans Queen's Lane, venant de Silver Street, et se gara derrière eux.

Deux personnes sortirent de la voiture. Un grand type blond en manteau de cachemire et une petite femme trapue et carrée emmitouflée dans des écharpes. Ils se joignirent aux trois autres. Le grand blond présenta ses papiers au président du collège, qui lui tendit la main. Il y eut une conversation animée, un geste du président vers l'entrée latérale du collège et un ordre donné par l'homme blond au policier en uniforme. Ce dernier hocha la tête et se dirigea jusqu'à l'endroit où Melinda s'était immobilisée, ses mains sur le guidon de sa bicyclette, sentant le froid du métal malgré ses gants de laine. Il dit : « Excusez-moi, mademoiselle » en la dépassant et pénétra dans le collège.

Melinda le suivit. Elle s'était absentée presque toute la matinée, aux prises avec une dissertation qu'elle récrivait pour la quatrième fois, s'efforçant d'exposer clairement ses idées avant de soumettre son travail à son professeur, qui, avec son sadisme habituel, ne manquerait pas de la mettre en pièces. Il était presque midi. Bien qu'il ne fût pas rare de voir des gens traîner dans Old Court à cette heure, Melinda s'étonna du nombre de petits groupes d'étudiants qui bavardaient à voix basse, disséminés sur le sentier entre les deux rectangles de pelouse, tandis qu'un attroupement se massait devant la porte de l'escalier, à gauche de la tourelle nord.

Ce fut cette porte justement que le policier emprunta, après s'être arrêté un instant pour répondre à une question. Voyant cela, Melinda eut un coup au cœur. Sa bicyclette lui parut soudain peser une tonne, comme si la chaîne s'était rouillée et l'empêchait de la pousser. Elle leva les yeux vers le dernier étage du bâtiment, essayant d'apercevoir les fenêtres de la petite chambre sous les combles. Un frisson d'appréhension la traversa.

— Que se passe-t-il ? demanda-t-elle à un étudiant qui passait.

Il portait un anorak de ski bleu ainsi qu'un bonnet assorti sur lequel on pouvait lire en lettres rouges « Skiez en Bulgarie ».

— Une fille qui faisait du cross, dit-il. Elle s'est fait buter ce matin.

— Qui ?

— Une autre nénette des Jeux de piste, y paraît.

> Melinda fut prise d'un vertige. Elle entendit le garçon lui demander si ça allait, mais elle ne répondit pas. Comme anesthésiée, elle poussa sa bicyclette vers la porte de l'escalier de Rosalyn Simpson[1].

Vous avez aussi probablement remarqué que la scène était construite de telle sorte qu'elle commençait *in medias res*, en pleine action, tout comme certains romans. Mais on peut tout aussi bien commencer une scène dans la tête d'un personnage. C'est ce que j'ai fait dans la scène du *Lieu du crime* que vous allez lire. Après une brève concession à la description du décor dans le premier paragraphe, vous verrez qu'on se retrouve immédiatement avec Barbara Havers, contrairement au montage « à la caméra » de la technique cinématographique qui nous présentait une description du décor avant de nous montrer que Lynley allait intervenir dans la scène :

> Barbara Havers s'arrêta un instant dans l'allée avant de regagner la maison. La neige était de nouveau tombée durant la nuit, pas assez pour que la route soit condamnée, mais suffisamment pour rendre désagréable la marche sur un terrain froid et humide. Et pourtant, peu après l'aube, elle s'était levée, au terme d'une abominable nuit blanche, et s'était enfoncée dans la neige, décidée à se dépêtrer

---

1. Élizabeth George, *Pour solde de tout compte (For the Sake of Elena), op. cit.*

des sentiments contradictoires de loyauté qui la harcelaient.

La raison lui disait qu'elle se devait d'abord à New Scotland Yard. Qu'elle se conforme à la procédure, aux règlements de la police, voilà qui ne pouvait que renforcer l'éventualité de sa promotion dès qu'un poste d'inspecteur serait vacant. Après tout, elle avait passé l'examen le mois dernier – elle pouvait jurer qu'elle l'avait réussi, cette fois-ci – et les quatre derniers cours suivis au centre de formation lui avaient valu les meilleures notes. Le moment était propice, et même presque idéal, si elle jouait sa partie judicieusement dans cette affaire.

Le problème venait de Thomas Lynley. Au cours des quinze derniers mois, Barbara avait passé quasiment toutes ses heures conscientes des qualités qui faisaient de cet homme – qui s'était élevé du grade de sergent à celui d'officier puis d'inspecteur en cinq ans – un élément exceptionnel des forces de police. Esprit vif et intuitif, plein de compassion et d'humour, il était apprécié de ses collègues, et le commissaire Webberly avait toute confiance en lui. Barbara savait que travailler avec Lynley était une chance pour elle, et qu'il méritait sa confiance absolue. Il s'accommodait de ses sautes d'humeur, l'écoutait délirer avec stoïcisme, même lorsque ses accès de fureur étaient dirigés contre lui, et l'encourageait à penser en toute liberté, à s'exprimer sans restriction, à le contredire ouvertement. Il ne ressemblait à aucun des officiers de police qu'elle avait connus et elle avait contracté à son égard des dettes qui allaient bien au-delà de sa réintégration à la brigade criminelle après quinze mois à la circulation en uniforme.

À cet instant, il lui fallait prendre une décision, savoir si c'était à Lynley ou à sa carrière qu'elle devait fidélité. En effet, ce matin-là, au cours de sa marche forcée à travers les bois, elle était tombée sur un élément d'information dont il était indéniable qu'il faisait partie du puzzle. Que faire de cet élément ? Elle devait choisir, et plus encore, quoi qu'elle fasse, il lui fallait en comprendre la signification.

La pureté glacée de l'air le rendait piquant et lui transperçait le nez, la gorge, les yeux et les oreilles. Pourtant, elle inspira cinq ou six fois à grandes goulées, les yeux plissés par la réverbération du soleil sur la neige. Puis, elle traversa l'allée, battit des semelles sur les marches de pierre, et pénétra dans le grand hall de Westerbrae.

Il était presque huit heures. La maison résonnait de pas dans le couloir de l'étage, de cliquetis de clés dans les serrures. Une odeur de bacon mêlée à l'arôme puissant du café rendait à la matinée une atmosphère quotidienne – comme si les événements des dernières trente-deux heures n'avaient été qu'un cauchemar prolongé – et un agréable murmure de voix s'élevait du salon de musique. Barbara y trouva lady Helen et Saint James installés dans une flaque de soleil à l'extrémité de la pièce, occupés à converser en prenant le café. Ils étaient seuls. Tandis que Barbara les observait, Saint James hocha la tête, tendit la main et la posa un instant sur l'épaule de lady Helen en un geste d'une infinie douceur mêlée de compréhension, expression muette d'une amitié qui les rendait ensemble plus forts et plus sûrs qu'ils n'auraient pu l'être chacun de leur côté.

À leur vue, Barbara réalisa combien il était facile de prendre une décision à la lueur de

231

l'amitié. En fait, elle n'avait pas le choix entre Lynley et sa carrière, car sans lui elle n'avait pas de carrière. Elle traversa la pièce pour se joindre à eux[1].

Dans cette scène, après une concession minimale au décor, on plonge dans la tête de Barbara, et l'action démarre.

Ce qu'il est important que vous vous rappeliez, c'est qu'il y a des dizaines de façons de commencer une scène, et une seule limite : votre imagination. S'il y a une règle et une seule, c'est que tout ce qui marche marche. En dehors de ça, tout se résume à un conflit (intérieur ou extérieur), un point culminant, et une résolution.

1. Élizabeth George, *Le Lieu du crime (Payment in Blood)*, *op. cit.*

TROISIÈME PARTIE

La technique

13

Savoir, c'est le pouvoir,
la technique, c'est la gloire

L'écriture m'inspire toujours la même terreur. Je ne me sens pas particulièrement douée, et je me demande combien de temps encore je vais réussir à concocter des romans avec ma maigre réserve de talent. Tous les jours, je m'assieds devant mon ordinateur en faisant des vœux. Et quand je tombe sur un livre stupéfiant – comme Retour à Cold Mountain[1], *ou* L'Homme sans douleur[2], *un premier roman anglais que je suis en train de lire – je me dis, mon Dieu, mais qu'est-ce que je fais ? Les histoires que je raconte sont tellement insignifiantes à côté de ce que font ces gens-là. Et puis je me dis que je n'ai qu'à faire de mon mieux, raconter mon histoire aussi bien que possible, et à Dieu vat.*

Journal d'un roman
24 février 1998

1. Charles Frazier (*Cold Mountain*). [*N.d.l.T.*]
2. Andrew Miller (*Ingenious Pain*). [*N.d.l.T.*]

Il y a des gens qui croient savoir écrire en vertu du fait qu'ils savent parler, d'autres parce qu'ils savent lire, ou parce qu'ils pensent que c'est à la portée de tout le monde. Si bien qu'à la première occasion ils posent les mains sur un clavier et ils se mettent à taper pour le prouver – ou, dans bien des cas, pour ne pas y arriver.

En réalité, écrire – on en revient toujours à la même chose –, c'est un métier. Pour bien faire un métier, il faut savoir en manier les outils, et pour cela, encore faut-il les connaître. Dans le cas de l'écriture, savoir manier ses outils avec talent est une question d'aisance langagière, laquelle est elle-même une question de dons innés, d'exposition à une langue correcte et d'une connaissance minimale des différentes façons d'aligner correctement les mots afin d'en tirer l'effet maximal.

Je dis souvent à mes élèves qu'avant de se lancer dans l'écriture d'un roman il est indispensable de posséder les règles de base de la langue. Ces rudiments de grammaire, que vous avez probablement appris à l'école élémentaire, il se peut que vous n'y ayez pas beaucoup pensé depuis. Je vais rapidement vous rafraîchir la mémoire.

L'unité syntaxique de base (j'exclus les exclamations, les explétifs et autres onomatopées qui expriment une émotion) est la phrase, qui comprend un sujet et un verbe, et exprime une pensée complète. Cette phrase peut être enjolivée ou au contraire dépouillée. Voici quelques exemples de phrases diverses et variées :

Simple : *Le château d'eau a pris feu à deux heures du matin.*

Composée : *Le château d'eau a pris feu à deux heures du matin, et l'incendiaire s'est enfui en courant.*

Complexe : *Quand le château d'eau prit feu, l'incendiaire éprouva une sorte de jouissance sexuelle intellectualisée mais intense.*

Complexe-composée : *Quand le château d'eau prit feu, l'incendiaire éprouva une sorte de gratification sexuelle intense en regardant les flammes rageuses monter vers le ciel nocturne.*

Délibérément fragmentée : *Si seulement les flammes pouvaient embraser le château d'eau.*

Délibérément disjointe : *Les flammes dévorèrent la tour, l'incendiaire regardait, les paumes moites, les flammes rugissaient.*

Jongler avec le langage exige une parfaite familiarité avec les constructions de ce genre – et bien d'autres. Bien maniées, elles permettent de jouer avec l'atmosphère du texte et de toucher le lecteur. Ce qui est un pouvoir. Votre pouvoir. Le pouvoir de votre prose. (Au passage, vous venez de lire deux phrases délibérément disjointes !)

Tout cela exige une bonne dose de sagesse. Soit dit en passant, trouver des correcteurs capables de distinguer une construction grammaticale d'une autre est devenu une sorte de miracle par les temps qui courent. Il est arrivé plus d'une fois qu'un correcteur introduise, par pure ignorance, une erreur dans l'un de mes romans.

La question est : peut-on écrire un roman entier sans être capable d'identifier le genre de phrases qu'on emploie ? À quoi je réponds que oui, bien sûr. Des tas de gens le font tout le temps. Mais je soutiens que plus vous en saurez sur les outils à votre disposition, mieux vous en userez.

Ces unités syntaxiques de base – les phrases – servent à construire des paragraphes. Les paragraphes sont une succession de phrases unifiées par un sujet dominant, soit explicite, soit implicite. Jetez un coup d'œil à ces deux exemples (un de chaque) :

L'atoll encerclait un des côtés de l'île et débordait sur l'autre ; il s'étendait à plus d'un kilomètre d'elle, parallèlement à ce qu'ils appelaient maintenant en pensée « leur » plage. Le corail gribouillait des arabesques dans la mer comme si un géant s'était penché pour reproduire les contours de l'île d'un trait hâtif, mais s'était arrêté, interrompu par la fatigue. À l'intérieur, c'était une eau bleu paon, des roches et des algues visibles dans une clarté d'aquarium ; dehors, c'était le bleu foncé de la pleine mer. La marée entraînait l'écume, l'effilochait loin du récif, de sorte que les garçons eurent l'illusion, un moment, qu'ils se trouvaient sur un bateau en marche arrière[1].

Dans ce paragraphe de *Sa Majesté des Mouches*, le sujet de William Golding est l'atoll. Il l'annonce directement, sans détour. Toutes les phrases de ce paragraphe sont donc unifiées autour de ce sujet.

Par contraste, dans le même roman, Golding dépeint les conséquences de la mort de son personnage, Simon, en utilisant le changement survenu sur l'île après la fin de l'orage au cours duquel Simon est tué. Mais le sujet du changement n'est pas explicitement mentionné. Au contraire, il n'est que suggéré :

Vers minuit, la pluie cessa et les nuages s'enfuirent, si bien que le ciel s'emplit à nouveau de l'incroyable scintillement des étoiles. Quand la brise tomba, on n'entendit plus que le clapotis de l'eau qui coulait dans toutes les crevasses et, goutte à goutte, tombait des feuilles sur la terre brune de l'île. L'air était frais, humide et clair. Enfin tout se tut, même le bruit

1. William Golding, *Sa Majesté des Mouches (Lord of the Flies)*, trad. Lola Tranec, Gallimard, 1956.

de l'eau. Le monstre restait en tas sur le sable
pâle et les taches s'étalaient de plus en plus[1].

Contrairement au premier exemple, où tout dans le
paragraphe se réfère l'atoll mentionné dès l'ouverture,
toutes les informations du second paragraphe se rap-
portent à un sujet qui n'est pas explicitement spécifié.
Mais dans un cas comme dans l'autre, les deux paragraphes possèdent un élément crucial : une unité. Chaque phrase de chaque paragraphe que vous écrivez
devrait soit amplifier la phrase précédente, soit concer-
ner, d'une façon ou d'une autre, un sujet dominant
bien qu'implicite. Si la phrase que vous écrivez ne fait
ni l'une ni l'autre de ces deux choses, supprimez-la.
Elle n'a pas sa place à cet endroit, et elle finirait par
entraver le cours naturel de votre récit.

Une fois que vous avez pris le coup d'écrire des
paragraphes cohérents, vous devez vous préoccuper de
la façon dont ils s'enchaînent afin de créer une narration fluide. C'est en grande partie ce qui incitera le
lecteur à aller au bout de votre histoire. Ménager la
liaison entre les paragraphes qui composent des scènes, lesquelles relatent des événements ou des actions,
permet au flux narratif de s'écouler sans heurt, et si
vous vous y prenez bien, cela peut même avoir un
effet propulseur.

Examinons ces paragraphes de mon roman *Le Meurtre de la falaise*. Dans la scène d'où ce passage est tiré,
le personnage principal, le sergent Barbara Havers,
vient d'arriver dans la ville où le meurtre a été commis :

Elle tourna les talons et s'éloigna vers la
cuisine.

1. *Op. cit.*

— Et ma limonade ? lui cria Barbara, comme la porte se refermait derrière elle.

Enfin seule, Barbara put se plonger dans la lecture de l'article. Le mort était directeur de production d'une petite entreprise locale, Moutardes et Condiments Malik, qui appartenait à un certain Akram Malik qui, dixit l'article, faisait partie du conseil municipal. Sa mort, selon la police, remontait au vendredi soir, soit quarante-huit heures avant l'arrivée de Barbara à Balford. Mr Querashi devait épouser la fille de Malik dans les huit jours. C'était son futur beau-frère, Muhannad Malik – militant politique sur le plan local –, qui avait exigé l'ouverture d'une enquête. Et bien que celle-ci ait été immédiatement confiée à la police judiciaire, la cause du décès n'avait pas encore été annoncée. Du coup, Muhannad Malik promettait que d'autres membres importants de la communauté indienne se joindraient à lui pour harceler les enquêteurs. « On n'est pas idiots au point de ne pas savoir ce que "tout mettre en œuvre pour découvrir la vérité" veut dire quand cela concerne un Pakistanais », avait déclaré Malik dans l'après-midi du samedi.

Barbara posa le journal de côté comme Suzi revenait avec un verre de citronnade dans lequel surnageait un glaçon solitaire à l'air prometteur. Barbara la remercia d'un signe de tête et replongea le nez dans l'article pour couper court à tout autre commentaire. Elle devait réfléchir.

Il ne faisait aucun doute pour elle que Taymullah Azhar était l'un des « importants membres de la communauté indienne » auxquels Muhannad Malik avait fait allusion. Son départ de Londres au lendemain de cette histoire ne pouvait être une coïncidence. Il était

240

venu ici et Barbara n'allait sans doute pas tarder à le rencontrer.

Elle se demandait comment il prendrait son intention de servir de tampon entre la police locale et lui. Pour la première fois, elle se rendit compte à quel point elle était présomptueuse de penser qu'Azhar aurait besoin de son intercession. C'était un type intelligent – un prof de fac, merde ! –, il devait bien savoir ce qu'il faisait !

Barbara fit glisser son doigt le long de son verre de citronnade embué et réfléchit à la question. Elle ne connaissait Taymullah Azhar que par les conversations qu'elle avait eues avec sa fille. Quand Hadiyyah lui avait dit : « P'pa a un cours tard ce soir », elle avait d'abord cru qu'il était étudiant. Non qu'elle ait des idées préconçues, mais Taymullah faisait si jeune ! Et lorsqu'elle avait découvert qu'en réalité il était professeur de microbiologie, son étonnement avait davantage été provoqué par son âge que par le démenti que sa position apportait à un cliché xénophobe. Il avait trente-cinq ans – soit deux ans de plus qu'elle – et en faisait dix de moins. Dingue !

L'âge mis à part, Barbara savait qu'une certaine naïveté allait souvent de pair avec le métier d'enseignant, qui enfermait les gens dans une tour d'ivoire, loin des contingences de la vie quotidienne. Les problèmes que Taymullah devait résoudre étaient liés à la réalisation d'expériences en laboratoire, à la tenue de conférences et à la rédaction d'articles jargonneux pour des revues scientifiques. Les subtilités du métier de policier lui seraient aussi inconnues qu'une bactérie vue à travers un microscope le serait à Barbara. Le milieu universitaire – que Barbara avait connu de loin en travaillant sur une affaire à Cambridge l'automne précédent –

n'avait rien à voir avec celui de la police. Une liste de publications, de colloques et de diplômes – aussi impressionnante soit-elle – ne faisait pas le poids face à une expérience de terrain et une mentalité de criminologue. Azhar s'en rendrait certainement compte dès les premiers mots qu'il échangerait avec l'inspecteur chargé de l'enquête, si son intention était bien de le rencontrer.

À la pensée de cet inspecteur, Barbara reporta son attention sur le journal. Si elle comptait brandir à tout va sa carte de police, dans l'idée de donner un coup de main à Taymullah Azhar, il lui serait utile de savoir qui tirait les ficelles[1].

Un examen un peu attentif vous révélera que les paragraphes sont reliés par un moyen bien simple : soit la dernière phrase de chaque paragraphe est directement liée à la première phrase du paragraphe suivant, soit elle agit comme un déclencheur du paragraphe suivant. « Elle devait réfléchir » introduit ce qu'elle va penser dans le paragraphe suivant : la probabilité que Taymullah Azhar soit le personnage identifié comme un membre important de la communauté asiatique. Le paragraphe qui se termine par « Barbara n'allait sans doute pas tarder à le rencontrer » entraîne automatiquement le paragraphe suivant qui part de ses réflexions sur sa réaction à lui quand elle lui tombe dessus. Ce paragraphe se termine par une exclamation, à laquelle fait écho le paragraphe suivant. Et ce paragraphe se termine par « [il] en faisait dix de moins », qui est relié à « L'âge mis à

1. Élizabeth George, *Le Meurtre de la falaise (Deception on His Mind)*, trad. Philippe Loubat-Delranc, Presses de la Cité, 1997.

part » qui commence le paragraphe suivant. Vous comprenez comment ça marche ?

Ce souci de ménager des liaisons et des transitions crée pour le lecteur une expérience à la fois séduisante et mystérieuse. Par là, j'entends que, même si le rythme de votre roman n'est pas débridé (mon éditeur m'a dit une fois : « E., on ne pourra pas vous accuser d'écrire des romans haletants »), le lecteur se sent obligé de continuer à lire… sans trop savoir pourquoi. Ce qui, pour moi, est la grande joie de l'écriture : séduire le lecteur pour lui faire poursuivre l'histoire rien que par la force et la grâce de la prose.

Si ce genre d'écriture ne relève pas de la création artistique, je ne sais pas ce qui méritera cette définition !

Pour finir, l'auteur avisé garde toujours à l'esprit l'importance de l'unité dans un roman, et la plupart des romans sont unifiés autour de leur thème. Le thème est la vérité fondamentale de votre écriture, le sujet autour duquel tourne votre roman, ou l'argument que vous essayez de faire valoir. Généralement, les conflits dans lesquels vos personnages sont impliqués, les difficultés auxquelles ils sont confrontés sont des reflets du thème.

La plupart du temps, je connais d'avance le thème que j'ai envie de traiter dans mon roman avant d'en écrire le premier jet. Je savais, par exemple, que *Enquête dans le brouillard* traiterait de l'oubli du passé. Il était clair pour moi que *Le Lieu du crime* tournerait autour de la trahison : de la trahison de l'amitié, de son conjoint, de son amant, de son pays. À contrario, je croyais que *Pour solde de tout compte* parlerait de l'effet que l'obsession avait sur la créativité, et puis je me suis rendu compte à la moitié du roman que son thème tournait en fait autour des décisions auxquelles les femmes sont confrontées, et de la façon dont ces décisions ricochent d'un bout à l'autre de leur vie. Et quand j'ai écrit *Mal d'enfant*, je n'ai pris conscience que vers la fin, quand Polly Yarkin dit à Brendan Powers « N'avons-nous pas tous besoin de quelque chose ? » que le sujet de mon livre était ces désirs que nous avons tous, et qui sont condamnés à rester inassouvis.

Ce que je veux dire, c'est qu'il se peut que vous ne connaissiez pas à l'avance le thème de votre livre, mais qu'il finira bien par émerger. Cela dit, le connaître à l'avance est un avantage, parce que ça vous permet de tramer vos intrigues secondaires. En effet, il vaut mieux qu'elles fassent écho au thème afin de s'intégrer dans l'ensemble du roman au lieu de se traîner tout du long en bringuebalant.

Il arrive parfois qu'un auteur rédige une scène pour aborder directement le thème. C'est ce que P. D. James fait dans *Un certain goût pour la mort* :

> Massingham s'était attardé au Yard plus longtemps qu'il n'était strictement nécessaire. Il était déjà minuit moins une quand sa voiture s'engagea dans l'allée de la villa située à Saint-Petersburgh Place. Cependant, de la lumière brûlait encore au rez-de-chaussée : son père veillait. Sans faire de bruit, il tourna la clé dans la serrure et poussa furtivement la porte. En vain. Son père avait dû guetter le bruit de la voiture. Presque aussitôt, la porte du petit salon s'ouvrit et lord Dungannon sortit en traînant les pieds. « Pantalon en pantoufles » pensa Massingham, image involontaire qui entraîna à sa suite le cortège habituel de pitié, d'irritation et de remords.
>
> — Ah, vous voilà, mon cher John. Purvis vient de m'apporter le plateau des alcools. Voulez-vous vous joindre à moi ?
>
> Son père ne l'appelait jamais « mon cher John ». Ces paroles sonnaient faux. Elles étaient

théâtrales, ridicules. Il lui répondit sur le même ton emprunté :

— Non, merci, père. Je ferais mieux d'aller me coucher. J'ai eu une rude journée. Nous travaillons sur l'affaire Berowne.

— Berowne ? Ah oui, bien sûr. Elle s'appelait lady Ursula Stollard avant de se marier. Votre tante Margaret a été présentée à la cour la même année qu'elle. Mais elle doit bien avoir plus de quatre-vingts ans maintenant. Son décès ne peut avoir surpris personne.

— Ce n'est pas lady Ursula qui est décédée, père, c'est son fils.

— Ah bon ? Je croyais que Hugo Berowne avait été tué en Irlande du Nord.

— Il ne s'agit pas de Hugo, mais de Paul.

— Paul.

Son père sembla réfléchir à ce nom, puis reprit :

— Dans ce cas, je dois envoyer un mot à lady Ursula. La pauvre femme. Si vous êtes sûr que vous ne voulez pas entrer…

Sa voix qui, depuis avril, s'était mise à chevroter, s'interrompit. Massingham gravissait déjà l'escalier. Arrivé à mi-hauteur, il s'arrêta et regarda en bas, par-dessus la rampe, s'attendant à voir son père retourner dans le salon, à sa solitude et à son whisky. Mais le vieillard était toujours là, levant vers lui des yeux qui semblaient remplis d'une espérance presque indécente. Dans la forte lumière du hall d'entrée, Massingham vit clairement les changements que les cinq derniers mois avaient opérés dans les traits accusés de la famille. La chair paraissait avoir glissé des os, de sorte que son nez aquilin fendait sa peau comme une lame de couteau, tandis que les bajoues formaient des poches molles qui évoquaient une volaille plumée. Les cheveux du roux ardent des Massingham avaient pâli, pris la couleur et l'aspect de la paille. Père a l'air aussi archaïque qu'un dessin de Rowlandson, se dit-il. La vieillesse nous transforme tous en caricatures. Pas étonnant que nous la redoutions.

Alors qu'il montait les quelques marches qui menaient à son appartement, il se retrouva en proie au même vieux conflit. Cela devenait vraiment intolérable. Il fallait qu'il déménageât au plus vite. Mais comment ? Depuis son entrée dans la police, mis à part la brève période passée dans un foyer, il avait toujours vécu dans une partie séparée de la maison paternelle. Du vivant de sa mère, ç'avait été une solution parfaite. Absorbés l'un par l'autre, comme ils l'avaient toujours été depuis le mariage tardif de son père, dans la quarantaine, ses parents l'avaient laissé tranquille, remarquant à peine sa présence à la maison. La porte d'entrée commune avait représenté une petite gêne, mais rien de plus. Il avait vécu confortablement, payé un loyer insignifiant, fait des économies en se disant qu'il s'achèterait un appartement quand il le pourrait. Il avait même trouvé le moyen d'avoir de discrètes liaisons, sans cesser pour autant de recourir au personnel de plus en plus réduit qu'employait sa mère, pour se faire préparer un repas, laver son linge, nettoyer son appartement ou poster ses paquets.

Cependant, la mort de sa mère, en avril, avait tout changé. Quand la Chambre des Lords siégeait, son père parvenait à tuer le temps. Muni de sa carte d'abonnement, il partait prendre le bus numéro 12 ou 88 à destination de Westminster, déjeunait au Parlement et passait parfois les soirées à dormir pendant les débats nocturnes. Mais les week-ends, et surtout lors des vacances parlementaires, il devenait aussi collant qu'une épouse possessive. Il surveillait les allées et venues de son fils avec une attention quasi maniaque, guettait le bruit de sa clé dans la serrure, lui demandait timidement, mais d'un air implorant, de lui tenir compagnie. Les deux plus jeunes frères de Massingham étaient encore au collège. Pendant les vacances, ils échappaient au chagrin de leur père en habitant chez des amis. Son unique sœur avait épousé un diplomate et vivait à Rome. Son frère cadet était à Sandhurst. Le fardeau reposait presque entièrement sur ses épaules. Maintenant, le modeste loyer qu'il payait était une contribution presque aussi nécessaire aux revenus sans cesse amoindris de son père que l'indemnité de présence quotidienne du vieil homme à la Chambre des Lords.

J'aurais pu lui consacrer dix minutes, se dit-il, pris de remords. Dix minutes d'une conversation embarrassée, de bavardages au sujet de son travail que, jusqu'ici, son père n'avait jamais jugé digne d'intérêt. Dix minutes d'ennui, à peine allégé par l'alcool, et créant un précédent pour d'autres nuits similaires.

En fermant la porte de son appartement derrière lui, il pensa à Kate Miskin. Quelques kilomètres plus loin, à l'ouest, sa collègue se détendait chez elle en buvant un verre, libre et la conscience en paix. Il fut saisi d'une envie et d'une rancune si intenses qu'il parvint presque à se convaincre que tout était la faute de Kate[1].

En nous décrivant le retour chez lui de l'inspecteur Massingham, l'auteur nous montre combien il se sent coupable de la façon dont il traite son père, culpabilité

1. P. D. James, *Un certain goût pour la mort (À Taste for Death), op. cit.*

qui rejaillit sur son attitude vis-à-vis de sa collègue, l'inspectrice Kate Miskin. Par cette brève scène, James expose au lecteur le thème de son roman : la culpabilité qui ronge tout, comme un acide.

D'un autre côté, je vous l'ai déjà dit, quand le thème n'est pas explicitement indiqué, l'unification des intrigues secondaires autour de ce même sujet finira par l'imposer au lecteur. Le truc est de créer des sous-intrigues qui illustrent le même thème, par le biais de situations différentes.

La beauté du thème est qu'il peut parfois inclure tout l'arc qui sous-tend une histoire. Dans *Absalom ! Absalom !*, par exemple, William Faulkner aborde le grand paradoxe des préjugés raciaux. Il crée le très raciste colonel Sutpen, un homme plus préoccupé par l'éventuel mariage de sa fille avec un métis que par l'inceste qu'un tel mariage constituerait. Sutpen se met tout le monde à dos et finit par n'avoir qu'un seul descendant : un Noir plus noir que l'ébène appelé Jim Bond, se retrouvant avec ce qu'il haïssait le plus au monde. L'intrigue de tout le roman reprend donc le thème de Faulkner.

En dehors de l'unification du roman autour de son thème, l'auteur doit s'assurer que les autres unités sont respectées. Pour cela, il doit analyser toutes les scènes qu'il écrit ou se propose d'écrire, s'assurer que chacune fait avancer l'intrigue ou l'une des intrigues secondaires. Une fois assuré que c'est bien le cas, il doit examiner chaque paragraphe de chaque scène, décider s'il fait avancer la scène et tourne autour d'une idée centrale. Pour finir, il doit peser chaque phrase de chaque paragraphe et vérifier que cette phrase porte sur un point (un sujet) soit sous-entendu, soit explicitement indiqué dans le paragraphe concerné. Quand vous avez veillé à tout cela, vous avez résolu le problème d'unité.

Et quand vous avez l'unité, vous tenez une histoire qui donne l'impression de savoir d'où elle vient et où elle va.

14

Nouer les fils épars

*Hier, il m'est arrivé quelque chose d'extraordinaire.
J'écrivais la dernière scène de la section en cours de
mon séquencier quand tout d'un coup, au milieu de la
scène, j'ai eu une inspiration stupéfiante. En reprenant
une information qui figurait depuis le début dans
l'analyse de caractère de l'assassin, j'ai réussi à créer
un dernier rebondissement dans l'intrigue. À ce stade,
le lecteur aura probablement deviné l'identité du
meurtrier, mais il ne pourra en aucun cas savoir
comment ou pourquoi il a tué... Décidément, ce livre
n'a pas fini de me surprendre !*

Journal d'un roman
3 juillet 1998

Avant de passer à la partie suivante – la méthode – je
voudrais nouer avec vous certains fils de l'intrigue restés épars derrière l'immense tapisserie que cent fois sur
le métier d'auteur je vous engage à remettre – pour filer
la métaphore. Le premier de ces fils est le suspense.

Je considère personnellement que le suspense est,
avec le point de vue et la voix, l'un des éléments les

plus mal compris de l'écriture de fiction. C'est parce qu'on l'envisage généralement en terme d'action haletante, de personnages suspendus à la falaise à la fin de l'épisode ou du chapitre, de bombes qui font tic-tac et de demoiselles cramponnées par les ongles à la corniche d'un gratte-ciel. Alors que pour moi, le suspense est tout ce que fait l'auteur – ou tout ce qu'il pourrait faire – pour obliger le lecteur à tourner les pages de son livre. Point final.

Un ami peintre m'a dit une fois qu'un artiste avait moins de trente secondes pour capter l'intérêt avec une de ses toiles : le temps, plus ou moins, qu'il faut pour passer lentement devant un tableau dans une galerie d'art. Si le peintre n'a pas réussi à captiver le collectionneur pendant ce délai, c'est son œuvre qui n'est pas réussie.

Ce n'est pas très différent de l'objectif de l'écrivain, qui est d'inciter le lecteur à poursuivre sa lecture, à ceci près que la tâche de l'écrivain constitue un défi d'une autre envergure, dans la mesure où il n'a que quelques pages – parfois une seule – pour accrocher le lecteur. Et il ne suffit pas de l'accrocher ; l'auteur doit conserver son intérêt et son attention de telle sorte qu'il ne lâche pas le livre avant la fin de l'histoire. C'est ce qui s'appelle créer le suspense.

Le suspense contribue à entretenir l'intérêt du lecteur pour la bonne et simple raison qu'il initie des désirs chez lui. Le lecteur plongé dans un livre bien ficelé voudra savoir ce qui va arriver sur trois fronts différents : 1) aux personnages, 2) à la situation dans laquelle ces personnages se retrouvent, et 3) à l'intrigue. Il voudra en outre savoir comment ces choses vont arriver. Et la seule façon pour lui d'obtenir cette information – le seul moyen d'assouvir ce désir – est de tourner les pages. En d'autres termes, une bonne partie du suspense dans un roman n'est que l'art de créer un grand « je ne veux pas » : le lecteur qui tient le roman entre ses mains doit se dire « Je ne veux pas lâcher ce fichu bouquin. »

En réalité, le suspense est créé à partir du moment où le lecteur se soucie de quelque chose. Quand on se fait du souci, il y a implication. Dans le monde de la littérature, on peut traduire ça par *Quand on se sent concerné, on continue à lire.* Les raisons de se faire du souci sont aussi variées que les outils du métier d'écrivain, ces fondamentaux de la fiction que l'auteur doit apprendre à manier. L'un d'eux est le personnage, bien sûr. Si vous arrivez à créer un personnage investi de certains éléments de caractère ou d'expérience qui permettent au lecteur de s'identifier à lui, le lecteur sera d'autant plus intrigué par l'histoire que vous racontez. Ces éléments d'identification viennent de l'idée de communauté, au sens de « ce qui est commun » : nous nous référons à des individus dont les expériences émotionnelles trouvent des échos dans notre propre vie ; nous comprenons les gens qui ont un vécu similaire au nôtre, ou dont les problèmes suscitent notre empathie ; nous admirons les personnages qui se retrouvent dans des situations que nous avons nous-mêmes connues, et dont nous sommes sortis ; nous admirons l'honnêteté des personnages qui réfléchissent sur eux-mêmes et sur leurs motivations sans broncher, qui tirent la leçon de leurs erreurs, et qui relèvent courageusement des défis. Tout cela revient à dire que le personnage compte pour nous, et nous ne l'abandonnerons pas à son destin… pas avant de savoir ce qui va lui arriver, en tout cas, et ça, seule l'histoire peut nous le dire.

En gardant cela présent à l'esprit, jetons un dernier coup d'œil au début du roman de Robert Ferrigno, *Le Pot au noir* :

Il suffisait d'un rien pour le mettre en rogne, ces temps-ci – un rire qui montait de l'appartement du dessous, un éclair de cheveux blonds entrevu du coin de l'œil, ou deux portières de voiture qui claquaient dans la nuit. Surtout ça. Il les voyait monter chez lui, ou chez elle, bouillants d'impatience, s'efforçant de le masquer, leurs mains d'abord maladroites, et puis le type qui la prenait par la taille, le sourire de la fille, et sa tête, posée sur l'épaule de l'autre.

Il y avait des soirs où Lauren manquait tellement à Danny qu'il aurait cherché la bagarre avec n'importe quel gros balèze, pour le balancer par la fenêtre. Rien que pour entendre le bruit de la vitre qui explosait. Mais au lieu de ça, c'est lui qui allait piquer une tête dans la baie.

L'eau était froide et noire, et vide. Il était venu nager tous les soirs depuis quatre mois et dix jours. Depuis que le divorce avait été définitivement prononcé. Un de ces soirs, il allait se noyer. Ou il finirait par s'en remettre, il était trop tôt pour le dire[1].

Ferrigno réussit avec maestria à nous présenter un personnage qui a été grièvement blessé par l'amour, ce qui doit faire vibrer une corde chez pratiquement tous les lecteurs. La raison en est simple : qui, dans sa vie, n'a jamais été blessé pour avoir aimé quelqu'un, soit parce qu'il (ou elle) aimait la personne qu'il ne fallait pas, soit en se voyant arracher par la mort l'objet de son amour, soit encore par la trahison de l'être aimé,

1. Robert Ferrigno, *Le Pot au noir (The Horse Latitudes)*, *op. cit.*

ou n'importe quelle autre variation sur ce qui peut arriver quand deux êtres sont unis par l'ardeur de la passion ou la tendresse ? Pris d'une sorte d'empathie pour Danny, le lecteur ne peut que s'accrocher à l'histoire, pour savoir ce qui va lui arriver.

Cela dit, le lecteur peut se passionner en priorité pour l'intrigue. Si elle est fondamentalement crédible – même si elle est aussi farfelue et improbable que le clonage des dinosaures –, le lecteur ne lâchera pas l'histoire, à cause de ce petit déclic dans le cerveau appelé suspension d'incrédulité. Certains genres littéraires en exigent plus que d'autres – la fantasy et la science-fiction, par exemple –, mais en réalité, toute histoire issue de l'imagination d'un écrivain requiert du lecteur une certaine dose de suspension d'incrédulité.

Au-delà de l'intrigue et des personnages, il existe divers moyens de créer le suspense. Cela dit, vous serez avisé d'en user avec parcimonie, parce qu'ils peuvent sentir le procédé et rendre l'histoire boiteuse. Tout ce qui attire l'attention sur l'écriture risque d'éloigner le lecteur de l'histoire. Rappelez-vous que votre objectif est de faire tout ce qui est en votre pouvoir pour que le lecteur *y croie*. Vous devez donc y aller avec doigté, ce qui est épineux.

Ainsi donc, si la structure de l'intrigue le permet – en d'autres termes, si vous avez établi d'entrée de jeu une relation causale –, vous pouvez mettre un personnage en danger, ce qui attise le suspense. Si vous réussissez à créer un personnage que le lecteur a l'impression de connaître et qui compte pour lui, alors le lecteur se sentira impliqué dans la situation où le personnage se retrouve. Cela dit, mettre un personnage en danger ne consiste pas forcément à l'envoyer au bord d'une falaise avec quinze chiens enragés lancés à ses trousses. Vous pouvez aussi lui ménager une scène d'affrontement, avec un autre personnage, avec ses plus grandes peurs, avec la décision la plus difficile qu'il ait jamais eu à prendre, etc., bref, le placer dans l'œil d'un cyclone métaphorique, de telle sorte qu'il soit en position d'attente du prochain coup à venir. Les attaques physiques marchent bien, mais les alarmes psychologiques ou émotionnelles aussi.

Les poursuites génèrent un genre de suspense plus traditionnel : le méchant poursuit le héros, le méchant poursuit un personnage menacé, le héros pourchasse le méchant qui pourchasse lui-même le personnage menacé, qui ne sait même pas qu'il est en danger.

La violence peut aussi ménager un élément de suspense. Chaque fois qu'un personnage est assassiné – dans une scène d'ouverture ou à n'importe quel moment d'une intrigue –, vous tenez du suspense. Et ne vous y trompez pas : les meurtres ne relèvent pas du seul domaine du roman policier ou du thriller. Alice Hoffman en met très efficacement dans plusieurs de ses romans (*La Lune tortue* et *Seul parmi les loups* viennent immédiatement à l'esprit), et le dernier endroit où on irait les chercher dans une librairie serait bien le rayon policiers. Vous savez bien qu'il y en a partout chez Faulkner, chez Dickens, et il ne viendrait à l'idée de personne de chicaner Shakespeare parce qu'il n'hésite pas, occasionnellement, à placer une belle petite effusion de sang pour servir la cause d'une histoire palpitante.

Enfin, si le meurtre vous répugne, une bonne bagarre peut faire l'affaire. Si vous écrivez une scène où il y a de la violence physique, ou un violent échange verbal, vous avez accru la tension. Ce qui revient à créer du suspense.

Il en va de même dans les scènes où une découverte capitale est faite. Si votre intrigue révèle une information ou une situation qui fait faire un bond en avant à l'histoire, vous créez le suspense.

Les personnages qui courent contre la montre – un ressort classique du thriller – sont une source naturelle de suspense. Quand, dans *Le Quatrième Protocole*, Frederick Forsyth met son héros sur la piste d'un espion soviétique en possession d'une arme nucléaire… c'est du suspense. Idem pour *Les Yeux foudroyés,* de Dean Koontz, quand les personnages doivent sortir de la grotte avant l'explosion de la bombe. Et dans *Jurassic Park*, il est crucial que les personnages réparent le système de communication avant que le bateau de ravitaillement ne rejoigne le continent.

Si la lutte contre le temps ne convient pas, alors un MacGuffin peut provoquer le suspense. Le MacGuffin est un objet que tout le monde recherche, parfois un objet de valeur, mais pas forcément (comme le faucon maltais du roman et du film éponymes). Dans tous les cas, le suspense est engendré par la course proprement dite pour mettre la main dessus avant les autres.

Finalement, *et surtout*, pour ce qui me concerne, faire des promesses à long terme au lecteur en introduisant des signes avant-coureurs et en posant prudemment des questions dramatiques élève le suspense du vulgaire au sublime. Dans le premier cas, le revolver introduit au début du roman – ou le poison, ou l'enveloppe qui reste sur la table et qu'on n'ouvre pas, ou le message sur le répondeur que personne n'a écouté – doit jouer un rôle dans l'histoire par la suite, et le lecteur attend le moment promis. Dans le second cas, les questions induites sur un personnage par ses actes, ses réactions, ses pensées et ses paroles doivent toutes trouver une réponse dans les scènes ultérieures. Elles contribuent aussi à accrocher le lecteur à l'histoire. Qui est, en fin de compte, la seule source de vérité.

Pour entretenir le suspense – et donc l'intérêt du lecteur –, je crois que l'élément capital réside dans la structure de l'intrigue. Vous devez y apporter une vigilance constante. Sachez que votre histoire n'est pas complète sans rebondissements ou retournements de situation : ces moments où une information est divulguée, une découverte importante révélée, un accord atteint, une décision prise. Ces nœuds dramatiques qui font avancer l'histoire requièrent fréquemment un changement de scène.

Veillez constamment à développer votre instinct de narrateur. Je conseille à mes étudiants de se fier à leur corps quand ils écrivent, parce que leur corps ne leur mentira jamais sur l'histoire, le rythme, les personnages, etc. Alors que leur esprit les abusera tout le temps, leur disant que quelque chose est bon quand ils auront ce sentiment poignant, viscéral – *physique* –, cette conviction irréfutable que c'est mauvais. Ou vice versa. Je leur dis d'écrire avec leur esprit, mais d'évaluer avec leur corps. Et surtout, je leur dis d'ignorer le comité qu'ils ont dans la tête, et qui leur ressasse inlassablement qu'ils ne savent pas ce qu'ils font, qu'ils sont incapables d'aligner deux phrases qui se tiennent, qu'ils seraient incapables de reconnaître une bonne histoire si elle leur sautait à la figure, etc., etc. Je leur dis que c'est le chœur de leur passé, un chœur composé de leurs parents, de leurs frères et sœurs, et des religieuses qui les ont tenus sur les fonts baptismaux à la Sainte École de la Grammaire. Ignorez-les tous. Ils appartiennent au passé. Fiez-vous à votre corps. Votre corps, c'est le présent. Et c'est aussi l'instrument le plus efficace à votre disposition.

Ce chapitre ne serait pas complet sans quelques mots sur les indices et les fausses pistes à destination de ceux qui veulent écrire des romans policiers ou des thrillers. Si tel est votre cas, vous devez savoir exactement ce qu'est un indice, ce qu'est une fausse piste, et comment placer l'un ou l'autre dans une scène.

D'abord, les indices. Ce sont des informations qui, correctement interprétées par le lecteur, peuvent l'amener à résoudre l'affaire avant – ou au moins en même temps que – l'enquêteur. Les plus évidents sont les indices matériels : une trace de terre ou de rouge à lèvres, un fil, un bouton, une marque de pneus, une arme ; et puis il y a les indices biologiques comme le sang, le sperme, la salive, la peau, les empreintes digitales, les cheveux, le vomi, les ongles, les excréments, l'urine. Ou encore l'absence d'un objet qui devrait être là – par exemple, le tube de peinture blanche manquant dans *Les Cinq Fausses Pistes* de Dorothy L. Sayers –, et qui fait office d'indice, tout comme les informations sur le timing : qui était où, et quand ? Les déclarations des suspects et des témoins peuvent receler des indices, de même que l'environnement d'un personnage, son éducation, son expérience ou sa profession. Tout cela peut donner des indices si le crime exige des connaissances spécialisées.

Les fausses pistes, quant à elles, sont des objets semés dans l'histoire pour induire le lecteur en erreur, l'inciter à mettre le crime sur le dos d'un autre que le coupable. Ça, c'est la « vraie » fausse piste, si j'ose dire. Son cousin, le faux indice, est ce qui se passe quand un personnage ment sciemment à la police, aux enquêteurs ou à quelqu'un d'autre d'une façon générale. Le truc, quand on place une fausse piste dans une histoire, c'est qu'elle doit avoir une explication logique dans l'intrigue principale ou dans une intrigue secondaire. Elle ne peut pas être introduite gratuitement comme les prunes dans un pudding, pour reprendre l'expression de P. D. James.

Les indices et les fausses pistes jouent un rôle important dans la montée du suspense parce que, habilement placés dans une scène, ils servent à intriguer le lecteur, qui ne doit normalement pas avoir de moyen de savoir qu'il s'agit d'une fausse piste. Le seul moyen pour lui de l'apprendre… est de continuer sa lecture.

Agatha Christie était la reine des indices et des fausses pistes. J'ai beaucoup appris, grâce à elle, sur la façon de construire une scène dans laquelle apparaît un indice vital. Le secret, vous comprenez, c'est d'introduire votre indice de telle sorte qu'il ne hurle pas « Attention ! Ici, un indice !! » au lecteur. Agatha Christie avait le chic pour composer ses scènes de telle sorte que l'indice soit présent, mais au même niveau que la fausse piste. Et la scène tournait autour de la fausse piste, et pas autour de l'indice. Brillant !

Autre secret de la réussite : en plaçant ses indices et ses fausses pistes, l'auteur doit à chaque instant jouer franc jeu avec le lecteur. Ils doivent surgir naturellement de l'intrigue ou des intrigues secondaires, soit de l'histoire, soit des personnages. Les indices doivent constituer des nœuds dramatiques ou des revirements de situation et faire avancer l'intrigue. Ils peuvent agir comme éléments de suspense, de chaos, de destruction, ou de tout ce que vous voudrez. Mais, quelle que soit la façon dont ils sont utilisés, si le lecteur voit que ce sont des indices, le détective de l'histoire ne peut les ignorer. Dans le cas contraire, le lecteur qui en saurait plus long que l'inspecteur surferait en avant de la vague au lieu de la suivre. Et non seulement cela ficherait votre histoire en l'air, mais encore cela sabrerait le suspense que vous vous seriez échiné à créer.

QUATRIÈME PARTIE

La méthode

15

À petits, tout petits pas, comme un bébé

C'est si difficile de créer des personnages. Il y a des moments où je me dis que je n'ai rien de nouveau à raconter sur eux. J'ai peur de les avoir déjà créés ailleurs... La vérité, c'est qu'on ne peut écrire que sur ce que l'on comprend, ce que l'on a expérimenté soi-même, ce dans quoi on peut se projeter, et j'y ai peut-être mieux réussi que certains autres auteurs. Mais mon expérience personnelle est limitée... Alors je me demande si je suis vraiment capable de plonger dans le cœur et l'esprit humains. Enfin, je vais continuer à faire de mon mieux. Je vais effectuer les étapes nécessaires, un pas, un tout petit pas à la fois. Et voilà.

Journal d'un roman
8 juin 2001

Je ne le répéterai jamais assez, chaque auteur doit mettre au point sa propre méthode, c'est-à-dire ce qui marche pour lui. Ne pas avoir de méthode, c'est ne pas avoir de métier. C'est se retrouver suspendu au-dessus de l'abîme, victime potentielle de l'angoisse de la page blanche. Ne pas avoir de méthode vous met terriblement en danger et l'écriture cesse d'être une joie pour devenir une menace ; une tâche que vous reprenez avec terreur, jour après jour, parce que vous êtes à la merci d'une Muse que vous ne savez pas comment séduire. Si je n'avais pas de méthode, de *métier* sur quoi m'appuyer, je serais paralysée par la crainte tous les matins, et franchement, je ne vois pas ce qu'il y a de drôle à ça. Mais comme j'ai à la fois une méthode et du métier, j'approche l'écriture quotidienne avec impatience. Je m'en fais une joie à l'avance. Vraiment.

Seulement je ne peux pas vous imposer ma méthode. Je me contenterai de vous dire en quoi elle consiste, mes convictions à ce sujet, et comment cela fonctionne pour moi. À vous de découvrir votre propre méthode par approches successives, en essayant différentes choses jusqu'à ce que vous sentiez, avec le temps, ce qui vous convient. (J'emploie sciemment le verbe « sentir ». Je vous l'ai déjà dit et je vous le répète, c'est notre corps qui nous dit quand nous faisons quelque chose de bon pour nous.)

Voici donc la méthode que j'utilise pour écrire. Ce sont des étapes essentielles que j'ai mises au point au fil de l'écriture de douze livres.

J'attends, pour commencer, d'avoir eu une idée. Et cette idée n'est pas qu'une lueur, une vague inspiration qui risque de s'évanouir en fumée. Pour moi, l'idée est une pensée complète qui renferme l'un de ces trois éléments : l'événement déclencheur qui mettra la mécanique en mouvement, l'intrigue contenant le début, le milieu et la fin, ou (vous noterez, encore une fois, que je dis *ou*) une situation énigmatique qui suggère immédiatement un éventail de personnages en conflit. Il me suffit d'avoir l'un de ces trois éléments pour estimer que j'ai de quoi commencer.

Prenons l'idée de départ de mon roman *Le Visage de l'ennemi* : j'avais envie d'écrire une histoire d'enlèvement pour voir si j'arrivais à relever le défi. Et pas n'importe quel enlèvement, pour que mon équipe de Scotland Yard soit impliquée. J'ai opté pour l'enfant d'un membre du Parlement. Les autres choix évidents pour un kidnapping « dans la haute » (un membre de la famille royale ou l'enfant d'un industriel de premier plan, par exemple) ne m'excitaient pas, et puis je n'avais encore jamais écrit sur le Parlement. Ce roman me donnerait donc l'occasion d'apprendre quelque chose de nouveau, ce qui a toujours le chic pour me stimuler. Mon idée de départ était donc : « C'est un roman sur l'enlèvement de l'enfant d'un membre du Parlement. »

Je jouais sur du velours parce que cela répondait à deux de mes trois exigences de départ pour une idée d'intrigue : l'événement déclencheur (l'enlèvement) et une situation intéressante, impliquant un ensemble de personnages (qui dit enlèvement dit victime, famille de la victime, ravisseur, police, suspects et *tutti quanti*). Et comme je voulais faire intervenir dans le roman certains de mes personnages récurrents qui sont des enquêteurs non professionnels, je devais ajouter à l'idée initiale une raison pour laquelle la police ne pouvait pas être impliquée tout de suite.

Quel intérêt, me demandai-je donc, un député pourrait-elle avoir à laisser la police *en dehors du coup* ? Étant membre du Parlement (MP), elle pouvait assurément compter sur les meilleurs inspecteurs que le Yard pouvait offrir. Ah, me dis-je, et si ce n'était pas une enfant légitime, et si l'identité du père de l'enfant était un secret dont la révélation pourrait détruire sa carrière politique… Je tenais là quelque chose qui me paraissait encore plus excitant que l'enlèvement proprement dit. Et l'idée d'intrigue est devenue : « C'est un roman sur l'enlèvement de l'enfant illégitime d'une MP. »

Ce qu'il y avait de bien dans cette histoire, c'est qu'elle amenait immédiatement un certain nombre de questions auxquelles il fallait que je réponde avant d'écrire. Ces questions et leurs réponses constituent l'étape suivante de mon processus de création : l'idée développée.

La première question qui me venait à l'esprit n'était pas « Qui est le ravisseur ? », mais plutôt : « Qui est le père de cette enfant, dont la divulgation du nom ruinerait la carrière de la MP ? » Répondre à cette question et aux questions entraînées par la réponse a élargi mon idée simple et en a fait l'idée d'histoire plus compliquée que voici :

« La fille illégitime d'une MP conservatrice (en qui le monde politique et les médias voient la prochaine Margaret Thatcher) est enlevée. La demande de rançon est envoyée non pas à la mère, mais au père naturel de l'enfant, le rédacteur en chef d'un tabloïd d'opposition, gauchiste et marié, dont l'identité n'a jamais été révélée à personne, ni par lui-même, ni par le député. Le ravisseur exige, pour libérer Lottie, qu'il révèle sa paternité à la une de son journal, ce qui l'amène à réaliser que quelqu'un est au courant de son secret (et de celui de la mère). Si la police est alertée, les médias s'empareront de l'affaire, et les feuilles à scandale se feront aussitôt une joie de traîner dans le caniveau la réputation de la MP. Celle-ci est d'ailleurs convaincue que c'est le rédacteur en chef qui a lui-même commandité l'enlèvement pour booster les ventes de son torchon par une confession en première page de leur relation passée. Simon Saint James (mon représentant de la police scientifique), qui n'est pas chaud pour enquêter, se laisse malgré tout convaincre. Grosse erreur. La petite fille est assassinée, ce qui déclenche l'intervention de la police. Puis le fils légitime du rédacteur en chef du tabloïd est enlevé, et le ravisseur réitère son exigence : "Reconnaissez à la une de votre journal que vous avez eu un enfant…" Le rédacteur en chef s'exécute (malgré les protestations furieuses de la MP, et à la grande délectation des lecteurs de la presse de caniveau), mais son fils n'est pas relâché. Au lieu de cela, il reçoit un message disant : "Vous avez tout faux." C'est ainsi qu'il apprend qu'il a eu un autre enfant illégitime, avant la petite Lottie qui a été enlevée et assassinée. Et c'est cet enfant plus âgé qui est le ravisseur. »

Ce paragraphe répondait à toutes les questions posées par l'idée de départ. Il me donnait la direction à suivre pour entamer l'étape suivante de mon processus : les recherches.

Une fois le développement rédigé, je l'examine en me demandant quelles recherches je vais devoir faire pour pouvoir écrire le roman. Dans le cas du *Visage de l'ennemi*, je me suis tout de suite rendu compte que j'aurais besoin d'informations sur le Parlement britannique – comment les membres de la Chambre des communes étaient élus, ce qu'ils faisaient au quotidien, et ainsi de suite – et que, si je voulais les intégrer à mon récit de façon crédible, le mieux serait que je réussisse à aller à la Chambre des communes, et plus généralement au palais de Westminster. Il allait falloir que je me familiarise avec l'organisation et le jargon particuliers au gouvernement anglais, bref, avec l'environnement des fonctionnaires auxquels j'aurais affaire dans mon histoire. J'avais du pain sur la planche, mais je ne doutais pas d'être à la hauteur de la tâche. Je me rappelai que j'avais dîné, l'année précédente, à Noël, au Manor House Hotel de Castel Combe, avec un couple dont le fils était correspondant pour la BBC auprès du Parlement. Il pourrait peut-être m'aider. J'en pris bonne note.

Il fallait aussi que je me documente sur les tabloïds anglais, sur la façon dont les employés travaillaient dans les bureaux, et dont les journalistes dénichaient leurs informations. Ce serait bien de pointer mon nez dans la rédaction d'un de ces journaux, si je pouvais, l'idéal étant que le rédacteur en chef de l'un d'eux accepte de me rencontrer.

Ensuite, il faudrait que je m'informe sur la façon dont la police anglaise enquêtait sur les enlèvements et les meurtres.

Pour finir, je devais trouver l'endroit où mes enfants enlevés seraient emprisonnés jusqu'au meurtre de l'une et la libération de l'autre, et l'endroit où le corps de la victime assassinée serait déposé.

Pour tout cela, j'allais devoir aller sur place, ce que je fais toujours avant de commencer à écrire un roman. Dans ce cas précis, je savais pouvoir obtenir plusieurs informations à l'avance, depuis les États-Unis : je pouvais contacter les gens que j'avais rencontrés à Castle Combe et leur demander si leur fils pourrait me rencontrer (ce que je fis, et il accepta). Je pouvais contacter mes sources dans la police de Cambridge, en Angleterre, et les interroger sur la procédure d'investigation en cas d'enlèvement. Et je pouvais demander à mon éditeur anglais d'essayer de m'organiser un rendez-vous avec un directeur ou un rédacteur en chef de presse « people ». Quant aux endroits où les enfants disparaîtraient, où ils seraient séquestrés une fois enlevés, et où le corps de l'un d'eux serait retrouvé... c'était à moi d'en décider. J'avais les mains libres.

Les enfants enlevés habitaient Londres, et je ne voulais pas qu'ils soient emmenés trop loin. Je me dis que le Somerset ou le Wiltshire, qui étaient facilement accessibles en voiture, par l'autoroute, feraient l'affaire, et je commençai à me documenter sur ces régions. Une fois que j'eus sélectionné un certain nombre de sites potentiels où placer mes victimes – des endroits qui allaient d'une cimenterie à un château en passant par tout le reste –, j'étais enfin prête à partir pour l'Angleterre.

J'avais beaucoup à faire. Non seulement je devais réunir les informations recueillies à partir de toutes mes sources à Londres, mais je devais aussi trouver les endroits spécifiques qui figureraient dans la section londonienne du livre : les lieux d'habitation de tous les personnages londoniens, les endroits où les enfants allaient à l'école, où ils étaient kidnappés, où le ravisseur se cachait avant l'enlèvement. Après, je devais aller à la campagne pour ce que l'un de mes anciens éditeurs appelait joliment « une petite enquête topographique. »

C'est donc ce que je fis. À Londres, je rencontrai Michael Fairbairn, le délicieux et précis correspondant de la BBC aux deux Chambres du Parlement. Je pénétrai avec lui au cœur de la Chambre des communes pour une visite-conférence prolongée sur le gouvernement britannique. Il dîna avec moi dans la salle à manger des membres du Parlement, m'emmena dans les salles et les couloirs de cet endroit, et fit mon éducation d'une façon générale. Grâce aux réponses pertinentes qu'il fournit à toutes mes questions, je pus cerner la persona de ma MP dont la petite fille était enlevée : Eve Bowen, un député fictif habitant à Marylebone. J'eus aussi l'occasion d'assister à une séance de la Chambre des communes, et je vis, de la galerie de la presse, John Major essuyer le feu roulant de questions auquel le Premier ministre est soumis toutes les semaines lorsque le Parlement est en session. Le temps que Michael en ait fini avec moi, j'avais à peu près compris le fonctionnement du gouvernement britannique, et j'avais assez de munitions pour me défendre sans trop de problèmes avec le personnage de mon député, et une mine d'informations dans lesquelles je pourrais puiser pour ajouter à la vraisemblance de mon roman.

Au *Mirror*, l'un des plus grands journaux populaires d'Angleterre – et l'un des rares à avoir encore ses bureaux dans Fleet Street –, je pus assister à une conférence de rédaction, m'imprégnant ainsi de l'ambiance de ce qui se passe dans les coulisses. Je m'entretins avec le rédacteur en chef, son adjoint et l'un des journalistes, ce qui me permit d'apprendre comment les tabloïds réussissent à déterrer les informations croustillantes qu'ils exploitent pour salir quelqu'un et le détruire, ou tout simplement pour faire tomber quelques têtes comme au jeu de massacre. Autant de choses qui paraissent beaucoup les amuser.

Lorsque j'eus recueilli les informations dont j'avais besoin sur l'attitude de la police britannique face à un enlèvement, je fus prête à partir en repérage à Londres. Comme j'avais intérêt à connaître le quartier de Marylebone sur le bout des doigts, je commençai par là. Il fallait que je trouve une maison pour ma MP, une école pour sa fille, un endroit d'où elle pourrait être enlevée, et un endroit où le ravisseur pourrait se cacher en attendant de kidnapper la petite fille. J'étais aussi à l'affût des détails « qui font vrai » : le genre des maisons et des boutiques qu'on trouvait dans le quartier, les arbres et les plantes qui poussaient dans les parcs, les bruits et les odeurs. Bref, tout ce que je pouvais voir, entendre et sentir.

J'allai donc en repérage à Marylebone – un coin de Londres situé juste au sud de Regent's Park – avec mon appareil photo et mon magnétophone et je commençai à faire le tour du quartier. J'arpentai les rues, je passai dans les ruelles, je m'aventurai à l'occasion dans des culs-de-sac, comme les *mews* – d'anciennes écuries. Je pris je ne sais combien de photos en enregistrant des commentaires au magnétophone, énumérant les détails qui deviendraient des éléments révélateurs du décor quand j'écrirais le roman, par la suite. Je ne partais pas, je ne lâchais pas prise avant d'avoir trouvé tout ce dont j'avais besoin, et tout était bel et bien là, dans le voisinage : la maison d'Eve Bowen dans les Devonshire Mews, Cross Keys Close, où Charlotte Bowen est enlevée, non loin de chez son professeur de musique, l'école Sainte Bernadette, dans Blandford Street, et – *mirabile dictu*, et c'est l'heureux hasard des recherches qui me met toujours le cœur en joie – une rangée de bâtiments abandonnés dans George Street, à une rue de l'école de Charlotte. Bingo ! Je tenais la cachette de mon ravisseur.

J'utilisai la même approche pour trouver les autres endroits de Londres dont j'avais besoin pour le livre : la maison de Dennis Luxford, le rédacteur en chef du tabloïd, dans Highgate, l'école de Leo Luxford, le restaurant où Leo et Dennis ont une de leurs conversations, et l'endroit chez Harrods où la MP et Dennis se rencontrent pour discuter stratégie, etc. Je prenais quantité de photos, que je commentais au magnétophone. Tous les après-midi, en revenant de ma séance de repérage, je m'asseyais pour retranscrire sur mon ordinateur portable ce que j'avais enregistré au magnétophone.

J'utilisai à peu près la même technique à la campagne, pour trouver les endroits où Charlotte Bowen et Leo Luxford pouvaient être retenus prisonniers, où le ravisseur vivait, où le corps de Charlotte serait retrouvé et tous les autres endroits qui éveillaient des échos en moi quand je les voyais. C'est ainsi que je visitai deux moulins à vent, le canal Kennet and Avon, un parc de caravanes construit sur l'emplacement d'une abbaye en ruine, une cimenterie, un certain nombre de châteaux, des pubs, des hôtels, des villages, des églises, des cimetières et des sites importants sur les plans mythologique, archéologique ou sociologique. Je savais quand je voyais ce que je voulais, ça s'imposait à moi ; je n'avais qu'à garder l'esprit ouvert. Lorsque c'était possible (aux deux moulins à vent et à la cimenterie), j'interrogeai aussi les gens de la région. Pour finir, j'optai pour le moulin à vent de

Wilton pour le lieu de détention de Charlotte Bowen, le canal Kennet and Avon juste à la sortie d'un petit hameau appelé Allington pour l'endroit où on retrouverait son corps, un mélange de deux châteaux pour l'endroit où Leo Luxford est retenu prisonnier, et une petite ville appelée Pewsey – que je rebaptisai Wootton Cross – pour la maison du meurtrier. Je trouvai un autre hameau pour celle de sa petite amie, et je situai une école de garçons dans le secteur.

Encore une fois, tout du long, je pris des dizaines de photos, que j'organiserais en rentrant chez moi, tout en enregistrant mon propre commentaire en continu sur ce que je voyais. J'enregistrai aussi mes entretiens. Là encore, j'étais à l'affût des détails qui font la spécificité de l'Angleterre. Je savais que ça me permettrait de donner l'accent de la vérité aux endroits que je décrirais à mes lecteurs.

Une fois mes recherches achevées, je retournai aux États-Unis pour la phase suivante de mes activités préparatoires : la création des personnages.

C'est le moment où je suis le dieu du monde que je vais créer dans mon roman. Je commence par établir une fiche (mère, père, père biologique, ravisseur, etc.), en donnant à chaque personnage un nom évocateur, qui reflète sa position dans la société britannique, et potentiellement certains traits que je souhaite faire percevoir au lecteur. Je vous ai dit que son nom est la première occasion qui m'est fournie d'orienter l'attitude du lecteur envers ce personnage, alors j'y prête une attention particulière. Je réfléchis à sa sonorité, à la façon dont il résonne, à ses implications.

Une fois que j'ai trouvé le nom des personnages, je les crée selon la méthode que je vous ai déjà exposée : j'écris en roue libre, sur le mode du monologue intérieur. J'aborde tous les aspects de leur vie et de leur personnalité, en essayant constamment d'empêcher mon cerveau gauche, le cerveau logique, rigide, de se mettre en route, et de faire fonctionner mon cerveau droit, la partie créative. Je me parle à moi-même, en utilisant la page comme un miroir, en lançant telle ou telle idée, en avançant telle ou telle hypothèse. Je reste à l'écoute de ce que mon corps me dit sur le personnage que je suis en train de créer. Quand l'information est bonne, je le sais parce que je le *sens* : cette vague d'excitation, cette impression que mon corps me crie : *Oui, oui, oui !* à propos d'un personnage.

Je rédige sur chaque personnage une fiche descriptive aussi complète que possible, et je garde sur le côté de mon ordinateur la « feuille de route », l'aide-mémoire dont je vous ai déjà parlé. Cela me permet d'éviter de dérailler et de passer cinq pages à relater un incident troublant dans la vie du personnage qui ne me donnera pas, en fait, l'aperçu en profondeur dont j'ai besoin pour le comprendre et, surtout, pour lui donner une voix. Quand j'ai fini, j'ai généralement trois ou quatre pages simple interligne de données sur le personnage. Je trouve que ça suffit.

Je suis le même processus pour chacun des personnages qui – pour autant que je puisse le dire à ce moment-là – semblent jouer un rôle dans mon histoire, au niveau de l'action principale ou des intrigues secondaires. Quand j'ai fini ce long document, je le relis en surlignant les caractéristiques de chaque personnage que je trouve cruciales pour comprendre ce qui le fait agir. Je fais cela, parce que six mois et 582 pages de premier jet plus tard, je ne me rappellerai pas tout ce que j'aurai écrit sur ces personnages surgis de mon imagination, et ce surlignage me facilite les choses pour le moment où j'aurai besoin de me rafraîchir la mémoire au sujet de leurs motivations, de leurs projets personnels ou de leurs lignes directrices.

Ce qu'il y a de magnifique dans l'analyse de caractère, j'ai eu maintes occasions de le vérifier, c'est qu'au fur et à mesure que je crée et que j'explore les personnages que j'ai créés à partir de mon idée de départ, les éléments d'intrigue commencent à affluer vers moi. Je vois comment leurs vies s'entremêlent et s'affectent mutuellement ; le thème du roman que je vais écrire se détache. Plus important, les intrigues secondaires m'apparaissent. Je ne verrais rien de tout cela sans les analyses de personnage. Sans elles, je serais obligée d'imaginer tout cela *ex abrupto*, au cours de la rédaction du premier jet. Et je ne veux pas faire ça, parce que je veux que l'écriture du premier jet relève de l'art et non pas de l'artisanat.

Lorsque j'ai créé tous les personnages, connaissant le monde où chacun d'eux évolue, je peux passer à l'élaboration du décor. Je ne crois pas à la notion de décors standardisés : l'idée selon laquelle il faudrait placer l'action « à Manhattan, parce que tout le monde sait à quoi Manhattan ressemble, et qu'il suffit d'écrire *gratte-ciel* pour que le lecteur s'y croie ». Je suis au contraire une farouche adepte des décors rendus avec la même authenticité que je mets à rendre les personnages et les événements, ce qui m'amène parfois à les créer de toutes pièces, en faisant un savant amalgame d'un certain nombre d'endroits que j'ai explorés au cours de la phase de repérage en Angleterre. Pour *Cérémonies barbares*, l'école que j'ai appelée Bredgar Chambers est un cocktail de six écoles que j'avais visitées au cours de ma phase de recherche : la chapelle venait de l'une d'elles, les extérieurs d'une autre, etc., etc. J'ai commencé par en tracer le plan sur une grande feuille de papier, puis j'ai donné un nom à chacune des maisons où les étudiants habitaient et je les ai décrites. Je suis allée jusqu'à écrire le prospectus adressé aux parents susceptibles d'envoyer leurs enfants y suivre leurs études (et dans le cas du malheureux garçon, se faire assassiner). Dans le cas de *Pour solde de tout compte*, qui se déroule à Cambridge, j'ai passé deux sessions d'été au Trinity Hall de Cambridge. C'est ce qui m'a permis de créer, bâtiment par bâtiment, pierre par pierre, le collège de St Stephen avec ses sept cents ans d'histoire architecturale. Je l'ai situé entre Trinity Hall et Trinity College, et j'ai localisé le tribunal où l'un des personnages principaux a son bureau à l'emplacement du Gonville and Caius College. J'ai fait de cet endroit le mien.

Ce que je veux dire, c'est que je crée sur le papier un endroit qui devient le mien, parce que je veux que le lecteur s'y sente chez lui, comme les personnages. J'ai toujours aimé les livres où les lieux sont aussi vivants que les êtres. Lisez *Rose* ou *Havana Bay*, de Martin Cruz Smith. Lisez *Mystic River*, de Dennis Lehane ou *L'Opale du désert*, de Janette Turner Hospital. Lisez Faulkner et Steinbeck, et *Dune*, de Frank Herbert. Ou retombez en enfance, et relisez Laura Ingalls Wilder, ou L. M. Montgomery. Vous verrez ce que je veux dire.

Si j'ai tracé une carte ou un plan, je l'affiche sur le mur de mon bureau et je passe au canevas. Je fais le plus vite possible la liste des rebondissements de l'histoire susceptibles de découler de l'événement déclencheur, et liés entre eux. Il se peut qu'ils soient dans l'ordre où ils apparaîtront dans le roman, mais ce n'est pas forcé. En tout cas, quand je les ai couchés sur le papier, j'étudie la liste afin de voir s'ils sont liés entre eux par une relation de cause à effet, et je les remets dans le meilleur ordre possible sur le plan dramatique – c'est-à-dire l'ordre qui permet à l'histoire de s'ouvrir continuellement, et non de se refermer. Si j'en ai une quinzaine, je suis la plus heureuse des femmes, et des auteurs. Il m'arrive de n'en avoir qu'une dizaine. Ce qui peut aller aussi. Je vise la quinzaine d'événements, mais ce n'est pas parce que je n'y arrive pas que j'estime ne pas avoir de quoi écrire un roman.

Quand je fais la liste de ces événements – liste qui donnera, encore une fois, matière au canevas –, c'est sous forme abrégée, sans faire de phrases ; pas même des bouts de phrase, enfin pas forcément. Je veille seulement à ce qu'elle soit compréhensible quand je m'y référerai à nouveau, par la suite. Je fais ça à la main, sur des feuilles de papier, pas sur traitement de texte. Ça me permet de raturer, de faire des flèches, de griffonner, bref, tout ce qu'il faut pour m'assurer que j'ai toutes les questions dramatiques dont j'aurai besoin, et que je n'abats pas mes cartes trop tôt.

Lors de la réalisation de ce canevas, je ne vise pas la perfection, loin de là. Mon but est simplement de mettre sur le papier autant de scènes reliées les unes aux autres que possible. Ensuite, je peux passer au séquencier.

Je vous l'ai dit, c'est un compte-rendu au présent de ce qui va se passer dans une scène. C'est à ce stade que je prends plusieurs décisions techniques : le choix du personnage-point de vue, de la construction scénique et s'il faut une CAMAP ou non. En m'appuyant sur mon canevas pour ne pas perdre le fil de la scène que je vais élaborer, j'écris tout ce qui me passe par la tête sur la façon dont je la vois se dérouler. J'essaie de me mettre en état d'écriture automatique, et j'inclus dans le commentaire courant tout ce qui peut lui donner vie : des détails révélateurs des personnages et du décor, de la narration, un peu de dialogue, j'esquisse vaguement la scène et puis je passe à la suivante jusqu'à ce que j'aie abordé toutes les scènes du canevas.

Finalement, quand tout ce travail préliminaire est terminé, j'attaque la partie amusante : le premier jet. En d'autres termes, la partie qui relève de l'artisanat étant achevée, je peux maintenant m'attaquer à l'art de l'écriture. Je suis comme un peintre qui aurait tendu sa toile, mis le modèle en place, joué avec la composition, réalisé quelques esquisses du sujet au charbon de bois, choisi les pinceaux, préparé les couleurs, dressé le chevalet… et je suis prête à peindre.

C'est la partie que je préfère : le tableau proprement dit – c'est-à-dire l'écriture. Tout le reste, tout ce que je fais à l'avance, est une double assurance : je sais où je vais, ça a un rôle libérateur pour moi, et ce travail préparatoire me rassure ; il y a peu de risques que je reste devant mon ordinateur à me demander, torturée par l'angoisse, « ce qui va arriver ensuite », ou « comment bobonne va réagir quand elle tombera sur son mari dans une position compromettante avec le chien de la famille ». Je peux maintenant m'investir dans la partie artistique du métier d'écrivain, dans l'art d'écrire, qui ne se soucie que de la beauté de la langue.

Alors j'écris. Chaque fois que j'aborde un nouveau point de vue, je me rafraîchis la mémoire avec les analyses de caractère, afin de retrouver la voix du personnage. Et puis je commence à créer le premier jet, scène par scène, telles que je les ai mises en place dans mon séquencier. J'ai parfois des surprises en cours de route. Il y a des moments où l'inspiration frappe et où je vois une nouvelle façon d'orienter l'intrigue. Pendant l'écriture du premier jet, de nouveaux éléments me viennent à l'esprit, de nouvelles questions dramatiques se posent, de nouvelles idées jaillissent. J'en utilise quelques-unes et je rejette les autres, sachant d'expérience que ce sont des idées parasites que j'ai intérêt à éviter. Il m'est arrivé une fois d'en suivre une sur quatre cents pages avant de me rendre compte que je courais au désastre.

C'est ainsi que je rédige le premier jet complet de mon manuscrit, en faisant des allers et retours vers le canevas et le séquencier. J'écris généralement cinq pages par jour, jamais moins, parfois plus. Je vais de l'avant jusqu'à la fin du premier jet, en me disant que quoi qu'il arrive, si je m'installe devant mon ordinateur, je finirai toujours par avoir, au bout d'un moment, le premier jet de mon roman.

Lorsque le premier jet est fini, j'en fais un tirage papier et je le lis le plus vite possible. Quand mes livres étaient plus courts, j'effectuais cette lecture rapide – comme je l'appelle – en une séance d'une journée. Maintenant, il me faut deux jours. Au cours de cette étape, je n'effectue aucun changement. Je me contente de noter par écrit les faiblesses et les répétitions que je repère, les passages qui ne me paraissent pas clairs, un personnage qui ne ressort pas bien, les moments où je sombre dans le mélo et ceux où je m'égare. Ce que je recherche, au cours de cette lecture complète, c'est à améliorer mon roman. Je ne pars pas du principe que j'ai écrit le meilleur roman de l'histoire de la littérature.

Si je suis honnête avec moi-même et en contact avec ce que je ressens de façon viscérale, cette lecture me donne une idée de la façon d'améliorer le livre. Après, je rédige un joli petit argumentaire qui me guidera dans la direction à suivre pour le deuxième jet de mon roman. J'ai fait tellement de travail préliminaire que je n'ai généralement pas énormément de travail à ce stade. La plupart du temps, je me contente de clarifier un peu les relations entre les personnages. Il m'arrive parfois d'être amenée à retravailler une intrigue secondaire. Mais la plupart du temps, mon travail, à ce moment-là, consiste à resserrer la structure du livre, ou à améliorer le rythme.

Quand j'ai fini mon argumentaire, je peux attaquer le deuxième jet. Je travaille sur le tirage papier : pas de réécriture sur un document qui défile sur l'écran, sur des pages de livre électronique. Je suis assise à mon bureau, mon manuscrit devant moi, et je mets littéralement la main à la pâte, sur de vraies pages en papier.

Et je raye, je rajoute, je déplace, je coupe et je colle. Si je ressens le besoin d'écrire un passage de plus de trois pages, il se peut que je le tape au lieu de l'écrire à la main. Mais j'évite de tripatouiller le texte sur l'ordinateur. Ça me perturberait, parce que l'écran ne permet de voir qu'une partie de page. J'ai besoin de pouvoir feuilleter plusieurs pages à la fois. C'est comme ça que je fonctionne.

J'écris donc ainsi le deuxième jet du roman, au rythme d'une cinquantaine de pages par jour, cette fois. Quand c'est fini, je reporte les corrections et je tire une nouvelle version du manuscrit révisé que je donne à un lecteur « à froid », pour une évaluation objective. Ce lecteur est généralement un ami, mais pas un écrivain, simplement un grand lecteur, qui sait ce que j'écris. Je fais généralement appel à un ancien collègue du temps où j'étais professeur à El Toro High School, en Californie, soit un membre du corps enseignant, soit un administrateur.

Je n'abandonne pas mon « lecteur à froid » tout seul dans la nature avec mon manuscrit ; je lui dis quel genre de remarques j'attends de lui. Je lui donne deux listes de questions auxquelles j'aimerais qu'il réponde. La première porte sur des points sur lesquels je souhaite attirer son attention avant sa lecture, des questions comme « est-ce que le décor ressort bien ? ». L'autre liste de questions est dans une enveloppe fermée et le lecteur ne doit y répondre qu'après avoir achevé sa lecture. Ces questions abordent généralement les doutes angoissants que j'ai sur l'intrigue principale ou sur une intrigue secondaire, sur les personnages ou sur le thème. Je ne veux pas influencer la réaction de mon « lecteur à froid » en les lui faisant connaître à l'avance.

Quand mon lecteur a fini de lire le roman – aussi vite que possible –, nous nous rencontrons pour en parler. Si j'estime devoir opérer des changements, c'est à ce stade que je les effectue. Je fais de ce troisième jet un tirage papier, et c'est celui-là que j'envoie à mon éditeur.

Voilà. Vous savez tout sur ma méthode, et vous vous dites : « Ça n'a pas l'air très marrant. » Après tout, il se peut que vous vouliez vraiment devenir un auteur, mais pas un écrivain. Vous voulez avoir votre photo au dos d'un livre, aller partout dans le monde pour signer des autographes et donner des conférences de presse. Vous vous voyez déjà sur les plateaux de télévision dans des émissions littéraires. Vous avez répété votre pratique d'interview, vous avez préparé ce que vous direz à tous ces entretiens auxquels vous allez participer. Parce que c'est vrai, c'est ça, la vie d'auteur. Mais ce n'est pas le cœur de la vie d'écrivain. Un auteur, c'est ce que vous devenez une fois que vous êtes publié. Pour la plupart des écrivains, c'est la partie du boulot que nous aimons le moins.

Vous avez noté ce mot : *boulot*. Parce que c'est bien de ça qu'il s'agit, il faut que vous le compreniez. Écrire est un boulot comme un autre. On réussit par son travail. Est-ce que c'est marrant ? Oh que non ! Les montagnes russes, c'est marrant. Faire du ski, du surf, c'est marrant. Je n'ai pas besoin que mon métier soit marrant. J'ai besoin qu'il soit satisfaisant. Et c'est ce qu'est l'écriture pour moi.

Ce que j'ai appris, c'est que pour que quelque chose me procure une satisfaction, il faut que je le fasse bien. Et pour le faire bien, j'ai mis au point une méthode qui fonctionne pour moi. Si vous voulez y arriver, vous devez avoir une méthode, vous aussi.

Mais la méthode ne suffit pas. C'est de ça que je voudrais vous parler dans ce qui suit.

16

Une recette magique : la colle à cul

C'est le moment où il faut vraiment que j'aie la foi.
Foi en moi, en mon talent créateur, dans le talent que
le Créateur m'a donné ; foi en ma méthode ; en mon
intelligence et en mon imagination. Si j'ai réussi à
donner vie à ces personnages, à imaginer ces situa-
tions, je devrais bien trouver le moyen de venir à bout
de ce livre, non ? C'est ce qu'il me semble. Alors… Je
m'habille, je m'installe devant mon ordinateur et je me
mets au travail, je fais avancer mon histoire, une
phrase à la fois, ce qui est, en fin de compte, la seule
façon d'écrire un roman.

Journal d'un roman
6 juillet 1998

Bryce Courtenay, l'auteur australien du méga-best
seller *La Puissance de l'ange*, énonce certains conseils
d'écriture à suivre si vous voulez connaître le succès.
La recette que je préfère est celle de la *bum glue* : en
bon français, ou du moins un français que Rabelais
n'aurait pas renié, il s'agit de la colle à cul, c'est-à-dire
un truc pour vous attacher fortement à la chaise ou au

fauteuil sur lequel vous vous asseyez devant votre ordinateur ou votre traitement de texte. Bryce affirme que celui qui remporte la mise est celui qui trouve la meilleure colle à cul. Eh bien, je suis assez d'accord.

Voici mon histoire.

Oh, elle est très simple en vérité : j'ai toujours su que j'étais faite pour écrire. J'ai commencé à m'en rendre compte vers l'âge de sept ans. C'était dans les années 50, c'est-à-dire à l'époque poussiéreuse d'*avant* la *pré*-Silicon Valley. Je commençais à aller à la bibliothèque municipale qui se trouvait en devanture d'un vieux magasin de Mountain View. Maintenant, le centre de Mountain View foisonne de restaurants, de bars, de coffee houses, de librairies et de supérettes tenues par des Asiatiques. À l'époque, c'était un petit bled somnolent avec un grand vieux marché aux bestiaux dans un coin, un Purity Grocery avec de la sciure par terre à un autre coin, et quelque part entre les deux un delicatessen où on trouvait le meilleur *pecorino romano* à l'ouest du Mississippi. Sur El Camino Real, pour dix cents, les Japonais qui tenaient des halles avec un sol en ciment et des murs en toile appelé Green Haven – *le havre vert*, tout un programme ! – vous mettaient une grosse louche de cacahuètes dans un sachet en papier. Plus loin, dans la rue, Johnny Mack servait des hamburgers, des frites et du coca, et vous aviez droit en prime à la pop music déversée par des juke-box chromés. Les garçons jouaient au base-ball au McKelvey Field, quand ils ne faisaient pas tourner en bourrique Freddie l'Affreux de Boulder Creek, qui tenait l'endroit. Les berges du petit cours d'eau de Mountain View Avenue disparaissaient sous les mauvaises herbes (il y avait aussi un magnifique chêne vert), et une fois, après un orage, l'eau avait débordé jusque sur la route. On habitait sur Todd Street, pas très loin de là, mais on jouait partout, parce qu'on pouvait, à l'époque : on jouait au foot avec une boîte de conserve chez les Robertson, on jouait à la marchande chez les Ryskiewicz, à cache-cache chez les Larrieus, à Jacques-a-dit et aux fléchettes chez les Bolton. Il y avait un jardin abandonné sur Dennis Lane, où on jouait au château fort, et quand il faisait très chaud, l'été, on allait à bicyclette à la piscine municipale de Los Altos.

Mais mon endroit préféré, c'était la bibliothèque. Pourtant, ça sentait la poussière et le renfermé, et on n'y voyait rien, parce qu'elle était mal éclairée. Dès que j'ai su lire, mon père m'y a conduite régulièrement, et j'empruntais des livres que je commençais à la minute où on reprenait la vieille Dodge verte pour rentrer à la maison. Certaines fois, j'avais lu le premier avant qu'on arrive. Mais ça ne faisait rien, parce que j'en avais toute une pile. Et la semaine suivante, je pouvais en avoir une autre.

J'aimais la lecture plus que tout. Il n'y avait pas beaucoup de télévision à l'époque, et il n'y avait pas de tourne-disques, et encore moins de radio stéréo, à la maison. En guise de jouets, j'avais deux poupées, un sac de billes, une ardoise, et quand l'un des gamins du voisinage avait reçu un Cluedo, ça nous avait tellement plu, à mon frère et moi, qu'on s'en était fait un avec du carton et du papier. Nos parents ne voulaient pas qu'on ait d'animaux, et la seule équipe sportive en ce temps-là était la Little League, dans laquelle mon frère ne pouvait pas jouer parce qu'il avait reçu une flèche dans un œil quand il avait six ans et qu'il n'avait plus la vision binoculaire : il ne voyait pas le relief. L'été, on jouait avec les voisins, et on nous appelait la Bande de Todd Street. Le reste du temps, on allait à l'école. Pour se distraire, on lisait, surtout.

À Noël, tous les ans, on avait le droit d'ouvrir un cadeau à l'avance, et ma mère nous orientait toujours vers les livres qui attendaient, emballés, sous l'arbre. Quand on aurait déballé la biographie de Clara Barton, de Thomas Édison ou de Stephen Foster, elle savait qu'elle aurait la paix pendant toute la soirée, et qu'on ne l'ennuierait pas avec nos « Oh, encore un, maman, s'il te plaît... ».

Et voilà : je suis plus ou moins tombée dans la marmite quand j'étais toute petite, poussée dedans par des moyens financiers restreints, et encouragée par mes parents. Mon père lisait beaucoup aussi, et il a toujours partagé avec mon frère et moi son amour de la chose écrite. Alors il était tout naturel que je sois attirée par l'écriture. Quand le moment fut venu d'écrire pour mes professeurs, à l'école, je n'ai jamais pris ça pour une corvée.

J'ai commencé à écrire dès que j'ai su assembler les lettres pour former des mots – ou presque. J'ai commencé par des nouvelles. Oh, c'était plus ou moins ce qu'on peut attendre d'une petite fille de sept ans. On y trouvait des familles tentaculaires qui allaient en visite chez Grand-mère pour une fête ou une autre, et dans ces histoires je m'inventais toute la famille qui m'avait été refusée parce que mon père avait tenu à ce que notre petit noyau familial de quatre personnes s'éloigne de plusieurs milliers de kilomètres du grand clan italien au sein duquel ma mère était née et avait vécu jusqu'à ses trente-cinq ans.

J'avais douze ans et j'étais en cinquième quand j'ai écrit mon premier roman, une histoire à la Nancy Drew[1]

---

1. Nancy Drew, jeune détective amateur connue chez nous sous le nom d'Alice, et publiée dans la Bibliothèque Verte, naquit en 1930 sous la plume de Carolyn Keene, francisée en Caroline Quine, qui fut le pseudonyme utilisé par différents auteurs masculins et féminins au fil de sept décennies. Ce pseudonyme avait été inventé, afin de préserver l'anonymat du créateur de l'intrépide Nancy, alias Alice, par Edward Stratemeyer, qui publiait déjà des séries policières populaires dont les héros étaient tous des jeunes garçons : les Hardy Boys, Tow Swift, etc. (*N.d.l.T.*)

intitulée, si je me souviens bien, « Le Mystère de Horseshoe Lake » (le lac du Fer à Cheval). Nous habitions alors à Chico, en Californie, et il y avait bel et bien un Horseshoe Lake tout au bout de Bidwell Park. J'y allais à bicyclette avec une petite voisine, et nous faisions du radeau sur le lac. Nous tombions exprès du radeau, tout habillées, dans l'eau, et une fois – ça, je ne l'ai jamais raconté à ma mère –, nous avons eu le plus grand mal à remonter sur les rondins glissants de notre embarcation de fortune et nous avons bien failli nous noyer. En tout cas, le Horseshoe Lake m'avait fourni l'inspiration d'une histoire de contrefaçon et de complot, et mon héroïne, Cathy Longheart, résolvait l'énigme avec tout l'aplomb de Nancy Drew. Ce personnage issu de la vie de mes rêves était elle aussi le fruit d'une situation de famille compliquée : sa meilleure amie, Pauline, était aussi sa tante, la sœur beaucoup plus jeune de son père, neurochirurgien.

Ayant fini ce roman, je me remis à écrire des nouvelles. J'en écrivis des tonnes pendant mes premières années de lycée. Elles se déroulaient toutes en Angleterre, et elles mettaient en scène une sacrée galerie de personnages : un ingénieur chimiste handicapé, sa femme américaine, son meilleur ami, fabuleusement riche – un fils de famille, je suppose –, sa femme et son frère – un artiste doué de tous les talents –, un autre ami et sa femme. Je ne savais rien de l'Angleterre, sauf que j'aimais lire des histoires qui se passaient là-bas, et ça me suffisait.

J'étais en seconde ou en première quand j'écrivis mon deuxième roman, intitulé *The Glass Pillar* (Le Pilier de verre). Ce projet me prit deux ans, pendant lesquels j'écrivis aussi la plus mauvaise poésie jamais écrite par une adolescente sérieusement déprimée et rongée d'angoisse.

J'étais première en anglais à l'école primaire, et j'avais encore le premier prix d'anglais en sortant du lycée. J'avais toujours la meilleure note en rédaction et des encouragements à foison. Ma mère me donna sa vieille machine à écrire, une Remington des années 30, et puis, quand ils ont pu se le permettre, une Smith Corona portative. Tout me destinait à faire carrière dans l'écriture. Sauf que je pris une direction différente.

J'avais toujours été assez discrète et effacée. L'idée de parler de moi ou de mes succès me faisait le même effet que si j'avais dû baisser ma culotte en public. Mais je fais avec ces travers : toute ma vie, j'ai manqué de confiance en moi, j'ai douté de mon talent (le seul fait d'écrire ce mot, *talent,* me met mal à l'aise), et je redoutais d'être rejetée. Au moment de mon inscription en fac, j'ai opté pour la psycho (je pense que c'est ce que tout le monde choisit, au départ), puis je changeai pour l'espagnol (pour lequel je n'ai absolument aucune affinité particulière) avant de revenir finalement à l'anglais, parce qu'en cours d'anglais, je pouvais lire des romans et des pièces de théâtre, et que c'était ce que j'aimais faire. Et pendant tout ce temps, je continuai à écrire – des nouvelles, surtout, mais je ne les montrai à personne. J'évitais même scrupuleusement les ateliers d'écriture (à part deux cours du Foothill Community College, à la fin des années 60), pour me consacrer uniquement à une maîtrise d'enseignement de l'anglais, puis à une maîtrise de conseil/psychologie. Comme vous pouvez l'imaginer, tout cela me prit des années. Et comme vous l'aurez sans doute diagnostiqué, cela constituait surtout une manœuvre d'évitement élaborée. J'appelle ça ma Danse Divine de la Diversion, et ses figures sont définies par les faits incontournables suivants : premièrement, on ne peut pas à la fois bien enseigner l'anglais au niveau universitaire et écrire des romans, parce que bien enseigner l'anglais en fac est un boulot qui vous prend douze heures par jour. Deuxièmement, on ne peut pas écrire un roman tout en enseignant l'anglais au niveau universitaire et essayer en même temps de bosser une maîtrise dans un domaine sans aucun rapport. C'est tout simplement impossible.

C'est comme ça que j'ai réussi, pendant un certain nombre d'années, à tourner le dos à ma vocation, mon désir et mon besoin d'écrire. Mais il y avait un problème.

Quand je me défile devant une chose que je sais devoir faire, je finis par me sentir coupable. Et c'est comme ça que tous les ans, alors que l'été approchait et que j'avais deux mois et demi – dix longues semaines – de liberté forcée devant moi, je sentais l'angoisse monter. Je savais que je pouvais écrire si je voulais, et j'étais paralysée de terreur à l'idée de commencer, parce qu'il y avait un certain nombre de craintes que je n'avais pas envie d'affronter. La première étant que, malgré mon amour du langage, il se pouvait que je n'aie rien à dire. Ensuite, j'avais peur de ne pas être capable de concocter l'intrigue d'un roman. Je redoutais qu'au lieu d'un roman, je n'aie qu'un paragraphe à écrire lorsque je m'y mettrais vraiment. Et puis je craignais de ne pas savoir donner vie à des personnages comme tant de merveilleux auteurs l'avaient fait pour moi. J'ai toujours été bon public, facile à émouvoir, et je doutais de ma capacité à toucher les gens comme je l'avais si souvent été. Enfin, je n'étais pas sûre d'arriver à finir ce que j'aurais commencé, et je détestais cette idée, parce que, là, ç'aurait été un *échec* dans les grandes largeurs.

La tension atteignit un point de rupture en 1983 quand mon mari acheta un PC IBM top niveau pour sa thèse de doctorat. Il n'avait pas l'intention de payer

285

une dactylo pour la taper alors qu'il pouvait, pour le même prix, le faire lui-même et se retrouver en plus avec un ordinateur. Ce fut, pour moi, le moment du vas-y-fonce-ou-ferme-ta-gueule. Il était là, chez moi, l'engin qui pouvait, si j'apprenais à m'en servir, me faciliter la vie en tant qu'auteur. Je pouvais écrire tout ce que je voulais, le remettre en forme, couper, coller et tout simplement jouer avec la machine. Et s'il en sortait un livre, tant mieux.

J'avais envie d'écrire, et quand cet ordinateur arriva dans la 13e Rue, à Huntington Beach, je me trouvai confrontée à la question vitale la plus simple à laquelle il m'ait jamais été donné de répondre. Je me suis demandé si, sur mon lit de mort, je préférais que mon dernier soupir soit : « J'aurais pu écrire un roman » ou « j'ai écrit un roman ». Eh bien, croyez-moi, la réponse était d'une simplicité biblique.

Je ne pouvais tout simplement plus vivre dans la fuite, et c'est ainsi que, le 28 juin 1983, je demandai à mon mari comment créer un dossier baptisé « Simon ». Il me montra comment faire, et cet été-là, nous nous partageâmes le PC. Le 5 septembre de la même année, lorsque je me relevai de mon fauteuil, j'avais écrit le premier jet de mon premier roman depuis près de vingt ans.

Je m'attendais à retirer une totale satisfaction de cette expérience. J'avais fait ce que j'avais décidé de faire : j'avais écrit un roman policier anglais. J'avais créé Simon Saint James, lady Helen Clyde, Thomas Lynley, Deborah et Joseph Cotter. Ils étaient allés à Richmond, dans le Yorkshire, pour une réunion de famille, et il y avait eu un meurtre et pas mal de péripéties. J'avais tout écrit, du début à la fin : cinq cents pages, en un seul été. Et je n'éprouvais qu'un sentiment terrible de chagrin et de vide. Je parlai de cette étrange réaction à mon mari, qui était l'incarnation de la formule « il n'y a pas de problèmes, il n'y a que des solutions ». Et c'est lui qui me conseilla d'essayer de faire publier mon roman, ce que je n'avais jamais envisagé.

Je commençai donc à l'envoyer un peu partout. Dans un éclair de lucidité foudroyant, je l'avais intitulé *Quelque chose à cacher*. Ce fut plus ou moins la recommandation de ceux qui le lurent à l'époque. C'était vraiment très mauvais. J'eus quand même la chance que mon manuscrit soit extrait de la pile des rebuts chez Charles Scribner's Sons puis Dial Press, où Suzanne Kirk d'abord et Richard Marek ensuite le lurent. Ils le refusèrent tous les deux, mais ils me complimentèrent pour mon écriture. Suzanne Kirk demanda à voir mes romans suivants. Il ne m'en fallait pas davantage pour continuer.

Pendant l'été 1984, après un voyage en Cornouailles avec une amie, j'écrivis un deuxième roman. J'avais amélioré mon style et ma technique, et quand le roman fut fini, je l'envoyai à Suzanne Kirk, qui me le renvoya aussi sec. Mais je commençai à chercher un agent, et bien que l'année 1985 se soit achevée sans que je sois publiée, j'écrivis un troisième roman que j'appelai *Enquête dans le brouillard*.

Celui-là, je l'écrivis avec la certitude que ça y était : je tenais l'histoire qui se vendrait, la structure qui ferait avancer l'histoire, et le retournement de situation qui blufferait le lecteur. J'avais tellement confiance en ce que je faisais que j'écrivis le premier jet du roman en trois semaines et demie. Quand j'eus fini, après plusieurs réécritures successives pour améliorer l'histoire, je l'envoyai à un agent. Qui le vendit à Bantam Books, sachant que Kate Miciak lançait une collection de romans policiers grand format, et qu'il fallait battre le fer tant que les intentions de Kate étaient chaudes.

Plus qu'aucun autre de mes romans, *Enquête dans le brouillard* est un exemple flamboyant de ce que la bonne vieille colle à cul peut faire pour un auteur. Je l'avais commencé en rentrant d'un voyage dans le Yorkshire, en Angleterre, et je n'avais que quarante-deux jours devant moi avant de retourner à El Toro High School, pour enseigner l'anglais pendant toute une année. Je voulais que mon roman soit fini avant, et j'ai écrit entre huit et seize heures par jour pour y arriver. Pendant toute cette période, j'essayai de rester fidèle aux convictions qui m'avaient soutenue pendant les deux expériences précédentes – et infructueuses – d'écriture :

1. D'abord et avant tout, ce qui compte, c'est que vous écriviez ce que vous avez envie d'écrire, et pas ce que vous croyez qui va se vendre : je voulais écrire un roman policier anglais, dans la tradition de l'âge d'or du roman policier et des maîtres du mystère, le genre de roman que j'aimais moi-même lire.

2. Il est crucial d'écrire sur des sujets qui vous passionnent, or j'ai toujours eu et j'ai encore une passion pour l'Angleterre.

3. Il est important d'écrire ce qui vous intéresse, et ce qui m'intéresse, moi, c'est la psychopathologie et en particulier la psychopathologie de la famille.

Quand je commençai ma série de romans policiers à l'anglaise, ce qui marchait, c'était le roman féminin. Or ça ne me disait rien ; je ne me voyais vraiment pas faire ça. J'ai écrit ce que j'avais envie d'écrire, et c'est ce que je continue à faire aujourd'hui.

La colle à cul est donc un engagement à tous les niveaux : vis-à-vis de soi-même, de son rêve et de sa méthode. J'aime croire que mes romans illustrent cet engagement. Mes intrigues ne bafouent pas l'intelligence du lecteur, et j'essaie de les construire de telle sorte qu'elles soient sans failles. Je m'efforce de créer des personnages vivants, qui illustrent ce que William Faulkner appelait « le cœur humain en conflit », et je fais en sorte qu'ils soient complets en étudiant toutes les facettes de leur vie, leurs besoins, leur personnalité et leur comportement avant d'écrire le premier mot du roman. Je me donne beaucoup de mal pour les placer dans un cadre qui fasse vrai, où le lecteur aura l'impression d'être pour de bon. Finalement, je ne passe jamais une version de mon roman à mon éditeur avant d'être sûre de l'avoir amené aussi loin que possible sans son intervention.

Un tel engagement n'est évidemment pas sans conséquences. La vie d'écrivain est une vie d'extrême solitude, et pour quelqu'un qui aurait constamment besoin de stimulation extérieure, ce choix de carrière risquerait de comporter beaucoup d'angoisse, de besoins insatisfaits et finalement de frustration. Bien écrire exige aussi une introspection forcée. Pour celui qui aurait passé sa vie à éviter de vivre, créer des personnages crédibles qui ne feraient pas la même chose serait un défi monstrueux. Pour être réels, les personnages doivent ressentir quelque chose, et un auteur insensible aurait très peu de chances d'arriver à créer des personnages capables de sensations et de sentiments. Et si les personnages ne ressentent rien, n'éprouvent rien, le lecteur restera en dehors de l'histoire et laissera bientôt tomber le livre.

S'investir dans l'écriture revient à se mettre en danger. Une fois votre roman écrit et publié, vous êtes à la merci des critiques, des lecteurs, de vos confrères en écriture, de votre famille, de vos amis et de vos ex-collègues. Il y a un vieux dicton qui dit : « Si vous ne supportez pas la chaleur, ne restez pas dans la cuisine. » Vous devez savoir ce qui vous attend : l'écriture et la publication d'un roman vont vous placer dans une position hautement exposée, génératrice de stress et de tension.

Mais la décision d'écrire s'accompagne aussi de certaines récompenses. Personnellement, mes livres m'ont permis d'aller un peu partout, tant pour faire mes recherches avant de les écrire que pour en faire la promotion. Ils m'ont donné l'occasion de rencontrer des gens que je n'aurais jamais connus sans cela : des écrivains comme moi, qui sont chers à mon cœur, des lecteurs qui ont été touchés par mon travail, des équipes éditoriales qui ont cru en mon talent, des libraires qui ont recommandé mes livres à de nouveaux lecteurs. Je leur dois une certaine reconnaissance, et j'ai même eu, grâce à eux, quelques échanges amusants : une conversation arrosée au champagne avec Kenneth Branagh et Emma Thompson, un dimanche après-midi, chez eux, dans le West Hampstead, un dîner avec l'ex-Premier ministre de Grande-Bretagne, John Major, et sa femme, pas loin de l'ambassade américaine à Londres, un déjeuner avec l'ex-président Bush et sa femme, et des moments passés avec des auteurs que j'admire profondément.

C'est formidable, je m'en rends bien compte. Ce genre de chose aurait assurément tourné la tête de la jeune fille de la Holy Cross High School qui n'avait pas eu dix rendez-vous en quatre années d'école. Mais le plus beau cadeau, celui que j'apprécie le plus, c'est que j'y ai gagné la paix relative de savoir que je fais ce pour quoi j'étais faite. Ça compense tout le reste, croyez-moi.

J'écris parce que j'étais faite pour écrire, destinée à écrire, née pour ça. J'écris parce que c'est ce que je suis.

17

Bribes de questions et de réponses

J'avance au jugé. J'aimerais pouvoir parler haute-ment de la façon dont je façonne mes personnages et des sommets de sagesse auxquels j'accède, alors que je m'efforce tout bonnement de raconter une histoire qui se tienne.

Journal d'un roman
27 juin 1994

Les lecteurs et les écrivains en devenir me posent souvent les mêmes questions quand je participe à une signature ou une conférence. Je voudrais répondre ici aux questions qui portent directement sur ma façon d'écrire ou ma vie d'auteur.

La première concerne ma vie d'écrivain : on me demande souvent à quoi ressemble la journée d'un auteur. Je ne suis pas très sûre de comprendre pour-quoi on me pose cette question, mais ça intéresse telle-ment de gens que j'imagine que c'est en rapport avec la mise au point de leur méthode personnelle.

Pour rédiger le premier jet d'un roman, j'écris cinq jours par semaine, toutes les semaines. Quand j'arrive au deuxième puis au troisième jet, j'écris généralement sept jours sur sept, sans m'arrêter le week-end. Je commence toujours la journée de la même façon : je me lève vers six heures du matin, et après avoir donné à manger à mon chien et pris mes vitamines (pardon, mais vous l'aurez voulu !), je fais ma gymnastique. J'ai découvert que commencer la journée en faisant de l'exercice m'aidait à combattre la dépression à laquelle je serais trop facilement sujette sans ça. Je fais une demi-heure de vélo d'appartement puis trente-cinq minutes de musculation. Tout en pédalant, je lis un livre de méditation quotidienne, puis un livre de pensées philosophiques, et enfin le roman que je suis en train de lire à ce moment-là. Pendant mes exercices aux poids et haltères, j'avoue sans honte que je regarde *The Today Show* : le mégasourire de Katie Couric a le don de me mettre le moral au beau fixe.

Après ma gymnastique, je fais dix minutes de méditation. Je suis une très modeste débutante en la matière, et j'ai généralement recours à un mantra pour empêcher mon esprit de vagabonder. Parfois ça marche, parfois non.

Je m'installe à mon ordinateur, dans mon bureau, vers huit heures et demie ou neuf heures, mais je ne commence pas tout de suite à écrire. Je dois d'abord organiser le travail de mon assistante. Ensuite, je lis pendant un quart d'heure environ un grand classique de la littérature. Pour mon dernier roman, *Un nid de mensonges*, j'ai relu *Raison et Sentiments*, puis *Persuasion*, tous les deux de Jane Austen.

Quand j'ai fini de lire, j'ouvre le Journal d'un roman de mon roman *précédent*. Depuis trois ou quatre romans, je fais comme John Steinbeck lorsqu'il écrivait *À l'est d'Eden*, et je commence ma journée de travail en notant quelque chose dans mon journal, sur ce que j'écris ou sur mon état d'esprit du moment. Mais avant cela, je relis une journée de mon Journal précédent. Ça me permet de voir que, quoi qu'il puisse m'arriver au moment où j'en suis, j'ai déjà vécu tout ça, et j'ai survécu.

Quand j'ai fini ma lecture, j'écris quelque chose dans le Journal du roman en cours. Ça peut faire une page ou deux, ça peut ne faire qu'un paragraphe, mais je m'astreins à écrire régulièrement, parce que je sais que, plus tard, ça m'aidera à traverser les périodes pénibles que je rencontrerai peut-être au cours de mon travail.

Cela fait, je suis enfin prête à écrire. Je regarde mon séquencier, je relis la scène au milieu de laquelle je me suis peut-être arrêtée la veille, et je continue. J'écris un minimum de cinq pages. Il arrive que ce soit facile. C'est parfois un combat titanesque. Mais je fais mes cinq pages, coûte que coûte. Chez moi ; en voyage. Si la saison des sports d'hiver arrive alors que je suis au milieu d'un roman, je me lève plus tôt et j'écris mes cinq pages avant d'aller skier. Si je suis en tournée pour la promotion d'un de mes romans, je dis à mon attachée de presse de s'arranger pour que je n'aie jamais d'obligations avant dix heures du matin, ce qui me permet d'écrire avant. Et même si ça peut paraître compulsif (belle découverte en vérité !), cette discipline me permet de rester en situation dans le roman. Ainsi, je ne me retrouve jamais en position de me demander, après de longues vacances, où je pouvais bien en être dans mon livre. J'écris de gros romans longs et compliqués, et il est primordial que je connaisse l'histoire à fond, que je sache où je vais et où j'en étais avant de partir.

Il arrive que j'aie fini mes cinq pages à onze heures du matin. Alors là, c'est génial. Je suis libre, soit de continuer à écrire, soit de décider que c'est la récré et d'aller déjeuner avec une amie, voir mon frère, ou faire du jardinage. Ou bien je m'occupe de mon scrapbook, encore un de mes hobbies. D'autres fois j'emmène mon chien faire un tour dans le parc. J'ai aussi des obligations régulières, des réunions auxquelles il faut que j'assiste, et je les case dans mon temps libre.

J'apprécie d'avoir un emploi du temps défini. Ma belle-sœur m'a dit une fois que si elle devait suivre un programme aussi minuté, elle en mourrait. Elle aime l'improvisation. Chez elle, le dîner est une cible mouvante. J'ai appris à emporter une glacière pleine de nourriture quand je vais la voir, parce qu'il y a de grandes chances qu'il n'y ait rien de prévu au moment où j'aurai envie de me mettre à table. Une fois, pour Thanksgiving, elle nous a invités à déjeuner, ma cousine Sue, mon compagnon et moi... et elle a fini par réussir à nous donner quelque chose à manger vers cinq heures et demie de l'après-midi.

Je ne suis pas comme ça. Je me situe même radicalement à l'opposé. J'ai enseigné en fac pendant treize ans et demi, et à part peut-être l'armée, je ne vois rien au monde de plus rigoureusement organisé qu'une vie de prof... Mais c'est tout bénéfice pour un écrivain, parce que la seule façon de réussir à écrire c'est de pouvoir vivre selon un planning qui ménage du temps pour écrire. Quand Glenda – ma fameuse belle-sœur – m'a dit que, si elle devait respecter un emploi du temps, elle en mourrait, j'ai répondu que si je devais vivre sans agenda, je deviendrais folle. Ça ne veut pas dire que je ne laisse pas de place à l'imprévu dans ma vie. Mais il se produit pendant les plages de temps que je prévois pour lui !

On me demande aussi souvent quels sont mes auteurs préférés, et je réponds toujours la même chose : je n'ai pas d'auteurs préférés. Je suis toujours à l'affût de tout, même s'il y a des auteurs que j'aime bien, et dont j'achète systématiquement les livres lors de leur parution en grand format : John Le Carré est en haut de la liste. Ensuite, je citerai Ian McEwan, Graham Swift, John Irving, Margaret Atwood, Barbara Kingsolver, P. D. James, J. Wallis Martin, Martin Cruz Smith, Alice

Hoffman, Pat Conroy, Gabriel Garcia Marquez, T. Jefferson Parker et Robert Crais – mais il y en a d'autres. Si je devais en choisir un seul, nommer l'écrivain qui a eu l'impact le plus fort sur moi, en tant que lectrice et en tant qu'écrivain, ce serait l'incomparable John Fowles, l'auteur du *Mage*, de *L'Obsédé*, de *Sarah et le lieutenant français* et de tant d'autres chefs-d'œuvre. Il a toujours été là, n'écrivant jamais deux fois le même livre. Il a pris de gros risques. Parfois payants, parfois non. En tout cas, j'admire profondément le fait qu'il soit toujours prêt à se placer, dans son œuvre, en position de danger. Il maîtrise la langue comme personne.

Mais mon livre préféré est *To Kill a Mocking Bird*[1], de Harper Lee. C'est peut-être parce que c'est le premier roman sérieux que j'ai lu. J'avais onze ans à peu près lors de sa parution. En fait, c'était une blague que quelqu'un avait faite à mon père : un *mockingbird*, un oiseau moqueur, avait élu domicile dans un arbre, devant la chambre de mes parents, empêchant mon père de dormir pendant des semaines, et un voisin avait trouvé finaud de lui offrir ce livre intitulé « Comment tuer un *mockingbird* ». Je l'ai lu après lui.

Et je l'ai relu au moins dix fois depuis. Avec, chaque fois, la même émotion. Je trouve que c'est un roman parfait, une réussite en ce qui concerne le point de vue et la voix narrative. J'en retire toujours quelque chose, à chaque lecture. Peut-être que, lorsque je n'en tirerai plus rien de nouveau, j'arrêterai de le relire. Mais je doute que ça se produise de sitôt.

Il arrive aussi que l'on m'interroge sur les agents. Comment, comment, *comment* en trouver un ? J'ai trouvé

1. Le titre français est *Ne tirez pas sur l'oiseau moqueur*, mais le titre original veut dire, littéralement : « Comment tuer un oiseau moqueur ». (*N.d.l.T.*)

mon premier agent le plus classiquement du monde : en contactant les agents qui représentaient des auteurs de romans policiers. Je crois que j'en ai approché une trentaine avant d'avoir une touche. La première fut la Lucy Kroll Agency, où, au bout d'une dizaine de mois, une certaine Kathe Telingator a tenté de vendre ma première version de *Une douce vengeance*. Elle a aussi essayé une fois de vendre *Enquête dans le brouillard*, mais nos routes se sont séparées après que Suzanne Kirk, de Charles Scribner's Sons, l'a refusé. Ensuite, j'ai changé pour un autre agent, Deborah Schneider, qui était chez ce qui s'appelait alors John Farquharson Ltd, une branche d'une agence de Londres, ce que j'ignorais à l'époque. Deborah a pris ces deux livres et a tout de suite vendu *Enquête dans le brouillard*. Elle a représenté mes huit premiers romans, avant que je parte pour la William Morris Agency, où Robert Gottlieb s'est occupé de moi. Quand Robert a lancé sa propre agence, Trident Media, je l'ai suivi. Et je suis encore chez lui aujourd'hui.

Une question qui revient aussi très souvent est pourquoi j'écris des romans anglais. La réponse est simple : j'aime l'Angleterre. Je l'ai toujours aimée, et je l'aimerai probablement toujours. J'aime la campagne anglaise, la diversité de ses régions. Le Lancashire n'a rien à voir avec le Shropshire. Le Kent et la Cornouailles ne se ressemblent absolument pas. L'architecture, les matériaux de construction, les murs, les barrières, la végétation varient d'une région à l'autre. Et pourtant, c'est un tout petit ensemble géographique : l'Angleterre, l'Écosse et le pays de Galles tiendraient tous dans la Californie.

J'aime l'histoire de la Grande-Bretagne. J'aime ses traditions, sa littérature, son sens du décorum et son cérémonial. Je vomis son système de classes et ses snobismes, mais ce n'est pas un problème parce que je peux me payer le luxe d'écrire ce que je veux à ce sujet et les critiquer autant que je veux de loin. J'aime la façon dont le pays a évolué… tout en restant le même. J'aime le fait de pouvoir aller en voiture jusqu'à Bosworth Field, et voir que l'endroit où Richard III est mort est encore là, plus de cinq cents ans (!) après. Il n'y a pas de Wal-Mart, à cet endroit, pas de centre commercial avec les inévitables Pizza Hut, MacDo et Starbucks Coffee, les pressings et les marchands de beignets. Je peux aller au château d'Alnwick et me dire que l'impétueux Harry Hotspur de Shakespeare a marché, six cents ans plus tôt, exactement là où je mets les pieds. Ce que je me demande, ce n'est pas pourquoi j'écris des livres dont l'histoire se situe en Grande-Bretagne, c'est pourquoi tout le monde n'écrit pas des livres qui se situent là.

Les gens veulent aussi savoir ce que je pense des ateliers de critique littéraire. J'en ai suivi un, brièvement, mais je n'en ai pas retiré grand-chose. Je préfère faire appel à un lecteur « à froid » quand j'ai fini mon roman. Mais si vous voulez adhérer à un groupe, choisissez-le bien avant de vous engager. S'il est dirigé par quelqu'un qui mène une croisade personnelle, fuyez. Si le groupe n'est pas déterminé à trouver des solutions, s'il se contente de dire « je n'aime pas telle chose (votre personnage, votre intrigue, votre scène ou n'importe quoi) » sans proposer de solution, de moyen de la rechercher ou au moins de l'approcher, ne perdez pas de temps. Si vous ne vous sentez pas à l'aise dans la dynamique de groupe, écoutez votre sixième sens, et ne restez pas là.

Évacuez impitoyablement tout ce qui vous empêche d'écrire. Si vous avez l'habitude d'assister à des conférences, faites une croix dessus. Soyez honnête avec vous-même. Y allez-vous parce que vous pensez vraiment pouvoir y apprendre encore des choses ? Parce que vous croyez que vous allez faire une rencontre magique, ou pour éviter d'écrire, tout simplement ? Le fait d'assister à des conférences vous apporte-t-il *vraiment* quelque chose ? Je ne connais pas les réponses à ces questions. Vous êtes seul à pouvoir y répondre. Quant à moi, je ne suis jamais allée à une conférence avant d'avoir vendu mon premier livre, parce que je ne savais même pas que ça existait. Je me contentais de rester chez moi et d'écrire. D'autres auteurs – comme Billie Letts, l'auteur de *La Petite Voix du cœur*, et Amy Tan, l'auteur du *Club de la chance* – ont été découverts à des conférences. Tout ce que je vous recommande, c'est d'être vraiment honnête avec vous-même sur les raisons pour lesquelles vous y allez. Si vous constatez que ça commence à prendre sur votre temps d'écriture, c'est le moment de vous retirer dans votre tour d'ivoire.

Enfin, les gens sont curieux de savoir ce qui est arrivé à ma première tentative de roman policier à l'anglaise : ce livre a été refusé par tout le monde et n'a jamais été publié. Mais cette première expérience adulte d'écriture de roman m'a beaucoup appris, et j'en ai commencé un autre dans la foulée. Je ne passe pas mon temps à réécrire inlassablement, en espérant contre toute raison que je finirai bien par arriver à « en tirer quelque chose ». J'avais créé un groupe de personnages convaincants et je voulais voir ce qu'ils allaient devenir. Il n'y avait qu'une façon de le savoir : je devais continuer à écrire.

Faites la même chose. Accumulez les connaissances sur le métier de l'écriture. Immergez-vous dans l'art d'écrire. Et écrivez. Écrivez à vous rendre dingue. Écrivez à vous en crever les yeux. À en mourir. Fiez-vous à l'exaltation qui monte en vous quand l'idée est bonne et l'écriture superbe. Vous pouvez y arriver, vous verrez, même si c'est un enfer, en même temps qu'une source de joie sans pareille.

Voilà ce que vous devez faire.

CINQUIÈME PARTIE

Exemples et feuilles de route

18

La carte, s'il vous plaît !

Commencer un livre est terrifiant. Je comprends
que certains auteurs passent d'un livre à l'autre à un
rythme qui ne leur laisse virtuellement pas le temps de
souffler. Je ne veux pas vivre comme ça, et le résultat,
c'est que je dois affronter le démon de ma peur chaque
fois que je commence un nouveau roman. Mais Stein-
beck l'affrontait ; Marquez continue à l'affronter. Si
des prix Nobel de littérature arrivent à regarder la
peur en face, alors, moi aussi.

Journal d'un roman
1ᵉʳ juin 2001

Il y a des gens qui n'aiment pas s'embarquer sans
feuille de route. Ça les met mal à l'aise. Ils aiment les
règles et les cadres, et quand ceux-ci leur font défaut,
ils ont l'impression d'être perdus en mer sur un
radeau. Il leur faut une espèce de gabarit à superposer
à leurs idées, pour les y conformer jusqu'à ce qu'elles
rentrent dans le moule. Maintenant, il se peut aussi que
vous vouliez simplement connaître toutes les possibilités à votre disposition, et le but de ce chapitre est

de vous éclairer sur les options qui s'offrent à vous en ce qui concerne l'intrigue.

Rappelez-vous que la seule règle est qu'il n'y a pas de règle, et s'il y a un domaine où cette non-règle s'applique, c'est bien la structure du récit. Si vous ne me croyez pas, essayez de faire entrer *Absalom ! Absalom !* dans un schéma narratif. À mon avis, la dernière chose dont William Faulkner se préoccupait, c'était bien de la façon dont il allait structurer son histoire.

Cela dit, si vous ressentez la nécessité d'obéir à un schéma, si vous trouvez cela plus sécurisant, vous pouvez suivre certaines lignes directrices. Et il n'y a rien de mal à avoir un plan défini si cela peut vous fournir une position de repli où vous pourrez vous réfugier pour continuer à écrire dans les moments de pur désespoir. Je vais donc vous signaler certaines structures narratives. Auxquelles, encore une fois, vous n'êtes pas obligé de conformer l'écriture de votre roman.

L'intrigue en sept étapes

Ce format particulier divise un roman en sept parties distinctes, qui peuvent être identifiées comme les composantes structurelles majeures d'une histoire.

D'abord, il y a l'*accroche*. Comme son nom l'indique, son but est d'attirer et de retenir l'attention du lecteur en l'amenant à se demander ce qui va arriver dans l'histoire qui s'amorce. Comme je vous l'ai déjà indiqué à propos des accroches narratives, dans cette partie du roman, le lecteur doit être exposé à un conflit, des émotions, de l'excitation, des embrouilles, du suspense, du mystère, un drame ou du simple intérêt humain. Et si elle ne le fait pas directement, elle doit amener le lecteur à *anticiper* l'un de ces éléments.

Tout en construisant la première partie de son roman, l'auteur présente ses personnages en créant ou en rappelant un événement déclencheur préalable qui provoque une rupture dans le statu quo des personnages principaux, et il commence à évoquer le conflit qui mènera au *premier nœud dramatique* de l'intrigue, un rebondissement qui survient généralement vers le premier quart du livre. À cette étape de l'histoire, les événements sont infléchis par un événement ou un autre : la réception d'une information inattendue, la révélation de faits ignorés jusqu'alors, une découverte personnelle, la conclusion d'un accord ou encore l'apparition d'un nouveau personnage. Quel que soit ce premier pivot, il en résulte un revirement de l'histoire, qui est soudain propulsée en avant. Parfois, il implique un changement de scène, mais même sans cela, l'intérêt du lecteur est ravivé alors que l'histoire avance dans une nouvelle direction, enrichie de nouvelles complications.

Avec tout ça, le lecteur dont l'intérêt est attisé se retrouve à *mi-parcours* de l'histoire. À cette étape du roman, d'autres événements viennent accroître l'intensité dramatique —peut-être l'arrivée de quelqu'un qu'on n'attendait pas, ou bien une nouvelle menace qui pèse sur un personnage, la découverte d'un nouveau cadavre, ou encore un divorce, une catastrophe naturelle qui se pointe à l'horizon –, insufflant une dynamique nouvelle à l'intrigue.

Le *deuxième nœud dramatique* achève la phase de complication du roman. Il n'y a rien à ajouter à ce stade, et la seule solution possible aux crises qui se sont produites est un voyage inévitable vers le point culminant du roman ; à moins que le héros ne se contente de vendre la mèche, ce qui est peu probable. À ce stade, les tensions sont au maximum, et le protagoniste doit prendre une décision sur ce qu'il va faire pour régler la situation.

C'est ce qui se produit au *point culminant* de la narration. Le protagoniste décide. La femme trompée décide que sa seule issue est de quitter son mari. L'enquêteur décide de la façon de piéger l'assassin. Le veuf décide de prendre un risque et de sortir de chez lui pour la première fois depuis six mois. La victime clouée dans un fauteuil roulant décide de faire quelque chose qui changera sa vie pour toujours. La décision implique un risque : mental, physique, émotionnel ou psychologique. Mais c'est la seule option qui reste.

Cette prise de décision amène au *point culminant* de la tension dramatique. Dans les romans d'action, c'est la poursuite, la bagarre, l'attaque, le combat. Dans les romans juridiques, ça peut être le verdict, mais ça peut aussi être les plaidoiries, la révélation du vrai coupable, ou la sentence du condamné. En tout cas, c'est la partie du roman où l'antagoniste reçoit sa punition : justice est faite, qu'elle soit psychologique, physique, émotionnelle ou divine. Pour les Grecs, le point culminant émotionnel de l'histoire était censé procurer la catharsis, une détente émotionnelle. Ce que nous recherchons ici, c'est la satisfaction : une raison d'avoir lu l'histoire, somme toute.

Finalement, les dernières pièces de l'histoire se mettent en place dans le *dénouement*. C'est là que *se nouent* les derniers fils épars. (Que la langue est curieusement faite ! Enfin, c'est comme ça...) Les explications sont données ; les analyses sont faites. L'intrigue atteint sa conclusion inévitable d'une façon qui satisfait le désir de logique du lecteur placé dans un monde illogique.

Le voyage du héros[1]

Dans son joli livre intitulé *The Writer's Journey* (« Le voyage de l'écrivain »), Chris Vogler porte un regard différent sur la construction de l'intrigue en nous racontant le voyage d'un héros bon teint, Joseph Campbell. Ce modèle divise l'histoire en douze parties qui suivent un schéma établi de longue date dans la mythologie occidentale.

L'histoire commence dans le *monde ordinaire* du héros. Dans cette partie du conte, l'auteur présente au lecteur la vie du protagoniste avant l'événement déclencheur (ce n'est pas le terme qu'emploie Vogler, c'est le mien) qui changera son monde pour toujours et l'enverra faire le voyage qui est l'histoire proprement dite. Bref, le lecteur découvre le statu quo du héros.

Dans ce monde se produit un événement qui modifie le statu quo : un *appel de l'aventure*. Dans *Aussi profond que l'océan*[2], par exemple, le petit enfant de la protagoniste est enlevé, ce qui change le monde à jamais pour elle. Dans *Orgueil et Préjugés*, Mr Darcy se montre au bal, et Élizabeth se prend de détestation pour lui. Dans *Rebecca*, Maxim de Winter déclare soudain son amour à la narratrice. Ce qu'il faut que vous reteniez, c'est que vous n'avez pas besoin d'écrire un roman à suspense ou un thriller pour suivre le schéma de Vogler.

Le premier mouvement du héros confronté à l'appel de l'aventure est de ne pas y répondre. Parfois, ce *refus* prend la forme d'une simple réticence, une hési-

1. Chris Vogler, *The Writer's Journey*, Studio City, Cal., 1998.
2. Jacquelyn Mitchard, *The Deep End of the Ocean*. (*N.d.l.T.*)

tation marquée alors que le protagoniste soupèse le pour et le contre de l'engagement. Parfois, cette période se caractérise par une trouille carabinée, et justifiée. Dans tous les cas, le refus initial du héros de s'impliquer dans la situation qui s'offre à lui exige l'intercession d'un autre personnage de l'histoire pour se dénouer.

C'est le *mentor* : un personnage plus âgé qui prépare le protagoniste à son voyage dans l'inconnu. Il y a des mentors évidents dans la littérature : Gandalf, dans Le *Seigneur des anneaux*, vient tout de suite à l'esprit. Il y en a d'autres, moins évidents : Joseph, l'agent secret de *La Petite Fille au tambour* de John Le Carré en est un exemple particulièrement intéressant. Mais dans tous les cas, le mentor est un personnage qui inspire le protagoniste et lui prodigue ses encouragements.

Le héros commence donc son voyage, et entre dans le monde de l'histoire en *franchissant le premier seuil,* qui est l'étape suivante : elle est constituée par son accord d'endosser le rôle requis par le roman, et c'est le stade auquel l'intrigue démarre, parfois dans les faits, parfois métaphoriquement. Une action est exigée, et le protagoniste se déclare être exactement la personne susceptible de l'entreprendre.

Ce qui le mène à des *épreuves* sous forme de défis qu'il rencontre en cours de route. Pendant cette période de tests, il se fait des amis qui seront ses *alliés*, et il commence à comprendre la nature et l'identité de ses *ennemis*. Il a quitté le monde qu'il connaissait pour le monde nouveau de son aventure, qu'il découvre au cours de cette partie de l'histoire. Imaginez un enfant envoyé dans un collège : les romans de Harry Potter vous viennent tout de suite à l'esprit, et vous voyez comment le jeune héros arrive, grâce à certains événements, à appréhender le nouveau monde qu'est pour lui l'école des sorciers.

En cours de route, il reçoit des leçons importantes et il se met en danger, ce qui, dans le mythe du héros, est figuré par l'*approche du cœur de la caverne* : un endroit plein de peur et de périls. Dans un récit d'aventures ou un mythe, la peur est physique et bien réelle. Mais il y a des peurs psychologiques qui peuvent être très intenses également. Elles peuvent aussi être métaphoriques. Ne prenez pas l'expression « cœur de la caverne » au pied de la lettre : comme tout le reste, dans le voyage du héros, elle peut être comprise dans un sens symbolique.

Le protagoniste qui brave ses plus grandes peurs ou son pire ennemi affronte une *épreuve*. Étant obligé de livrer bataille à l'ennemi, il se peut qu'il soit amené à regarder la mort en face. Ou il se peut qu'il traverse « simplement » le moment le plus noir de sa vie, qu'il redoute, par exemple, qu'une relation à laquelle il attache de l'importance ne survive pas au coup qui lui a été porté. En tout cas, ça constitue un moment de réel suspense pour le lecteur, qui se demande si le héros va l'emporter.

Évidemment, dans ce genre d'histoire, il finit toujours par gagner. Et comme tous les bons héros qui tuent le dragon et sauvent la princesse, il mérite sa *récompense*. Il se peut que ce soit l'amour d'une femme, la résolution d'un conflit personnel avec un autre personnage, la prise de conscience du fait que ce qu'il recherchait est sans valeur, au fond, ou bien encore une rétribution matérielle, comme l'épée que le jeune Arthur empoigne et arrache à la pierre où elle était scellée.

Ayant été récompensé, le protagoniste est prêt à entreprendre le *chemin de retour*. C'est le point de l'histoire où le héros décide de regagner le monde qu'il a quitté. Mais les choses ne seront plus pareilles dans ce monde, parce que le héros n'est plus celui qui était parti. En tout cas, le chemin de retour comporte ses propres dangers qu'il doit affronter, même si, encore une fois, ces dangers sont mentaux, ou spirituels. Dans *Des gens comme les autres*[1], par exemple, le chemin de retour pour le père et le fils est une route sur laquelle la mère ne voyagera plus. Il y a du chagrin là-dedans, même s'il y a aussi la joie de savoir qu'ils se sont au moins retrouvés.

La dernière partie du voyage du héros est la *résurrection*. C'est généralement le moment ultime où il se produit un événement qui éprouve la solidité de ce que le héros a appris au cours de son voyage, par exemple une dernière apparition du méchant (c'est ce qui arrive dans ces films affligeants où le méchant qu'on croyait mort se relève pour attaquer le gentil une dernière fois). Le héros affronte à nouveau ses démons personnels, mais d'une façon différente. En tout cas, il survit à cette dernière épreuve, et en sort transformé. Les expériences qu'il a vécues dans l'histoire lui ont permis de renaître.

Finalement, il *revient avec la potion magique*. C'est la leçon qu'il a retirée de son aventure. Ou le véritable trésor en quête duquel il était parti. La plupart du temps, c'est un élixir abstrait : la connaissance, la compassion, l'amour ou la sagesse.

L'intrigue en sept étapes, comme le voyage du héros, envisage l'intrigue sous la forme d'une succession d'événements. Il y a une autre façon schématique de considérer l'intrigue, qui fonctionne particulièrement bien pour ceux à qui un bon dessin en dit plus long qu'un long discours. La voici :

---

1. Judith Guest, *Ordinary People.* (*N.d.l.T.*)

La pyramide de Gustav Freitag

Oakley décrit ce diagramme dans *The Art and Craft of Novel Writing*. Il se présente sous la forme d'un triangle :

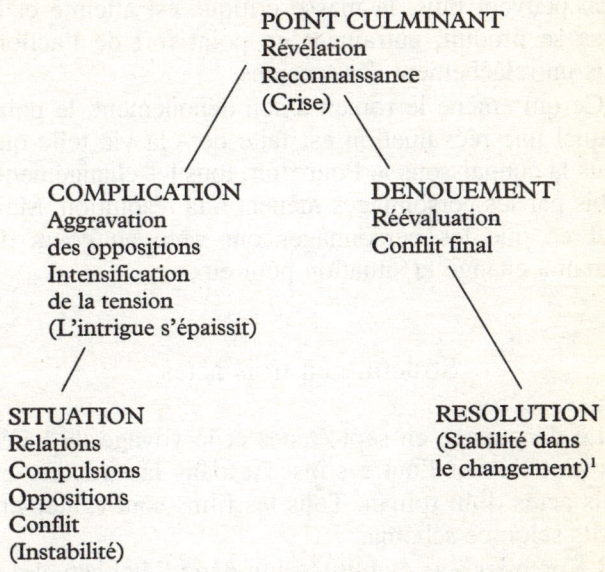

POINT CULMINANT
Révélation
Reconnaissance
(Crise)

COMPLICATION
Aggravation
des oppositions
Intensification
de la tension
(L'intrigue s'épaissit)

DENOUEMENT
Réévaluation
Conflit final

SITUATION
Relations
Compulsions
Oppositions
Conflit
(Instabilité)

RESOLUTION
(Stabilité dans
le changement)[1]

D'après ce schéma, dans les étapes initiales du roman, l'auteur se consacre à établir des relations entre les personnages, tout en illustrant leur but dans l'histoire (leur compulsion, c'est-à-dire ce qui les poussera à agir). Les conflits apparaissent au grand jour, plaçant les personnages en opposition les uns par rapport aux autres. Il en résulte une situation d'instabilité.

1. Oakley Hall, *The Art and Craft of Novel Writing*, op. cit.

Pendant la phase de complication, l'action va crescendo, les tensions s'aggravent, de même que le conflit entre les personnages : leurs désirs, leurs besoins et leurs intentions se heurtent à des résistances, s'opposent les uns aux autres, ainsi qu'aux forces extérieures.

La situation s'échauffe pour tous les personnages, les propulsant vers le point culminant. À ce stade, ils n'en peuvent plus, la masse critique est atteinte et la crise se produit, entraînant un point fort de l'action, puis un relâchement des tensions.

Ce qui amène le roman à son dénouement, le point auquel une réévaluation est faite de « la vie telle que nous la connaissons ». Pour finir, tous les changements subis par les personnages mènent à la résolution. Mais tout ce que les personnages ont vécu au cours du roman a changé la situation pour eux.

Structure en trois actes

Le découpage en sept étapes et le voyage du héros peuvent l'un et l'autre s'inscrire dans la structure en trois actes d'un roman. Tous les films sont également écrits selon ce schéma.

Le premier acte établit le statu quo : l'état actuel des choses. Parallèlement à cela, l'auteur introduit ses personnages et commence à préciser leurs lignes directrices. L'événement déclencheur bouleverse le statu quo ; le conflit devient apparent, et les enjeux sont posés. L'acte I se termine sur un premier nœud dramatique qui vient soit compliquer la situation, soit la renverser d'une certaine façon.

À l'acte II, l'action monte. Les conflits s'aggravent et la tension s'intensifie. Les confrontations se produisent ; des crises surviennent. C'est au cours du deuxième acte que le point culminant du roman se développe et explose dans l'action.

Le troisième acte est celui de la résolution. Mais le statu quo du premier acte ne sera plus jamais tout à fait le même pour les personnages. De nouvelles alliances ont pu se conclure, de nouvelles relations s'établir, de nouvelles connaissances s'acquérir. Le changement est à l'ordre du jour[1].

Variations

N'oubliez jamais qu'il n'y a pas de règles strictes et rigides. Par exemple, vous vous posez probablement des questions sans réponse à propos de la longueur : combien de pages dois-je tenir avant d'arriver à l'acte II ? Combien de pages avant d'arriver au deuxième nœud dramatique ? Vous voulez savoir la vérité sur la structure : puis-je avoir plus d'un dénouement ? Puis-je écrire un faux dénouement ? (Eh bien, une chose est sûre, c'est que ça a marché pour Thomas Harris dans *Dragon rouge*.)

La vérité, c'est que si vous ne devez retenir de tout cela qu'une seule chose sur laquelle vous rabattre en cas de doute, que ce soit celle-ci : il n'y a pas de règles, il n'y a que des décisions raisonnées. Mais vous ne pouvez pas décider en toute connaissance de cause si vous n'êtes pas informé.

C'est pourquoi il est bon de savoir qu'il existe d'autres schémas d'intrigue utilisables pour créer un roman.

La double intrigue repose sur un procédé du genre « maîtres et valets[2] » : vous avez d'une part l'intrigue

1. Hall, *op. cit.*
2. Hall, *op. cit.*

principale, avec des personnages qui recueillent tout notre intérêt et toute notre sympathie. Ils sont embringués dans une histoire dont les circonstances et/ou le thème trouvent un écho dans la situation des personnages de l'intrigue secondaire. *Sarah et le lieutenant français* de John Fowles est un bon exemple de double intrigue : d'un côté, nous avons le trio amoureux formé par Charles Smithson, sa fiancée Ernestina Freeman et l'énigmatique Sarah Woodruff, la femme du titre, qui regarde la mer du haut du Cobb, drapée dans le deuil du lieutenant français qui l'a trahie – telle est du moins la légende locale. De l'autre, il y a l'histoire d'amour des domestiques, Sam Farrow et sa Mary. Au fur et à mesure que l'histoire se déroule, nous voyons ces deux intrigues se développer parallèlement, et nous avons droit aux observations de John Fowles sur tous les aspects de leur vie jusques et y compris l'avenir de leurs amours. On ne perd jamais de vue que l'intrigue principale est celle de Charles, Ernestina et Sarah. Mais l'auteur aurait pu opter pour une construction différente.

L'intrigue « *en sablier* » suit deux ensembles de personnages d'une importance équivalente[1]. Mais, contrairement à la double intrigue dans laquelle les deux histoires sont étroitement imbriquées, dans cette construction, les deux lignes scénaristiques se déroulent parallèlement pendant une certaine partie du roman ; puis elles convergent à un moment donné, pour se séparer à nouveau. Chaque intrigue pourrait se suffire à elle-même. Elles sont aussi importantes l'une que l'autre. Notre curiosité est piquée : nous nous demandons quand et comment elles vont se croiser. Nous avons constamment l'impression d'avancer vers

1. Hall, *op. cit.*

le moment de la rencontre où nous y verrons enfin clair.

Finalement, le *roman picaresque* est une enfilade d'épisodes dans les vies des personnages principaux, et ces épisodes ne sont pas reliés entre eux par une relation causale. Il se peut qu'ils soient liés thématiquement, ou par l'identité de leurs acteurs, mais l'ingrédient essentiel est l'aventure[1]. Même si leur but est identique – la découverte du saint Graal, par exemple –, ce n'est pas sur la destination ultime que l'auteur fait porter l'accent, c'est sur le voyage.

1. Hall, *op. cit.*

19

Tout sur les personnages

Qu'il est difficile de créer des personnages ! J'ai peur de les avoir déjà mis dans un livre ou un autre. J'espère qu'ils seront différents de tous ceux auxquels j'ai déjà donné le jour – différents, de la même façon que les gens sont tous différents. Je passe mon temps à me demander si je ne me répète pas encore et toujours.

Journal d'un roman
6 juin 2001

Comme je vous l'avais promis, je vais maintenant vous donner des exemples de ma propre façon de travailler, ainsi que des listes que je trouve utiles et des aide-mémoire que vous pourrez adopter, si vous le souhaitez, pour stimuler votre propre créativité.

La « feuille de route » qui suit est une sorte de pense-bête que j'utilise pour rédiger mes analyses de personnage. Ce n'est qu'un guide. Je la place à côté de l'écran de mon ordinateur et j'y jette un coup d'œil de temps à autre, en écrivant tout ce qui me passe par la tête au sujet du personnage. Je ne remplis pas la fiche.

Ce serait un travail inutile. Les descriptions en un seul mot ne stimulent pas le cerveau droit, or je sais qu'il faut que j'accède à la bonne partie de mon cerveau pour me mettre en mode créatif, et écrire en roue libre. Cet aide-mémoire me sert à me rappeler les choses que je pourrais oublier sur chaque personnage. Je n'utilise généralement pas toutes les rubriques de la feuille. Encore une fois, ce n'est qu'un truc pour me permettre d'avancer dans mon analyse rapide, spontanée, du personnage dont je deviens, rappelez-vous ce que je vous ai dit, la psychiatre, la biographe, l'analyste.

Je vous recommande de faire la même chose avec cette feuille. Faites-en un tirage papier, ou imprimez-la sur un carton. Le moment venu de créer les personnages, gardez-la à côté de votre poste de travail pour pouvoir y jeter un coup d'œil de temps en temps. Accordez-vous la liberté d'écrire comme ça vous vient, avec spontanéité. Rafraîchissez-vous les idées sur la page si nécessaire, mais laissez à vos personnages une chance de vous dire quel rôle ils vont jouer dans votre roman. Et, croyez-moi, ils le feront.

Feuille de route de personnage
[Utilisez cette liste préalablement à l'écriture, pour vous aider à rédiger votre analyse de caractère.]

Nom :
Age :
Taille :
Poids/constitution physique :
Lieu de naissance :
Couleur des cheveux/yeux :
Particularités physiques :
Niveau d'études :
Sexualité :
Meilleur ami :

Ennemis :
Famille (père, mère, frères et sœurs, etc.) :
Besoin central :
Démarche pathologique :
Ambition dans la vie :
Gestuelle en parlant :
Allure, démarche :
Plus fort trait de caractère :
Défaut de caractère :
Se moque de :
Philosophie :
Tendance politique :
Hobbies :
Ce que les autres remarquent en premier à son sujet :
Ce que le personnage fait quand il est tout seul :
Description en une ligne :
Le lecteur aimera-t-il ou détestera-t-il ce personnage ? :
Change-t-il (elle) au cours de l'histoire ? Comment ? :
Événement significatif qui a formé le personnage :
Événement significatif qui illustre sa personnalité :

Voici maintenant l'analyse que j'ai rédigée pour l'un des personnages principaux du *Visage de l'ennemi*. Voilà ce que je savais d'Eve Bowen quand je l'ai commencée : j'avais écrit un roman intitulé *Mal d'enfant* qui parlait d'une mère qui commet un crime pour protéger son enfant. C'était une femme bien, une mère célibataire aimante, qui élevait seule son enfant. Et j'avais envie d'écrire un livre sur une femme qui était radicalement à l'opposé, une femme qui n'aurait jamais dû avoir d'enfant, et qui en avait eu un pour des raisons politiques ; l'antithèse du personnage de *Mal d'enfant*. C'est comme ça que j'ai créé Eve Bowen.

Ce qui suit est donc l'analyse de son caractère. Je l'inclus sans correction, pour que vous voyiez comment je procède. Vous verrez que je ne m'arrête pas pour décider si quelque chose est vrai ou non, ou même simplement possible. Quand la question se pose, je me contente de la noter pour me rappeler qu'il faudra que j'y réponde, et j'indique éventuellement une source d'information.

Je considère cette analyse comme une petite conversation privée avec moi-même, et je lance souvent des idées au vol, jusqu'à ce que j'aie celle qui me paraît être la meilleure pour le personnage. Je n'ai pas d'idées préconçues sur lui, au départ, sauf si c'est le meurtrier, auquel cas je sais que je crée un meurtrier, ou à moins que je tente de faire quelque chose de particulier, comme avec Eve Bowen quand j'ai décidé de créer l'antithèse de Juliet Spence.

Voici donc la matière première du personnage : ce que j'ai écrit sur Eve Bowen bien avant qu'elle ne fasse son entrée en scène, sur les pages de mon premier jet.

Personnages

Dans un roman – encore sans titre – dont le thème est, pour le moment du moins, le prix de l'hypocrisie.

> Evelyn (Eve) Bowen : Eve Bowen est la mère de la victime (assassinée) du roman, et l'un des personnages centraux. Elle a quarante ans, et elle est membre du Parlement de la circonscription fictive de Marylebone. (Voir notes de la visite du Parlement pour les limites de la circonscription). Elle est membre du parti conservateur, et attachée parlementaire du

317

ministre de la Santé (voir avec Michael Fairbairn… il se peut qu'elle doive plutôt être attachée parlementaire d'un secrétaire d'État… À moins qu'elle soit elle-même secrétaire d'État, mais est-ce possible à son âge ?).

Elle est née à Canterbury, et a fait ses études à la St Winifred's Grammar School, dans le Kent. Elle avait un grand frère, Jonathan, qui était militaire – capitaine –, et qui a été tué. Aux Malouines, ou dans le Golfe ? Ses parents habitent toujours dans leur ferme de Canterbury où Eve et son frère ont grandi. Son père est encore fermier, il cultive des fruits et légumes. Sa mère est une fermière et une femme d'intérieur. Ce sont des gens simples, terre-à-terre, qui aiment la campagne et la terre dont ils vivent. Ils n'ont jamais rien attendu du gouvernement. Ils ont inculqué à leurs enfants un fort sens du devoir, du « rôle à jouer » qui est toujours resté assez nébuleux dans l'esprit des gamins. L'interprétation qu'en a faite Jonathan l'a poussé à s'engager dans l'armée. Eve l'a interprété comme l'obligation d'être indépendante, de ne jamais compter sur personne.

Ses parents auraient voulu qu'elle aille à l'université de Canterbury, comme ça elle serait restée près de chez eux, mais Eve avait peur d'être sous la coupe de sa mère (elle tient elle-même son enfant sous sa coupe), sa mère qui est trop collante (ce qu'elle-même n'est pas). C'est donc en partie pour prendre ses distances par rapport à sa famille qu'elle est allée à l'université de Lancaster où elle avait un poste d'assistante en sciences politiques.

Ses relations avec ses parents ont toujours été un peu distantes. Disons circonspectes. Elle a toujours eu l'impression qu'ils préféraient la façon dont Jonathan « jouait son rôle ». En fait, la maison est pleine de photos de lui dans l'armée, et ses parents n'ont jamais fait leur deuil de sa mort. Il avait 36 ans quand il a été tué, et il était fiancé à une femme qui – à leur avis – en a épousé beaucoup trop vite un autre. Eve s'est toujours sentie jugée par ses parents, et elle a toujours eu l'impression qu'elle devait projeter une certaine image pour eux, pour obtenir leur approbation. Cette image de fille de devoir, bonne élève, n'était pas celle qu'Eve avait l'impression d'être au fond, mais elle s'est plus ou moins habituée à cette persona : bonne, solide, respectable, bourgeoise, dynamique et pleine d'initiative, travailleuse, faite pour travailler en équipe, etc. Avec le temps, le rôle est devenu la réalité, et elle s'est convaincue elle-même qu'elle était bel et bien celle qu'elle prétendait être. C'est la qualité majeure d'Eve : l'art de donner le change.

Après l'université, elle a démarré sa carrière dans le journalisme en travaillant pour un journal de Manchester. Elle est montée à Londres quand elle avait vingt-six ans, et elle est devenue journaliste politique. Elle connaît Dennis Luxford depuis l'université de Lancaster parce qu'ils écrivaient des articles de tendance opposée dans le journal de la fac, et qu'ils étaient toujours opposés dans la *debating society*[1]. Ils n'étaient pas amis – il la trouvait beaucoup trop collet monté –, et ils n'étaient pas restés en contact. Elle ne voyait pas de raison de garder le contact. Et quand

1. Association étudiante qui, comme son nom l'indique, organise des débats sur de grands sujets de société, sur le mode de ce qui se passe à la Chambre des communes. (*N.d.l.T.*)

elle est venue à Londres, elle gravitait dans un milieu social très différent du sien. Elle l'a retrouvé à une conférence du parti conservateur, à Brighton, où elle était envoyée par son journal. À ce moment-là, il était rédacteur en chef adjoint de son journal. Il s'était souvenu qu'ils s'étaient rencontrés à la fac, et ils s'étaient revus un midi pour déjeuner. Ils ont eu une conversation animée, spirituelle, et elle s'est sentie attirée par lui. C'est donc là, à cette conférence, qu'elle a eu une aventure avec lui et s'est retrouvée enceinte. Ils n'étaient mariés ni l'un ni l'autre, à l'époque, et il était prêt à l'épouser, mais elle avait déjà des ambitions politiques, et elle préférait ne pas s'encombrer de lui, avec ses penchants gauchistes. À moins qu'il n'ait pas eu envie de l'épouser, et bien qu'elle n'ait pas eu non plus envie de faire sa vie avec lui à cause de ses projets d'avenir, elle ne lui avait toujours pas pardonné de ne pas avoir voulu régulariser la situation. Elle savait qu'elle ne pouvait pas se faire avorter ; ç'aurait été une tache sur sa réputation, alors qu'elle voulait remporter un siège conservateur. Elle a donc eu son bébé. Luxford avait toujours été au courant de l'existence de l'enfant, mais il avait respecté la décision d'Eve de garder secrète l'identité du père. Pourquoi ? Peut-être qu'il était fiancé ? Ou déjà marié ? Peut-être qu'il était soulagé qu'elle ait refusé de l'épouser, parce qu'il savait que ça ne marcherait pas.

Aspect physique d'Eve : radicalement traditionnelle et conservatrice. Une allure BCBG, avec sa coupe au carré, facile d'entretien, assez séduisante, et qui fait rangé. Ça encadre doucement son visage, et sa frange frôle la monture de ses lunettes. Des lunettes de lecture, rondes, à monture d'écaille, qui sont son

signe particulier, parce qu'elle les enlève et
les remet en parlant, et fait des gestes avec.
Elle est brune, ou plutôt couleur feuille morte.
Les feuilles des bouleaux à la fin de l'automne.
Elle a les yeux noisette. Une très jolie peau, et
on lui donnerait 32 ans. Son seul signe particulier – si on peut appeler ça comme ça – est
une cicatrice qui lui barre le sourcil droit, et
une autre qui fait comme une traînée d'étoile
filante qui va de son œil droit à sa tempe.
Cette marque date d'un accident qu'elle a eu à
dix ans. Elle jouait avec son frère dans la
petite serre que son père a construite à côté de
la ferme pour le quarante-cinquième anniversaire de sa femme. Ils chahutaient, son frère et
elle, et elle est passée la tête la première à travers une vitre. Elle en veut à ses parents pour
ça, parce qu'elle a toujours eu l'impression
que son frère n'avait pas été assez sévèrement
puni pour ce qui lui était arrivé. Mais cette
rancune, comme toutes les autres raisons qu'elle
a de leur en vouloir, elle l'a enfouie en elle.
Ses parents ne savent pas qu'elle leur en veut,
mais elle le leur fait sentir de façon subtile :
en oubliant un anniversaire, en omettant de
venir alors qu'on l'attend pour dîner, ou en
n'étant pas disponible pour Noël, etc. Cela dit,
elle a toujours un bon prétexte à fournir pour
ces petites vexations. Quand elle était plus
jeune, elle avait des devoirs, ou elle devait
rester à la fac. Quand elle est allée s'installer
à Londres, elle a continué. Et quand elle a été
élue député, elle avait son travail parlementaire.

Eve ne peut pardonner les blessures. C'est
son plus gros défaut. Quand elle a une dent
contre quelqu'un, c'est pour toujours. Peut-
être qu'elle en veut à Dennis Luxford, maintenant, non parce qu'il n'a pas voulu l'épouser

(parce qu'il y était tout disposé), mais parce qu'il l'a mise enceinte. Ou peut-être pour les deux raisons.

Elle mesure 1,70 m. Fait de la gym dans un gymnase, tôt le matin. Elle se maquille, et bien, le genre de maquillage discret, raffiné, qui donne l'impression qu'elle n'est pas maquillée. Elle ne porte qu'une alliance, une montre en or, et le même genre de boucles d'oreilles bouton, tout le temps. Ça va avec sa tenue.

Elle s'habille sur mesure. Toujours en tailleur. Contrairement à certaines femmes, à la Chambre des communes, qui semblent privilégier les couleurs vives pour se faire remarquer, Eve a décidé depuis le début de s'imposer par sa seule présence. Alors elle porte du gris, du noir, de l'anthracite ou du bleu marine, de l'uni, parfois des rayures. Elle se fait aussi généralement faire ses chemisiers sur mesure. S'il pleut, elle met un trench-coat noir, et un imperméable Aquascutum. Elle veille soigneusement à n'acheter que des vêtements anglais fabriqués en Angleterre, jusqu'aux chaussures. Soit des chaussures de marche pratiques pour travailler, soit des talons hauts quand elle veut faire plus habillé.

Son besoin central dans la vie est de se réaliser, et d'être perçue comme la meilleure. Elle est ambitieuse, mais son ambition est dirigée vers le désir de faire ses preuves. Plus elle réussit, plus elle peut se convaincre, et convaincre les autres, qu'elle est ce qu'elle a l'air d'être. Quand on lui met des bâtons dans les roues, elle est furieuse et elle cherche à se venger. Elle croit que les gens devraient souffrir pour les injustices qu'ils lui font subir, et elle définit l'injustice comme tout ce qui l'empêche d'atteindre son but et de réussir aussi vite qu'elle voudrait. Elle a le chic pour se venger des gens, surtout derrière leur dos. Une insinuation par-ci, un sous-entendu par-là. Elle a l'impression que c'est justifié parce que ces gens-là lui ont fait subir une injustice.

Sa relation avec Alexander Stone est entièrement alimentée par Alex, qui prend soin d'elle. Elle aime Alex autant qu'elle est capable d'aimer, mais elle n'est pas douée pour l'exprimer, et elle n'est pas douée non plus pour recevoir l'amour. Elle l'a épousé parce qu'il est un atout politique pour elle, parce qu'il est un politicien qui a bâti son affaire à la force du poignet, en partant de zéro.

Sexuellement, Eve est généralement distante. Le sexe la terrifie, et intérieurement, elle qualifie cette peur de « réaction à une rencontre bestiale et dégoûtante », mais extérieurement, elle fait semblant d'éprouver le contraire. Elle est plus émoustillée, sexuellement, quand elle a bu quelques verres. Ils font l'amour régulièrement, Alex et elle, parce qu'elle sait que c'est ce qui se fait. Elle n'a jamais connu l'orgasme avec lui, mais elle a toujours simulé, parce que, dans sa tête, les femmes vraiment féminines sont censées avoir des orgasmes. Elle n'a jamais été une bête de sexe, même quand elle était étudiante, à la fac. Mais c'est là qu'elle a eu ses premières expériences sexuelles, avec deux jeunes gens, les deux seuls petits amis qu'elle ait eus. Elle n'a joui avec aucun des deux. Dennis Luxford est la seule fois où elle a couché avec un homme avec qui elle n'avait pas de relation suivie. Il représente aussi la seule fois où elle a aimé faire l'amour. Avec lui, elle a connu le plaisir, et elle ne peut peut-être pas lui pardonner ça non plus – cette perte de contrôle momentanée.

Évidemment, la personne à qui elle pardonne le moins de choses, c'est elle-même : d'avoir trop bu, d'avoir eu une relation avec Luxford, d'avoir joui, ce qui lui a donné envie de refaire l'amour avec lui – et elle l'a refait – pendant cette conférence, et d'être tombée enceinte. Peut-être qu'elle en fait trop parce que c'est en en faisant trop qu'elle pourra se pardonner.

Elle joue bien aux échecs, et ils ont toujours une partie en cours, Alex et elle, dans leur salon. Parfois, ils n'ont le temps de faire qu'un mouvement, le soir. Charlotte a été punie sévèrement au moins une fois pour avoir joué avec l'échiquier de sa mère.

Elle est bonne cavalière, aussi, et une fois, elle a même fait du dressage (vérifier ça) dans le Kent. Elle a des photos de cette époque, ainsi que des rubans et des trophées.

Ce qui a fait d'Eve une personne qui a toujours l'impression de devoir faire ses preuves est lié à Jonathan, son frère aîné. Un jour, sa mère, exaspérée, lui a demandé : Pourquoi ne peux-tu pas ressembler un peu plus à ton frère ? Peut-être que la mère voulait que les deux enfants s'occupent un peu de personnes âgées dans une maison de retraite, ou dans un service de gériatrie, à l'hôpital. Eve, qui avait une aversion pour les personnes âgées, l'a fait une fois, mais ça l'a dégoûtée, et elle a refusé de recommencer. Peut-être qu'elle devait leur faire la lecture, et qu'elle a détesté devoir s'asseoir tout près d'elles. Peut-être qu'il s'agissait de leur amener des petits animaux de la ferme pour qu'ils les voient. Et peut-être qu'un vieil homme l'a pelotée, ou qu'il lui a pris la main et l'a glissée sous ses couvertures pour lui faire sentir son érection, et elle n'a pas voulu y retourner, mais elle n'a pas voulu dire pourquoi à sa mère. Faire la lecture aux personnes âgées était une activité qui avait commencé à l'église, et la mère d'Eve avait inscrit les deux enfants comme volontaires en pensant que ça leur ferait du bien, et que ce serait une façon pour eux de « jouer leur rôle ». Jonathan a joué le sien docilement, mais pas Eve. Peut-être que ça a toujours été l'histoire de leur vie. Jonathan jouant son rôle conformément aux désirs de leurs parents. Eve voulant le faire selon sa propre volonté. Et toute sa vie elle se sera efforcée de prouver que ses décisions étaient les bonnes, alors que ce n'était pas le genre de décisions que Jonathan prenait.

La culpabilité est une de ses composantes fondamentales. Elle se sent coupable de s'être secrètement réjouie à la mort de Jonathan. De ne pas aimer Lottie. De la mort de Lottie.

À la fin du roman, elle est complètement défaite. Elle perd tout.

Vous vous souvenez que, quand j'ai fini une analyse, je la relis et je surligne les parties dont je veux spécialement me rappeler au moment de l'écriture du premier jet. Et je vous ai dit que je ne commençais pas ce premier jet avant que tous les personnages soient créés, parce que je retirais de leur création même beaucoup d'éléments sur l'intrigue proprement dite.

Je vous ai dit aussi que j'essayais de donner à mes personnages soit un travail, soit une activité annexe qui soufflait au lecteur un indice de leur véritable nature. Il y a quelques années, un étudiant d'un de mes ateliers d'écriture avait fait une liste de métiers que les personnages pouvaient exercer et d'endroits où ils pouvaient travailler. Je m'y suis reportée plus d'une fois quand je cherchais l'inspiration. La voici :

Métiers et lieux de travail

Hôpital
Morgue
Journal
Librairie
  pour adultes
Vidéoclub
Toiletteur
  pour chiens
Parking
Lavage
  de voitures
Cordonnerie
Laiterie
Quincaillerie
Bibliothèque
Restaurant
Mécanicien
Club privé
Magasin de mode
Bureau d'avocat
Étude d'huissier
Comptable
ANPE
Climatisation
Bureau
  d'assurances
Plomberie
Bureau
  d'architecte
Jardinier
École
  de pilotage
Antiquaire
Boutique
  d'aquariophilie
Galerie d'art
Commissaire-
  priseur
Ministère
  de l'Agriculture
Église
Ophtalmologiste

Banque
Matériaux
  de construction
Bureau du shérif
Boutique
  de téléphonie
Standard
École
Institut de beauté
Boutique
  d'informatique
Cabinet médical
Cinéma
Magasin de disques
Marchand de pianos
Professeur de piano
Épicerie
Usine agro-
  alimentaire
Dératisation
Chauffeur
  de camion
Station-service
Produits de beauté
Boutique
  de traiteur
Laboratoire
  agroalimentaire
Cuisine industrielle
Dealer de crack
Étude de notaire
Fonctionnaire
Bijoutier
Chauffeur de
  limousine
Réparateur
  de télévisions
Serrurier
Magasin
  d'articles de sport
Électricien
Laboratoire
  d'analyses

Boutique
  de jeux de rôle
Fournitures
  pour enseignants
Fournitures
  pour arts martiaux
Imprimeur
Atelier
  de tapisserie
Décoration d'intérieur
Vétérinaire
Raffinerie
  de pétrole
Ferme
Piscine
Parc national
Caserne
  de pompiers
Prêteur sur gages
Centre
  de remise en forme
Bateaux
  de plaisance
Aéroport
École de conduite
École
  d'informatique
École d'esthétique
Vétérinaire
Bénévole
  dans une assoc.
  écologiste
Chevalier
  du Moyen Age
Nettoyeur de tapis
Concierge d'école
Supérette
Bibliobus
Glacier ambulant
Homme de main
Garde du corps
Chanteuse
  de cabaret

Boutique	Réparateur de	Perruquier
de maisons	portes	Marchand
de poupées	et fenêtres	de télescopes
Fabricant	Éboueur	Horloger
de vitraux	Fleuriste	

C'est utile, mais ce n'est pas exhaustif. Ne boudez pas les ressources banales que vous avez sous la main : les pages Jaunes vous viennent tout de suite à l'esprit. Mais un trajet en voiture aussi, parce que, des vitres de votre véhicule, vous avez accès en permanence à des détails révélateurs sur toutes sortes de métiers ou d'emplois. Dans *Mémoire infidèle*, Yasmin Edwards faisait des perruques pour les cancéreux sous chimio et les femmes violées parce que j'avais pris la Pacific Coast Highway, un jour, et que j'avais vu une boutique de perruques à Newport Beach.

Pour finir, les personnages ont souvent besoin de s'engager dans des CAMAP. Vous savez, ces Combines Anti-Moulin à Paroles qui illustrent le personnage ou mettent en lumière son état d'esprit du moment tout en évitant qu'une scène ne se réduise à un simple il dit/elle dit. Rappelez-vous qu'une CAMAP n'est pas seulement une vitrine : elle ne doit pas se borner à présenter au lecteur un élément visuel à la place de ce qui serait, autrement, un dialogue et rien d'autre ; elle doit servir un but plus large.

Il n'y a pas de limite aux CAMAP que vous pourrez trouver. Ou plutôt si, une : votre imagination.

Mais c'est vrai de la plupart des phases du processus d'écriture. Le secret est de surmonter votre peur, de passer outre à votre autocensure, et de laisser vagabonder votre esprit comme bon lui semble.

CAMAP :

Manger un repas
Préparer le repas
Faire de
    l'haltérophilie
Jouer aux cartes,
    aux échecs…
Ramer
Faire du jardinage
Bricoler une voiture
Programmer
    un magnétoscope
Se faire une teinture
Changer une couche
S'épiler
Faire les courses
Boire
Faucher des canettes
    de bière
Préparer des cocktails
Donner à manger
    à un enfant
Donner à manger
    à un animal
Dresser un animal
Bouchonner un cheval
Faire la lessive
Faire la vaisselle
Braquer un magasin
    de vins
    et spiritueux
Jouer à un jeu
    de construction
Faire la queue
Battre un tapis
Passer un entretien
    de recrutement
Balayer le parquet
Faire des paquets
Faire de l'auto-stop

Apprendre à skier
Laver les vitres
Se maquiller
Faire un feu
    de camp
Se faire tatouer
Lancer un sort
Pratiquer
    une autopsie
Nettoyer
    une piscine
Pêcher
Se faire faire
    un massage
Acheter
    un Coca
    à un distributeur
Programmer
    une photocopieuse
Jouer au base-ball
Prendre ou donner
    une leçon
    de conduite
Tirer à un stand
    de tir
Déménager
Changer
    les meubles
    de place
Accrocher
    des tableaux
Construire
    quelque chose
Nettoyer un garage
    ou un grenier
Faire les courses
Prêter serment
Voter

Poser de la moquette
Sculpter
Changer les draps
    d'un lit
Faire ses devoirs
Tondre la pelouse
S'appliquer de la
    crème solaire
Décorer une vitrine
Mettre une abeille
    dans un pot
    de confiture
Attraper un lézard
Tricoter
Faire des pelotes
    de laine
Jouer à un jeu vidéo
Faire du trampoline
Laver une voiture
S'occuper d'une
    collection
    de timbres
Essayer des
    chaussures
    dans une boutique
Développer
    un film dans
    une chambre noire
Opérer un patient
Emballer
    un cadeau
Faire un puzzle
Sauver quelqu'un
Poser pour
    une photo
Regarder des photos
Chercher des praires
Tuer des fourmis

20

Changer des endroits en décors

Je traverse une passe difficile, ces temps-ci, parce que je n'écris pas comme Barbara Kingsolver ou Alice Hoffman. C'est vraiment ridicule ! Je suis tellement impressionnée par la façon dont elles rendent les décors que je m'auto-flagelle en me disant que je n'arriverai jamais à en faire autant. J'oublie tous ceux qui me disent que j'ai le chic pour donner vie aux endroits que je décris. J'oublie même ceux qui m'ont raconté qu'ils s'étaient rendus dans les endroits que j'avais décrits et qu'ils les avaient reconnus... Tss, je suis trop sévère avec moi-même. Toujours.

Journal d'un roman
23 juillet 2001

C'est assez évident, mais je vais le dire quand même : un endroit est un lieu qu'on va voir quand on essaie de décider où on veut situer une scène spécifique de son roman, ou même son roman tout entier, et qu'on explore à fond quand on a pris sa décision. Une fois visité et exploré à fond, l'endroit se transforme et devient – par la magie des mots – le décor de votre chef-d'œuvre.

Je vous ai déjà dit comment j'effectue mes recherches : je commence par me documenter en lisant, je sélectionne des endroits possibles, je me rends sur place, j'arpente le secteur dans tous les sens en prenant des photos et en les commentant au magnétophone. Je vous ai raconté que je tape mes commentaires tous les soirs, sur mon ordinateur portable, et que je classe les photos par catégories une fois rentrée chez moi, en Californie.

Je voudrais maintenant vous montrer exactement comment j'ai utilisé quelques-unes de ces photos pour écrire deux de mes romans, *Mal d'enfant* et *Le Visage de l'ennemi*.

La grange de Back End, Lancashire, Angleterre.

J'ai situé le premier au mois de janvier, qui était le moment où j'étais allée dans le Lancashire, en Angleterre, pour mon travail de repérage. L'autre se déroule à la fin du printemps, alors que j'avais effectué ces recherches en plein hiver.

J'ai trouvé la grange de Back End au milieu des landes du Lancashire. Je ne connaissais pas le nom de l'endroit à ce moment-là (je l'ai découvert plus tard, sur une carte d'état-major), et je ne savais pas comment je l'utiliserais pour le roman que j'avais l'intention d'écrire, ou même si je m'en servirais. Mais j'avais été frappée par cette vieille grange de pierre, isolée au milieu des landes.

Je l'avais vue de la route, et je m'étais arrêtée pour aller la voir de plus près. J'en ai pris plusieurs photos, dans le froid et le vent, et je vous en montre deux. Vous remarquerez, hélas, que je ne suis pas très douée pour la photo, et croyez bien que je le regrette, mais je voulais seulement garder une trace de cette vieille grange du bout du monde afin de pouvoir la décrire en détail si je décidais finalement de l'utiliser.

Et je lui ai bel et bien trouvé une utilisation en arrivant au point culminant du roman : c'est là que la meurtrière, Juliet Spence, se cache pour fuir la police. J'avais besoin d'un lieu où situer ce que j'appelle « le bang dans le bang », c'est-à-dire le moment crucial du dénouement. J'ai ressorti ma carte d'état-major, et j'ai retrouvé l'emplacement de la grange de Back End. J'ai alors recherché les notes et les photos que j'avais prises sur place.

La grange de Back End, Lancashire, Angleterre.

J'ai dû changer l'atmosphère de la journée en question, parce que, le jour où je l'avais repérée, dans la lande, il y avait de la neige, mais c'est tout : à part ça, la grange décrite dans le livre est celle des photos que j'avais prises. Voici comment je l'ai rendue dans le roman :

Ils approchèrent de la route qui reliait High Bentham à Winslough. La distance de Keasden à ce carrefour était d'environ cinq kilomètres. Il leur avait fallu près d'une demi-heure pour la couvrir.

Ils prirent à gauche en direction du sud et de Winslough. Sur les huit cents mètres suivants, ils ne distinguèrent que les lumières de rares maisons ici et là, la plupart très en retrait par rapport à la route. Les terres étaient hérissées de murets. Puis ils se retrouvèrent de nouveau sur la lande. Là il n'y avait plus ni murets ni barrières pour servir de ligne de démarcation entre les terres et la route. Seules les traces laissées par un lourd tracteur leur indiquaient le chemin. Dans une demi-heure celles-ci auraient sans doute disparu.

Le vent fouettait la neige qui formait de petits cyclones de cristal. Ils tournoyaient devant la voiture tels des derviches fantomatiques et repartaient en tourbillonnant dans l'obscurité.

— On dirait que ça se calme, remarqua Shepherd. (Lynley lui jetant un coup d'œil incrédule, il poursuivit :) Le vent rabat les flocons vers nous. Mais la neige a cessé de tomber.

Lorsqu'il examina les alentours, Lynley constata que les propos de Shepherd dépassaient le stade des vœux pieux. La neige tombait effectivement avec moins de violence. Les essuie-glaces déblayaient maintenant ce qu'apportait la lande et non ce qui tombait du ciel. Le seul point encourageant dans tout ça, c'était que la situation ne pouvait guère empirer.

Ils se traînèrent encore pendant dix minutes, le vent gémissant tel un chien. Lorsque leurs phares épinglèrent une grille qui servait de portail, Shepherd reprit la parole.

— C'est ici. La grange est à droite. Juste après le mur.

Lynley se pencha vers le pare-brise. Il ne distingua rien hormis des tourbillons de flocons et l'obscurité.

— C'est à trente mètres de la route, dit Shepherd. (De l'épaule, il ouvrit sa portière.) Je vais jeter un coup d'œil.

— Vous ferez ce que je vous dirai de faire, décréta Lynley. Ne bougez pas.

Un muscle tressaillit dans la mâchoire de Shepherd.

— Elle a une arme, inspecteur. Si elle est là-dedans, il est peu probable qu'elle me tire dessus. Je peux lui parler.

— Il y a sûrement beaucoup de choses que vous pouvez faire. Mais pour l'instant vous allez me faire le plaisir de vous tenir tranquille.

— Un peu de bon sens ! Laissez-moi...

— Vous en avez assez fait comme ça.

Lynley sortit de la voiture. Le constable Garrity et Saint James le rejoignirent. Ils braquèrent leurs torches dans la neige et distinguèrent le mur de pierre perpendiculaire à la route. Ils promenèrent leurs faisceaux le long du mur et découvrirent une grille aux barreaux de fer rouges. Derrière la grille se dressait la grange de Back End. Pierre et ardoise, une vaste porte pour les voitures, et une plus petite pour leurs conducteurs. Elle donnait à l'est, aussi le vent avait-il rabattu la neige en épaisses congères contre la façade du bâtiment. Les congères formaient des monticules lisses contre la grande porte. Contre la petite, l'unique congère avait été piétinée.

— Bon sang, elle a réussi, dit tranquillement Saint James.

— Je ne sais pas si c'est elle, mais il y a quelqu'un, corrigea Lynley.

Il jeta un regard par-dessus son épaule. Shepherd était descendu de la Range Rover mais il était resté appuyé contre la portière.

Lynley passa en revue les différentes possibilités qui s'offraient à lui. L'effet de surprise pouvait jouer en sa faveur, mais elle avait une arme. Et sans doute s'en servirait-elle lorsqu'il approcherait. Envoyer Shepherd à l'intérieur était la seule solution raisonnable. Seulement il n'était pas prêt à mettre la vie d'une tierce personne en danger s'il y avait une chance de la pincer sans qu'elle tire. Après tout, c'était une femme intelligente. Elle s'était enfuie parce qu'elle savait la vérité à deux doigts d'être découverte. Elle ne pouvait espérer s'échapper avec Maggie et s'en sortir une seconde fois. Le temps, son passé, tout était contre elle.

— Inspecteur. (Lynley sentit qu'on lui glissait quelque chose dans la main.) Vous aurez peut-être besoin de ça. (Il baissa les yeux, constata que le constable Garrity lui avait remis un porte-voix.) Ça fait partie du matériel d'urgence. (L'air gêné, elle désigna de la tête sa voiture tout en boutonnant le col de son manteau.) Le sergent Hawkins n'arrête pas de nous répéter qu'à la Criminelle on doit faire preuve d'initiative et ne jamais se laisser prendre au dépourvu. J'ai également une corde. Des gilets de sauvetage. Tout le bataclan. (Derrière ses lunettes embuées, elle cligna de l'œil.)

— Vous êtes ma providence, constable, approuva Lynley. Merci.

Il empoigna le porte-voix. Il regarda la grange. Pas le moindre rai de lumière ne filtrait sous les portes. Le bâtiment était dépourvu de fenêtres. Si elle était à l'intérieur, elle s'était complètement calfeutrée.

Que lui dire, se demanda-t-il. Quel genre de bêtises dignes d'un film noir pourrait réussir à la faire sortir de son trou ? Vous êtes cernée. Impossible de fuir. Jetez votre revolver et sortez les mains en l'air. Nous savons que vous êtes là…

— Mrs Spence, appela-t-il. Vous avez une arme. Pas moi. Nous sommes dans une impasse. J'aimerais que vous sortiez avec Maggie et qu'il n'y ait pas de bobo.

335

Il attendit. Aucun bruit ne s'échappa du
bâtiment. Seul le vent sifflait[1].

Les photos de la grange m'ont permis de préciser
certains éléments : les deux portes de la bâtisse, le mur
qui y mène, la grille rouge qui la ferme. Les photos
m'ont aussi inspiré un détail que j'ai exploité quand,
dans le roman, le vent souffle sur les pierres en saillie
d'un côté du bâtiment. Elles me procuraient un moyen
d'ajouter de la vraisemblance à la scène, et je m'en
suis emparée en me disant que, décidément, je n'avais
pas perdu mon temps, ce jour-là, dans la lande du Lancashire par l'une des journées les plus froides de
l'année.

J'avais appris, en me renseignant sur le Lancashire
avant mon voyage, que Pendle Hill avait joué un grand
rôle dans l'histoire de la région. Je tenais donc à mentionner cet endroit dans mon histoire à moi. Le Lancashire est le pays des sorcières, en Angleterre, et
certaines femmes des environs immédiats de Pendle Hill
furent accusées de sorcellerie et condamnées dans des
circonstances qui ne sont pas très différentes de ce qui
s'est passé à Salem, dans le Massachusetts. Cet endroit
ne pouvait pas être absent de mon roman, même s'il
n'était pas question de lui accorder un rôle central.

Mais je voulais évidemment le voir de mes propres
yeux. Je l'ai repéré sur ma fidèle carte d'état-major, et
j'y suis allée en voiture. Considérant la durée du jour,
qui est très brève, en janvier, dans le nord de l'Angleterre, et du temps qu'il faisait, je me dispensai d'escalader la colline. Je me contentai de la photographier de
loin, et elle n'apparaît dans le roman que vue du vil-

1. Élizabeth George, *Mal d'enfant*, trad. Dominique Wattwiller, Presses de la Cité, 1994.

lage de Downham, et comme simple fond à l'action qui se déroule à ce moment-là.

Voici la description que j'en fais : « Les flancs gris-vert de Pendle Hill s'apercevaient au loin, hérissés de doigts de gel. Mais ils [Saint James et Deborah] n'étaient pas d'humeur à gravir la colline[1]. » Voilà tout. Et pourtant, ça marche. Je n'avais pas plus idée de la quantité et de la nature des informations recueillies sur Pendle Hill que j'utiliserais – ou non – que je ne savais, à ce moment-là, que la grange de Back End serait le théâtre du dénouement. Ce sont les cadeaux surprise de l'écriture.

Pendle Hill, Lancashire, Angleterre.

Il y avait, en revanche, un endroit que j'étais presque sûre d'utiliser, et c'était Dunnow Hall, la maison abandonnée jadis construite pour un membre de la

1. Élizabeth George, *Mal d'enfant, op. cit.*

distinguée famille King-Wilkinson, dans le Lancashire. J'avais rencontré John King-Wilkinson qui m'avait parlé de la vie dans le Lancashire, et au cours de notre conversation, il m'avait parlé d'une grande maison qui avait été construite pour un membre de sa famille, mais où personne n'avait jamais habité. Il m'avait donné de vagues indications sur son emplacement, et je m'étais mis en tête de la trouver.

Ce qui ne se révéla pas facile. Je commençai par partir dans la mauvaise direction et je me retrouvai en train de crapahuter dans un champ où les crottes de mouton fumaient sous une pluie glaciale. Après dix minutes de cet exercice, je vis au loin, entre quelques arbres, les pignons gris d'une gigantesque demeure. L'appareil photo en bandoulière, j'escaladai un mur de pierre et je m'approchai du manoir abandonné. Dès que mon regard tomba dessus, je sus que je l'utiliserais dans le roman. Aucun doute. Il en émanait une atmosphère à couper au couteau.

Dunnow Hall, Lancashire, Angleterre.

Et voici comment Dunnow Hall se retrouve dans le roman, rebaptisé Cotes Hall, et vu du point de vue de mon détective, Thomas Lynley :

Échantillon représentatif de l'architecture victorienne, Cotes Hall était truffé de girouettes, cheminées et pignons. Dans ses innombrables oriels se reflétait le ciel plombé du matin. La bâtisse était en calcaire ; sous les effets conjugués du manque d'entretien et des intempéries la façade était verdie par la mousse, des traînées verdâtres dégringolaient du toit, formant un dessin qui n'était pas sans évoquer un cône de déjection vertical. Les abords de Cotes Hall disparaissaient sous les mauvaises herbes. Enfin, si la bâtisse jouissait à l'ouest et à l'est d'une vue imprenable sur la forêt et les collines, le lugubre paysage hivernal et l'état lamentable du bâtiment ne donnaient guère envie de s'y installer.

Au volant de la Bentley, Lynley franchit le dernier nid-de-poule et s'engagea dans la cour que dominait, semblable à la maison Usher, le manoir ancestral. Il réfléchit un instant à l'apparition de St. John Townley-Young au *Crofters Inn*, la veille au soir. En sortant, ce dernier était tombé sur son gendre, lequel prenait un verre avec une femme qui n'était visiblement pas la sienne. Et à en juger par la réaction de Townley-Young, ce n'était pas la première fois qu'il pinçait le jeune homme en flagrant délit. Sur le moment, Lynley s'était dit qu'ils avaient découvert du même coup – et sans le vouloir – le pourquoi des déprédations commises au manoir et l'identité du mauvais plaisant. Une femme formant le troisième sommet d'un triangle amoureux était capable des pires extrémités pour troubler la tranquillité et le mariage d'un homme qu'elle voulait s'approprier.

Toutefois, alors qu'il laissait errer ses regards sur les girouettes rouillées de Cotes Hall, les gouttières crevées, le fouillis d'herbes entourant la base de l'édifice, Lynley se vit contraint d'admettre qu'il avait tiré des conclusions hâtives. Et surtout machistes. Car, bien que nullement concerné, il avait des frissons dans le dos à l'idée de devoir habiter ce caravansérail décrépit. Quelle que fût l'ampleur des travaux de rénovation entrepris à l'intérieur, des années d'un labeur acharné seraient certainement nécessaires pour rendre leur aspect initial à la façade, au jardin et au parc de Cotes Hall. Et il ne se sentait pas le cœur de critiquer celui qui, bien ou mal marié, faisait des pieds et des mains pour éviter d'emménager dans cette demeure[1].

Vous voyez, j'espère, comment j'utilise la photo : elle me sert de point d'appui, et j'y ajoute des détails qui enrichiront, du moins je l'espère aussi, l'expérience visuelle du lecteur. Cotes Hall n'est pas posé là comme l'archétype du grand manoir anglais. Il devient réel parce qu'il existe vraiment. Je me suis contentée de changer le nom et de broder sur ce qui était déjà là, et qui n'attendait que moi pour l'extraire du paysage et le mettre dans mon livre.

1. Élizabeth George, *Mal d'enfant, op. cit.*

*Moulin à vent
de Wilton,
Wiltshire Angleterre*

J'ai utilisé à peu près la même technique pour écrire *Le Visage de l'ennemi*, mon histoire d'enlèvement, qui se déroule à Londres et dans le Wiltshire. Je savais pour l'essentiel ce que je devais chercher à la campagne – un endroit où la petite fille enlevée serait gardée prisonnière et un autre où l'on retrouverait son corps –, et je comptais sur mon instinct viscéral pour me crier : « C'est là ! » quand je les verrais.

La chance a voulu – mais je ne l'ai pas su tout de suite – que je tombe du premier coup, lors de la première étape de mon voyage dans le Wiltshire, sur l'endroit que j'allais utiliser. C'était le moulin à vent de Wilton. Comme vous pouvez le voir sur la photo, le jour où je l'ai vu pour la première fois, il pleuvait. J'avais pris mes dispositions à l'avance pour le visiter, et un monsieur appelé A. E. Swaine m'a fait faire le tour du propriétaire. Nous avons d'abord pataugé tout autour, avec nos bottes en caoutchouc, et il m'a expliqué le fonctionnement des parties extérieures, puis nous sommes entrés à l'intérieur et nous avons grimpé dans la structure. J'ai pris des photos et enregistré les explications de M. Swaine, réunissant une masse d'informations que je n'ai pas toutes utilisées dans le roman, d'ailleurs. Comme j'ai déjà eu plusieurs fois l'occasion de vous le dire, je ne sais jamais sur le coup de combien d'informations j'aurai besoin, ou desquelles – et même si je les exploiterai tout court.

Tout au début du *Visage de l'ennemi*, Charlotte Bowen se réveille dans un endroit froid et humide. Elle ne sait pas où elle est, et elle ne se rappelle que de bribes de ce qui s'est passé juste avant. Le lecteur est dans le noir, lui aussi, parce que la dernière chose que je voulais c'était abattre mes cartes trop tôt en répondant à une question dramatique essentielle d'une façon qui aurait refermé l'histoire au lieu de l'ouvrir. Le moment de décrire l'endroit vient beaucoup plus tard, quand le constable Robin Payne emmène le sergent Barbara Havers à ce qu'il pense, par déduction, être l'endroit où Charlotte Bowen a été emprisonnée. La scène se passe de nuit, et voici comment le moulin à vent de Wilton apparaît, la nuit, donc, dans mon roman :

> Robin ralentit quelque huit cents mètres après le village. Il prit à droite et s'engagea sur un sentier étroit envahi par les herbes que Barbara n'aurait certainement jamais réussi à repérer dans le noir si elle avait été seule. Ce chemin s'élevait en pente abrupte vers l'est, bordé d'un côté par une clôture métallique, de l'autre par une rangée de bouleaux argentés. La chaussée était truffée de nids-de-poule. Et le champ derrière la clôture envahi d'herbes folles.

Ils atteignirent une trouée dans le rideau de bouleaux et Robin s'y engagea, aboutissant sur une piste où ils cahotèrent au milieu des caillasses et des ornières. Les arbres épais courbés par les vents incessants surplombaient la piste étroite tels des matelots arthritiques.

La piste prenait fin devant une clôture de piquets et de fil de fer. Sur la droite, une vieille barrière pendait de guingois. C'est vers cette barrière que Robin entraîna Barbara après avoir fouillé dans le coffre de l'Escort pour y prendre une torche qu'il lui tendit. Lui-même se munit d'une lanterne de camping.

— C'est par là.

Ils se dirigèrent vers la barrière à moitié démantibulée que Robin ouvrit d'une poussée. De l'autre côté de la barrière s'étendait un enclos au centre duquel se dressait un énorme cône qui, dans l'obscurité, avait l'allure d'un vaisseau spatial. Cette structure reposait sur une éminence au pied de laquelle venaient mourir les champs alentour. Quelque cinquante mètres plus loin, on distinguait les vestiges noyés d'ombre d'une bâtisse en ruine située en bordure de la route qu'ils avaient empruntée. Une ancienne habitation, sans doute.

La nuit était silencieuse. Le fond de l'air frais. Les senteurs lourdes de la terre humide et des crottes de mouton les enveloppaient comme un nuage sur le point de crever. Barbara fit la grimace et regretta de ne pas avoir pensé à se munir d'une veste. Quant à l'odeur, elle serait bien obligée de faire avec.

Ils foulèrent un épais matelas herbeux pour atteindre la construction. Barbara braqua sa torche et la promena sur la façade. Des briques. Ces briques qui, rangée après rangée, s'élevaient dans le noir étaient surmontées d'un toit de métal blanc pareil à un cône de glace à la vanille. Fixés sur l'avancée circulaire du toit conique, elle aperçut les vestiges grêles de quatre grands bras de bois jadis garnis de jalousies sur toute leur longueur. Ces bras étaient maintenant percés de trous car les orages avaient arraché les persiennes de leur logement par places. Toutefois il en restait encore suffisamment pour que Barbara, torche en main, comprenne de quel genre de construction il s'agissait.

— Un moulin à vent.

— Oui, un moulin à blé. (Robin agita sa lanterne éteinte pour désigner d'un même geste les champs pentus au sud, à l'est et à l'ouest de l'endroit où ils se tenaient et la masse sombre du bâtiment croulant qui, au nord, bordait la route.) Dans le temps, il y avait des moulins à blé tout le long de la Bedwyn avant que l'eau ne soit détournée pour former le canal. À la création du canal, des ouvrages comme celui-ci jaillirent un peu partout. Les moulins tournaient à plein régime jusqu'à ce que l'on construise une minoterie. Aujourd'hui ils tombent en ruine. Sauf lorsqu'un particulier s'amuse à les restaurer. Celui-ci est vide depuis près de dix ans. Le cottage également. Près de la route.

— Vous connaissez cet endroit ?

— Bien sûr. (Robin rit.) Pas seulement celui-là. Dans un rayon de trente-cinq kilomètres, je connais tous les coins où un petit mec de dix-sept ans qui a la trique peut emmener sa copine les soirs d'été. C'est ça, grandir à la campagne, Barbara. Tous les jeunes savent où aller quand ils veulent s'en payer une tranche. J'imagine qu'en ville, c'est pareil ?

Comment aurait-elle pu le savoir ? Pelotage et tripotage, au clair de lune ou sous la brume, ne constituaient pas des activités qu'elle avait beaucoup pratiquées. Quoi qu'il en soit, elle opina :

— Oui, tout à fait[1].

Je n'ai quasiment rien changé à la description du moulin à vent. À vrai dire, il me semble que je n'y ai rien changé du tout : le moulin se trouve au même endroit que dans la réalité ; il est entouré par les mêmes champs, les mêmes arbres, les mêmes barrières, et l'intérieur comme l'extérieur sont identiques. La seule différence, c'est que mon moulin à vent n'est pas ouvert au public.

Ensuite, j'avais besoin d'un endroit où l'on allait retrouver le corps de la pauvre Charlotte, et pour ça, j'ai choisi le canal Kennet and Avon. L'endroit est commodément isolé, et surtout parfaitement sinistre. Ce qui collait, me disais-je, avec le ton de la scène que je voulais écrire.

D'après ma carte d'état-major, un certain nombre de routes sillonnaient le paysage dans les environs du canal. Je voyais même celles qui le traversaient. Je partis donc, un matin, explorer la région. Comme toujours, dans la campagne anglaise, je me retrouvai sur des chemins juste assez larges pour un tracteur. Je finis par en choisir un qui se réduisait à deux traces de pneus en approchant du pont de pierre qui enjambe le canal et que vous voyez sur la photo.

En arrivant au pont, je me garai et j'allai voir le canal, en dessous. Un simple coup d'œil aux alentours me confirma que c'était l'endroit idéal pour ce que je voulais faire. De l'autre côté du pont, je trouvai le large sentier qu'on voit sur la photo. Je pris des photos et j'enregistrai mon commentaire au magnétophone,

---

1. Élizabeth George, *Le Visage de l'ennemi, op. cit.*

selon mon habitude, relevant autant d'informations que possible. Comme je n'étais pas encore tout à fait sûre de l'endroit précis où le corps de Charlotte serait retrouvé, je pris la précaution de photographier le canal sous toutes les coutures, y compris par en dessous. Je notai ce qu'on voyait dans les champs, et quand je regagnai la route principale, je m'arrêtai pour photographier un minuscule hameau qui était la trace de vie humaine la plus proche de ce petit cours d'eau.

Canal Kennet and Avon, Wiltshire, Angleterre

Le moment venu de décrire la scène de la découverte du corps, je l'abordai de trois façons différentes avant de trouver la bonne. D'abord, j'essayai de raconter la scène du point de vue d'un jeune couple en lune de miel : ils ont loué un petit bateau et s'apprêtent à l'amarrer dans l'intention de se peloter un peu sous le pont. Ils se laissent dériver vers la rive et commencent à enfoncer un piquet dans le sol quand ils tombent sur le petit cadavre. La scène fonctionnait, mais elle était bien trop longue. Alors j'essayai une autre approche avec une infirmière à domicile qui promenait le chien d'un homme récemment mort du sida. Ça pouvait aller aussi, mais même problème : je trouvais que c'était trop long. (En passant, j'ai repris cette infirmière et son chien dans un autre roman : ils ont déménagé pour le Derbyshire, et ce sont eux qui découvrent le corps dans *Une patience d'ange*. Ce qui prouve qu'un travail bien fait n'est jamais perdu.) Finalement, je décidai qu'un coup de fil appellerait un jeune constable angoissé sur le lieu du crime. C'est son premier cadavre, et il est nerveux, ce qui se comprend. Voici ce que ça donne dans le livre :

Le hameau d'Allington était au creux d'un virage. Il comportait deux fermes dont les bâtiments, granges et autres dépendances constituaient les édifices les plus importants de la région. Un enclos servait à délimiter le hameau, à l'intérieur duquel paissait un troupeau de vaches aux mamelles gonflées de lait. Robin contourna l'enclos et coupa par Manor Farm, où une femme à l'air exténué rabattait trois enfants vers un cottage à colombages au toit de chaume.

Le chemin du sergent Stanley n'était en fait qu'un chemin de terre. Il longeait deux maisons au toit de tuiles rouges et traçait une incision nette à travers champs. De la largeur d'un tracteur, il comportait des ornières laissées par les pneus et, en son centre, une traînée d'herbe. Des barbelés de part et d'autre du chemin ceinturaient les champs où se dressaient quelque trente centimètres de blé verdoyant.

La voiture de Robin cahotait le long du chemin au fil des ornières. Il y avait un peu plus d'un kilomètre et demi jusqu'au pont. Il pilotait l'Escort avec des soins de nourrice dans l'espoir que cette nouvelle expédition sur les routes de campagne ne ferait pas trop souffrir la suspension.

Au loin, il vit que le chemin montait pour franchir la bosse du pont d'Allington. Des deux côtés du pont, des véhicules étaient garés sur la bande d'ortie blanche faisant office de bas-côté. Trois d'entre eux étaient des voitures pie. Un autre, une fourgonnette. Le quatrième engin, une moto Ariel bleue, moyen de locomotion préféré du sergent Stanley.

Robin s'arrêta derrière l'une des voitures pie. À l'ouest du pont, un groupe de policiers en uniforme – il n'y avait pas si longtemps encore, il en faisait partie – progressait de part et d'autre du canal : les uns inspectant le sentier sur la berge sud du canal, les autres avançant précautionneusement à travers la végétation épaisse, de l'autre côté, cinq mètres plus loin. Un photographe mitraillait la scène derrière un bouquet de roseaux tandis que le médecin légiste attendait patiemment non loin de là, mains gantées de blanc, sacoche de cuir noir à ses pieds. À l'exception des gloussements des canards et des sarcelles qui s'ébattaient sur l'eau, il n'y avait pas un bruit. Tout le monde se taisait. Robin se demanda si c'était par respect pour la mort ou si c'était un comportement de professionnels concentrés sur leur travail. Il frotta ses paumes moites contre son pantalon. Il déglutit, ordonna à son estomac de se tenir tranquille et descendit de voiture pour s'occuper de son premier meurtre. Même si personne n'avait encore prononcé le mot. Le sergent Stanley s'était borné à lui dire : « On a retrouvé le corps d'un enfant. » De là à savoir s'il s'agissait d'un

348

meurtre… Ce serait au médecin légiste de se prononcer[1].

Dans ce cas précis, je n'ai absolument rien changé. Le site que j'avais repéré était parfait à tous points de vue, et j'ai pour principe de ne jamais changer quelque chose de parfait.

Si je n'avais pas poursuivi mon repérage à ce moment-là – je n'étais pas complètement décidée pour le moulin à vent de Wilton –, j'aurais raté ce qui devait se révéler être le lieu du dénouement de mon roman. L'intrigue proprement dite était encore plus ou moins schématique dans mon esprit : je n'avais qu'une idée d'intrigue à partir de laquelle travailler. Mais j'avais déjà pensé qu'il pourrait y avoir un autre enlèvement, et de toute façon, je savais pouvoir trouver mieux pour l'endroit où Charlotte est tenue prisonnière. Je continuai donc sur ma lancée, et c'est grâce à ça que je découvris, au milieu de nulle part, le château d'Old Wardour, que je combinai avec le château de Farleigh Hungerford pour obtenir l'endroit où le deuxième enfant kidnappé est séquestré, où le sergent Havers affronte le ravisseur, et où le point culminant du roman se déroule. Je le baptisai Silbury Huish, le plaçai dans un endroit aussi reculé qu'Old Wardour, et y ajoutai la crypte funéraire du château de Farleigh Hungerford.

C'est une crypte fascinante : on y voit trois cercueils de plomb derrière une grille, à quelques pouces au-dessus du sol, sur de petits socles de pierre. Une antique canalisation d'eau en sort, probablement un vieux système de drainage d'une autre partie du château. On y accède par le côté de la chapelle du château. Je l'ai

1. Élizabeth George, *Le Visage de l'ennemi, op. cit.*

juste rendue un peu plus accessible pour les besoins de mon histoire.

Voici comment les deux châteaux se sont trouvés fondus en un dans mon roman :

Barbara immobilisa sa Mini au bord de la piste avant la barrière à claire-voie. Après avoir coupé le contact, elle descendit de voiture, prenant soin de rester sur la partie gauche de la piste, où s'élevait la colline recouverte d'arbres et de buissons. Une pancarte sur la claire-voie indiquait que l'édifice n'était autre que le château de Silbury Huish. Un second panneau précisait que le site était ouvert au public le premier samedi de chaque mois seulement. Robin avait astucieusement choisi son coin. Le chemin en piteux état avait de quoi décourager la plupart des touristes ; quant à ceux qui s'étaient aventurés jusque-là un jour de fermeture, il était peu probable qu'ils aient envie de s'introduire indûment sur les lieux pour le plaisir douteux de contempler les décombres. Les ruines, ce n'était pas cela qui manquait dans la région, et plus faciles d'accès que celles-ci.

Devant, l'Escort de Robin s'arrêta près de la muraille d'enceinte et ses phares – avant qu'il les éteigne – balayèrent un instant les pierres rugueuses. Tandis que Barbara progressait vers la claire-voie, elle distingua sa silhouette floue qui sortait du véhicule. S'approchant du coffre, il se mit à fouiller dedans et en extirpa un objet qui fit *clink* lorsqu'il le posa sur le sol de pierre. Il s'empara d'un second objet qu'il brandit, et d'où jaillit un cône de lumière. Une torche. Il s'en servit pour s'éclairer tout en longeant le mur du château. Un instant après, il avait disparu.

Barbara se précipita vers le coffre de la Mini. Pas question de se munir d'une torche : Robin Payne lui réglerait son compte si, jetant un regard par-dessus son épaule, il s'apercevait qu'on le filait. Mais elle n'allait pas s'aventurer sans arme au milieu des ruines. Vidant le contenu de son coffre, elle se traita de tous les noms : c'était un vrai dépotoir. Enfoui sous des plaids, des bottes en caoutchouc, des revues et un maillot de bain datant d'au moins dix ans, elle découvrit un démonte-pneu, dont elle s'empara. Après s'être assurée que l'outil était suffisamment lourd, qu'elle l'avait bien en main, elle l'embarqua, se disant que ça ferait l'affaire.

Elle se lança sur les traces de Robin. Comme celui-ci était au volant de sa voiture, il avait suivi la piste pour aller jusqu'au château. À pied, emprunter cette piste n'était pas nécessaire. Elle prit donc au plus court, traversant une étendue plate comme le dos de la main. Jadis, les habitants du château avaient dû, grâce à cette parcelle de terre dénudée, pouvoir voir arriver l'ennemi de loin. Barbara se dit qu'elle ferait bien de ne pas perdre ce détail de vue et qu'il lui faudrait franchir cette partie du terrain en toute hâte. Elle se déplaçait à demi accroupie, car si la lune facilitait sa progression elle l'exposait aux regards éventuels, la rendant plus aisément repérable.

Progressant à vive allure, d'un pas régulier, elle heurta un buisson bas – une sorte de genévrier, sans doute – et percuta un nid. Les oiseaux s'envolèrent sous son nez, faisant claquer leurs ailes avec des *clac clac clac* qui se réverbérèrent contre les murailles.

Barbara se figea. Le cœur battant à tout rompre, elle attendit, s'obligeant à compter jusqu'à soixante par deux fois. Rien ne bougeant, elle repartit.

Elle atteignit sans encombre la voiture de Robin. Jetant un coup d'œil à l'intérieur, elle chercha les clés, qu'elle aurait bien aimé voir accrochées au contact. Mais non. Rien. Ç'aurait été trop beau.

Comme lui, elle suivit le mur incurvé, remettant la gomme. Elle avait perdu le temps qu'elle avait espéré gagner en évitant la piste et il allait lui falloir rattraper son retard. Mais pour cela, le silence était capital. Le démonte-pneu excepté, elle n'avait pour arme que la surprise.

Elle atteignit les vestiges du corps de garde. La porte avait disparu. Seule demeurait une arcade au-dessus de laquelle on distinguait vaguement des armoiries rongées par le temps. Elle fit halte dans une niche née de l'éboulis d'un pan de mur du corps de garde et tendit l'oreille. Les oiseaux s'étaient tus. La brise nocturne faisait frissonner les feuilles des arbres qui poussaient dans la cour du château. Mais pas le moindre bruit de voix ou de pas. Et rien à voir sinon les deux tours dont l'âpre silhouette se découpait sur fond de ciel sombre.

Les tours étaient percées d'étroites fentes oblongues permettant au jour de passer et d'éclairer les escaliers de pierre en hélice. Ces meurtrières servaient aussi dans le temps à défendre l'ouvrage fortifié car de là on pouvait envoyer des projectiles sur l'ennemi. Si Robin avait caché Leo dans l'une des tours, on aurait aperçu de la lumière par les meurtrières. Mais pas la moindre lueur ne filtrait à l'extérieur. C'était donc que Robin se trouvait dans le bâtiment dont Barbara avait remarqué le toit, à quelque vingt mètres de la plus éloignée des deux tours.

Dans la pénombre, la construction n'était qu'une masse indistincte. Entre cet édifice et l'arcade où elle s'était réfugiée dans une flaque d'ombre, nul endroit où se cacher. Une fois hors du corps de garde et derrière les arbres et les buissons, il n'y aurait plus ici et là que des décombres, amas de matériaux provenant des salles habitées par les châtelains et leur suite. Barbara examina ces ruines. À dix mètres de là, elle aperçut un premier tas de pierres susceptible de lui servir de cachette.

Elle tendit l'oreille, à l'affût du moindre bruit. Mais le vent, seul, soufflait. Elle se rua vers l'éboulis.

Une fois les dix mètres franchis, elle comprit de quel genre de construction il s'agissait : fenêtres gothiques à lancettes, épi de faîtage fiché sur la crête du toit se découpant sur le ciel sombre. Une croix. L'édifice était une chapelle.

Barbara braqua les yeux vers les fenêtres en ogive à la recherche du moindre rai de lumière. Parce qu'il avait une torche. Impossible d'opérer dans le noir absolu. Il allait se trahir d'un moment à l'autre. Mais non, rien.

Sa main qui tenait le démonte-pneu était moite. Elle la frotta contre la jambe de son pantalon. Après avoir étudié le bout de plat suivant, elle se précipita vers un deuxième amoncellement de pierres pour s'y mettre à couvert.

De ce poste d'observation, elle constata qu'une murette ceignait la chapelle. Un porche en appentis, réplique architecturale exacte de la chapelle, abritait une porte oblongue en bois foncé. Cette porte était fermée. Quinze mètres de terrain nu comme le dos de la main la séparaient du porche, quinze mètres où le seul abri était un banc d'où les touristes pouvaient admirer ce qui restait des fortifications médiévales. Barbara se rua vers le banc. Et du banc, vers la murette enserrant la chapelle.

Se glissant contre ce mur, démonte-pneu au poing, elle osait à peine respirer. Plaquée contre les pierres, elle atteignit le porche de la chapelle. Dos contre la muraille, elle tendit l'oreille, épiant les bruits. D'abord, le vent. Puis un avion très haut dans le ciel. Puis un autre bruit. Plus proche, celui-là. Frottement du métal contre la pierre. Barbara se mit à trembler.

Elle s'approcha du petit portail du porche, posa la paume dessus. Il s'entrebâilla de deux centimètres, puis de deux autres encore. Elle jeta un coup d'œil à l'intérieur.

Juste devant elle, la porte de la chapelle était fermée. Et les fenêtres en ogive au-dessus de la porte étaient toujours aveugles. Mais un sentier dallé contournait l'édifice et tandis que Barbara se glissait dans le porche elle perçut une lueur en provenance de cette direction. Et de nouveau le bruit du métal contre la pierre.

Une bordure de plantes herbacées laissée à l'abandon longeait la murette qui ceignait la chapelle ; vrilles, branches, feuillages, fleurs recouvraient le chemin empierré. Par endroits, la bordure avait été piétinée. Barbara se dit que ces traces n'étaient certainement pas le fait d'un visiteur du premier samedi du mois qui se serait aventuré dans cet endroit retiré au risque de démolir la suspension de sa voiture.

Traversant le chemin pour atteindre la chapelle, elle se glissa contre les pierres anguleuses du mur d'enceinte jusqu'au coin. Là, elle marqua une pause. Et de nouveau tendit l'oreille. De nouveau, elle perçut le vent qui faisait frissonner les arbres de la colline proche. Puis, le bruit du métal contre la pierre. Le frottement était plus accentué maintenant. Puis une voix[1].

---

1. Élizabeth George, *Le Visage de l'ennemi, op. cit.*

Vous verrez sur les photos suivantes que j'ai utilisé l'extérieur d'un château et que j'ai situé le mien dans un cadre similaire, ajoutant un buisson par-ci, par-là, quand j'en avais besoin ; j'ai inclus les broussailles juste à l'intérieur du mur d'enceinte du bâtiment, mais à partir du moment où le sergent Havers rentre dans ce mur, je change pour l'autre château et j'utilise le plan d'ensemble du château de Farleigh Hungerford. Ce que vous voyez sur les photos est l'entrée de la crypte, et la crypte elle-même sur le côté du château. Elle est interdite aux visiteurs, ce qui n'est pas le cas de celle du château imaginaire que j'ai créé pour *Le Visage de l'ennemi*.

Voilà donc comment je procède pour créer un décor. Je ne me fie pas uniquement à mon imagination, parce que, livrée à mes seules ressources, je redouterais de sombrer dans des descriptions standard, ou des clichés sans intérêt. Certaines personnes vous diront que ça leur convient parfaitement : dans le fond, quand on lit le mot château, tout le monde sait ce que ça veut dire. Mais je me souviens à quel point des endroits bien réels se sont animés pour moi dans des romans que j'ai adorés. Et puis, contempler ces endroits de ses propres yeux… Que c'est fascinant ! Quelle joie de voir « pour de vrai » le lac aux miroirs de L. M. Montgomery ! Quelle merveille d'escalader la Box Hill de Jane Austen ! De marcher sur le Cobb à Lyme Regis, de voir Granny's Steps, de se promener sur la lande sauvage du Yorkshire et s'imprégner de l'atmosphère de Dartmoor, de voir comment un auteur a pris un endroit réel et en a tiré une description vibrante pour ses lecteurs… Je ne connais pas de plus grande joie de lecture. Ou d'écriture !

Château d'Old Wardour, Wiltshire, Angleterre

*Château
d'Old Wardour,
Wiltshire,
Angleterre*

Entrée de la crypte, mur et broussailles sur la gauche.
Château de Farleigh Hungerford

Entrée de la crypte,
château de Farleigh
Hungerford

Crypte avec cercueils de plomb. Château de Farleigh Hungerford.

21

Encore quelques mots…

Ça y est, j'ai terminé les douze scènes du séquencier et je vais commencer le premier jet. « Ça y est », c'est ce que me disent mon corps et ma tête. Je suis à la fois excitée et un peu angoissée. Je voudrais que ce livre représente un bond en avant. Mieux, même, je voudrais que l'écriture proprement dite – chacune des phrases qui forment chacun des paragraphes – soit bonne, que le style soit le mien, et qu'il prenne son essor. Je fais des vœux tous les jours pour accéder à la créativité que Dieu a mise en moi afin d'être capable d'écrire un livre qui mérite un bon lectorat et qu'il ait un potentiel suffisant pour résister au temps. C'est tout ce que je demande vraiment au Ciel. Mais c'est déjà beaucoup.

Journal d'un roman
28 juin 2001

Voici ce que je dis le premier jour aux étudiants de mes ateliers d'écriture.

Si vous avez du talent, de la passion et de la discipline, si vous avez ces trois qualités, vous *serez publié.*

Si vous avez deux de ces trois qualités, quelle que soit la combinaison – soit le talent et la discipline, soit la passion et la discipline –, vous serez *probablement* publié.

Si vous n'avez ni talent ni passion, mais de la discipline tout de même, *il se peut que* vous soyez publié. Entrez dans n'importe quelle librairie, prenez quelques titres qui ont bien marché et vous verrez ce que je veux dire.

Mais si vous n'avez que du talent et/ou de la passion, si vous n'avez que ça, vous ne serez pas publié. Ou du moins, c'est peu probable. Et si, par miracle, vous êtes publié, ça ne se reproduira sans doute pas.

Certains d'entre nous ont un don : l'autodiscipline. Je reconnais que je fais partie du lot. C'est de ma mère que je tiens cette faculté, cette volonté de faire *d'abord* ce qui doit être fait, et de ne penser qu'ensuite au plaisir. Une bonne partie du travail d'écriture consiste à *s'y mettre*. S'y mettre, jour après jour, au même endroit, au même moment. À consentir à faire passer le travail en premier, rien que parce que c'est le travail. À accepter de remettre la récompense à plus tard.

Beaucoup de gens ne veulent pas écrire ; ils veulent *avoir écrit*. En d'autres termes, ils veulent voir leur nom sur la couverture d'un livre et leur photo au dos, avec un joli sourire. Mais ça, c'est ce qui arrive *à la fin*, quand on a fini son boulot, pas au début. Pour en arriver là, vous devez être disposé à y renoncer, à vous dire qu'il se peut que ça n'arrive tout simplement jamais, et que ça vous est à peu près égal, parce que ce qui compte pour vous, c'est d'écrire. Ce qui est vraiment important, c'est le mystère, la magie des mots qu'on met sur le papier. Si ce n'est pas ce que vous pensez, alors vous ne voulez pas être un écrivain, ce que vous voulez, c'est seulement être un auteur.

Les auteurs sont ces gens qui rêvent de gagner beaucoup d'argent très vite, grâce à un beau contrat avec un grand éditeur suivi par un contrat encore plus lucratif au cinéma. Ils écrivent et réécrivent toujours le même roman, et ils décrètent dès le début de leur carrière que s'ils ne sont pas publiés, ils laisseront tomber.

Alors que les écrivains, ce sont ces gens qui écrivent et qui écriront toujours, quoi qu'il arrive : ils respirent, non ? Ils ne peuvent pas faire autrement. Il faut bien qu'ils vivent.

22

La méthode dans une coquille de noix[1]

*Une partie essentielle de l'écriture consiste pure-
ment et simplement à s'y mettre. Je me demande
parfois si ce n'est pas un message qu'on s'envoie à
soi-même quand on essaie d'écrire. C'est avoir la
constance de s'asseoir devant son ordinateur tous les
jours, sans attendre que l'inspiration vienne, parce
qu'elle ne viendra pas forcément quand on l'attend. Je
tire une partie importante de mon inspiration de
l'écriture de mon séquencier, quand j'écris au fil de la
plume. Quand je suis dans cet état, j'ai l'impression
d'atteindre un puits de créativité auquel je n'ai pas
accès dans ma vie de tous les jours. En tout cas, je
suis rigoureusement incapable de puiser dedans quand
je réfléchis consciemment à mon livre. Ça ne marche
pas du tout comme ça pour moi.*

Journal d'un roman
25 juin 2001

---

1. « Ô mon Dieu, je pourrais être enfermé dans une
coquille de noix et me tenir pour roi d'espaces infinis, n'était
que je fais de mauvais rêves ». (*Hamlet*, II, 2.) [*N.d.l.T.*]

On est parfois bien content d'avoir sous la main un guide facile à consulter. Ce chapitre est fait pour ces moments-là. Il récapitule les différents points de ma méthode, et pour vous faire gagner du temps, j'indique le chapitre du livre auquel chacun est traité, pour que vous puissiez vous y référer si vous en ressentez le besoin :

Première étape
L'idée (Chapitres 4, 5 et 15)
L'idée développée, ou développement (Chapitres 5 et 15)
L'événement déclencheur (Chapitre 4)

Deuxième étape
Le peuplement de l'idée développée et de l'événement déclencheur (Chapitres 5 et 15)
Les personnages : liste générique (Chapitres 5 et 15)
Les personnages : liste détaillée (Chapitre 5, Chapitre 15)

Troisième étape
Le travail de recherche (Chapitre 15)

Quatrième étape
La création des personnages (Chapitres 1, 3, 5, 15 et 19)

Cinquième étape
La création du (des) décor(s) (Chapitres 2, 3, 15 et 20)

Sixième étape
Le canevas ou comment ne rien omettre (Chapitres 6 et 15)

Septième étape
Le séquencier (Chapitres 6, 7, 14, 15 et 18)

Huitième étape
L'écriture du premier jet (Chapitres 7, 8, 9, 10, 11, 12 et 13)

Neuvième étape
La relecture rapide (Chapitre 15)

Dixième étape
La rédaction de l'argumentaire (Chapitre 15)

Onzième étape
Le deuxième jet (Chapitre 15)

Douzième étape
Le lecteur à froid (Chapitre 15)

Treizième étape
Le troisième jet, si nécessaire (Chapitre 15)

Quatorzième étape
C'est la fête ! Vous venez d'écrire un roman.

Dites-vous bien que tout le monde n'est pas capable d'écrire un roman. En fait, très peu de gens en sont capables. Il se peut que vous fassiez partie du nombre. Mais il n'y a qu'une façon de le savoir.

Ah, l'écriture... J'approche de la fin de la réécriture, et j'ai peur. Juillet paraît tellement proche et j'ai encore tant à faire. Je suis rigoureusement terrifiée. J'ai l'impression de ne pas avoir l'histoire bien en main. C'est la vérité du bon Dieu : je ne l'ai pas en main. Alors voilà ce que je vais faire : je vais avancer coûte que coûte, au rythme de cinq pages par jour. Je vais croire que je fais ce pour quoi Dieu m'a faite : écrire. Les mots, les idées sont là, en moi. Je vais me dire et me répéter que je suis capable de mener ce projet à bien, que j'ai toujours eu peur et que j'ai toujours réussi à travailler malgré la peur, au-delà de la peur, la changeant en foi. Comme dit le proverbe : « Le courage, c'est de la peur qui a dit ses prières. » Voilà, c'est ce que je vais faire tous les jours, alors que j'ai déjà un autre projet en vue. Mon Dieu, quelle idée de gagner sa vie avec sa plume ! Que c'est compliqué ! À côté, l'enseignement est du millefeuille. Du millefeuille... L'expression est bien trouvée ! D'où peut-elle bien venir ? Il faudra que je vérifie ça dans Google. Mais plus tard.

Journal d'un roman
4 novembre 2001

Autorisations

Table

TROISIÈME PARTIE
La technique

QUATRIÈME PARTIE
La méthode

CINQUIÈME PARTIE
Exemples et feuilles de route

Plongée dans les bas-fonds londoniens

Sans l'ombre d'un témoin
Elizabeth George

Une série de crimes atroces ébranle le quotidien déjà sordide des quartiers défavorisés de Londres. Les victimes sont de jeunes adolescents métis torturés selon un rituel macabre. Et pour la police l'affaire est d'autant plus brûlante que les disparitions sont d'abord passées inaperçues ; la presse risque de se déchaîner... Pour résoudre cette enquête au plus vite, l'inspecteur Thomas Lynley et sa fidèle adjointe Barbara Havers sont contraints de faire équipe avec un profiler. C'est le début d'une plongée au cœur des bas-fonds londoniens, et dans l'esprit d'un serial killer particulièrement pervers en train d'accomplir son grand œuvre...

(Pocket n° 12988)

Il y a toujours un Pocket à découvrir

Stratagème inavouable

Un nid de mensonges
Elizabeth George

Sur une plage escarpée de l'île de Guernesey, on retrouve
le cadavre de Guy Brouard, un richissime sexagénaire.
Une pierre polie est enfoncée dans sa gorge. Le coupable
idéal ? China, une jeune Américaine de passage, qui
aurait été la dernière à l'avoir vu vivant. Sa meilleure
amie, Deborah, et son époux, l'expert judiciaire Simon
Saint James, vont tout faire pour l'innocenter. Au risque
de se brûler les ailes... Car le défunt, séducteur compulsif, semble avoir emporté dans sa tombe de bien
lourds secrets...

(Pocket n° 12425)

Il y a toujours un Pocket à découvrir

Insondable noirceur humaine

Le meurtre de la falaise
Elizabeth George

Abandonnée par l'inspecteur Lynley qui est parti en voyage de noces, mal remise des coups reçus lors de sa dernière enquête, le sergent Barbara Havers doit interrompre sa convalescence pour élucider le meurtre d'un jeune Pakistanais. Crime raciste ? Affaire liée à l'homosexualité de la victime ? Avec son intuition, son fichu caractère et sa légendaire absence de diplomatie, Barbara va mettre au jour d'innommables trafics et vérifier de nouveau que la noirceur de l'homme est sans limites.

(Pocket n° 10552)

Il y a toujours un Pocket à découvrir

Achevé d'imprimer sur les presses de

BUSSIÈRE

GROUPE CPI

à Saint-Amand-Montrond (Cher)
en janvier 2008

POCKET - 12, avenue d'Italie - 75627 Paris Cedex 13

— N° d'imp. : 72185. —
Dépôt légal : février 2008.

Imprimé en France